面向21世纪应用型本科财会专业系列规划教材

管理会计
GUANLI KUAIJI

杨依华　杨爱君　主　编
孙园园　李长娥　董玲玲　副主编

电子工业出版社
Publishing House of Electronics Industry
北京·BEIJING

未经许可，不得以任何方式复制或抄袭本书之部分或全部内容。
版权所有，侵权必究。

图书在版编目（CIP）数据

管理会计 / 杨依华，杨爱君主编. —北京：电子工业出版社，2013.4
面向 21 世纪应用型本科财会专业系列规划教材
ISBN 978-7-121-19150-3

Ⅰ. ①管… Ⅱ. ①杨… ②杨… Ⅲ. ①管理会计－高等学校－教材 Ⅳ. ①F234.3

中国版本图书馆 CIP 数据核字(2012)第 291052 号

责任编辑：刘淑敏
文字编辑：吴亚芬
印　　刷：河北虎彩印刷有限公司
装　　订：河北虎彩印刷有限公司
出版发行：电子工业出版社
　　　　　北京市海淀区万寿路 173 信箱　邮编 100036
开　　本：787×980　1/16　印张：19.5　字数：426 千字
版　　次：2013 年 4 月第 1 版
印　　次：2025 年 7 月第 14 次印刷
定　　价：39.00 元

凡所购买电子工业出版社图书有缺损问题，请向购买书店调换。若书店售缺，请与本社发行部联系，联系及邮购电话：(010) 88254888，88258888。
质量投诉请发邮件至 zlts@phei.com.cn，盗版侵权举报请发邮件至 dbqq@phei.com.cn。
本书咨询联系方式：(010) 88254199，sjb@phei.com.cn。

前　言

　　管理会计是一门将管理与会计融为一体的新兴的、综合性交叉学科。它是从传统会计中分离出来的，与财务会计并列的两大会计学的主要分支之一。从本质上讲，所有会计信息的取得都是为了帮助利益相关者做出决策。财务会计侧重于向外部信息使用者提供信息，管理会计则侧重于向内部决策者（管理人员）提供信息。

　　管理会计起源较晚，20世纪初期才产生，至近代却得到了快速发展和应用。自20世纪80年代初期管理会计引进我国以来，它已成为会计信息系统和管理的重要组成部分。管理会计对企业的有效管理发挥了重要的作用，并日益成为微观经济管理中不可或缺的重要手段，其应用范围日趋广泛。并且管理会计与财务会计共同作为会计学、财务管理及相关专业的主干课程，为我国高等学校所普遍接受。

　　由于管理会计是一门综合性、边缘性的新兴学科，许多观点还有争论，很多管理会计教材内容不尽相同。本着"传承与发展的原则"，本书根据高等学校本科教学的要求，按照管理会计基本框架体系，首先系统地阐述管理会计的基本理论、基本方法和基本内容；其次介绍了战略成本管理和企业战略绩效评价，以反映管理会计研究和发展的新内容和新趋势，使本书既不失传统又注入新意。在编写过程中，我们力图根据企业的内部、外部环境和生产经营的具体情况，全面阐述与讨论管理会计的基本理论和方法，强化企业现代管理、提高经济效益及社会效益方面的实际应用。

　　本书的主要特点：一是理论与实务并重，充分反映本门学科的基本理论与基本实务；二是融科学性与实用性于一体，满足不同层次读者的需要，每章都附有学习目标、课后复习题和案例；三是本书按基础、预测、决策与控制四大部分组织内容，体系安排合理，内容由浅而深，循序渐进，便于学习和掌握。

　　本书由杨依华、杨爱君担任主编，孙园园、李长娥、董玲玲担任副主编，具体的编写分工如下：杨依华负责大纲拟订、内容设计及总纂定稿，并编写第三章、第四章、第八章及附录；第一章、第六章由杨爱君编写；第五章、第十章由孙园园编写；第二章、第七章由李长娥编写；第九章、第十一章由董玲玲编写。

为尽量吸收管理会计教材编写的最新经验，本书的编写参考、借鉴、引用了国内外大量的管理会计方面的著作、教材，得到很大的启发，我们尽可能地在参考文献中列示，有些在文中进行了注释，在此向所有参考文献的作者表示诚挚的感谢！

由于编者水平有限，书中难免会有不足甚至错误之处，恳请广大读者批评指正。

编　者

目　录

第一章　总论	1
第一节　管理会计的历史沿革及概念	1
第二节　管理会计的目标、内容和对象	7
第三节　管理会计与财务会计的比较	12
课后复习题	16

第二章　成本性态分析与变动成本法	17
第一节　成本性态分类	17
第二节　混合成本及其分解	22
第三节　变动成本计算法	32
第四节　变动成本法与完全成本法的比较	35
第五节　两种成本计算法的评价	38
课后复习题	42

第三章　本量利分析	45
第一节　本量利基本分析	45
第二节　单一产品本量利分析	47
第三节　多种产品本量利分析	58
第四节　敏感性分析	63
课后复习题	67

第四章　经营预测	69
第一节　经营预测的基本原理	69
第二节　销售预测	73
第三节　成本预测	79
第四节　利润预测	83
第五节　资金预测	89
课后复习题	95

第五章　短期经营决策	98
第一节　决策分析概述	98
第二节　短期决策分析的相关因素与基本方法	101
第三节　生产决策	104
第四节　定价决策	119
第五节　存货决策	129
课后复习题	138

第六章　长期投资决策分析与评价	142
第一节　长期投资决策概述	142
第二节　资金时间价值	145

第三节　现金流量及其估算 ………………… 155
第四节　长期投资决策的评价方法 …………… 159
第五节　长期投资决策应用案例 ……………… 168
课后复习题 …………………………………… 178

第七章　预算编制 ……………………………… 181
第一节　全面预算管理概述 …………………… 181
第二节　全面预算的编制 ……………………… 186
第三节　全面预算编制的方法 ………………… 198
课后复习题 …………………………………… 207

第八章　标准成本控制论 ……………………… 209
第一节　成本控制概述 ………………………… 209
第二节　标准成本 ……………………………… 213
第三节　成本差异的账务处理 ………………… 228
课后复习题 …………………………………… 232

第九章　责任会计 ……………………………… 235
第一节　责任会计概述 ………………………… 235
第二节　分权管理与责任中心 ………………… 239
第三节　责任中心绩效考核 …………………… 243
第四节　内部转移价格及其内部结算 ………… 252
课后复习题 …………………………………… 259

第十章　战略管理会计与作业成本管理 ……… 261
第一节　战略管理会计概述 …………………… 261
第二节　目标成本管理 ………………………… 269
第三节　作业成本管理制度 …………………… 272
课后复习题 …………………………………… 278

第十一章　企业战略绩效评价 ………………… 280
第一节　绩效考核与评价 ……………………… 280
第二节　平衡计分卡理论 ……………………… 288
课后复习题 …………………………………… 297

附录A　常用表格 ……………………………… 298

参考文献 ………………………………………… 306

第一章 总 论

> **学习目标**
>
> 1. 了解管理会计的形成过程；
> 2. 掌握管理会计的定义；
> 3. 掌握管理会计的目标、对象和内容；
> 4. 掌握管理会计与财务会计的区别与联系。

第一节 管理会计的历史沿革及概念

一、管理会计的产生与发展

管理会计是随着社会经济的发展、科学技术的进步和企业经营管理的需要，逐渐发展起来的一门学科。自产生以来，管理会计同其他学科一样也经历了从小到大、从简单到复杂、从低级到高级的各个发展阶段，并随着当前的经济发展，还在继续地完善和发展着。

从内容上看，管理会计最初萌生于19世纪末20世纪初，其雏形产生于20世纪上半叶，正式形成和发展于第二次世界大战之后，20世纪70年代后在世界范围内得以迅速发展和传播。

（一）管理会计的产生阶段（19世纪末20世纪初至20世纪50年代）

管理会计作为现代会计的一大分支，其产生时间可追溯到19世纪末20世纪初。

从西欧资本主义产生到18世纪中期的英国产业革命为止，市场基本上是卖方市场，商品大多求过于供，会计的任务主要是计算盈亏和保护资本家的财产。

19世纪末20世纪初，西方资本主义国家完成了工业革命，机械化的大生产取代了作坊式的小生产，企业主以经理人的身份直接从事经营，资本主义有了相当的发展。但在一般企业的管理工作中，以经验和直觉为核心的传统管理仍占统治地位，导致企业经营粗放，资源浪费严重，生产效率和管理水平低下。显然，传统的经验管理已越来越不适应资本主义经济的发展和企业抵御经济危机、提高竞争能力的要求。因此，如何用先进的科学管理代替落后的传统管理，使企业各级的管理工作得到较大的改善，以适应资本主义经济发展的需要就成为一个非常迫切的现实问题。于是集中体现科学管理精神的"泰勒制"就应运而生了。1911年，被西方誉为"科学管理之父"的泰勒在《会计月刊》上发表了著名的《科学管理原理》，开创了企业管理上的一个新纪元。

泰勒的科学管理理论强调提高生产和工作效率，即通过他所倡导的所谓时间与动作研究，制定一定条件下可以实现并被认为最有效率的标准，以此作为评价和考核的依据，以促使生产的各个方面实现高度的标准化。随着《科学管理原理》的发表，泰勒制逐步得到广泛的应用，至20世纪20年代盛行。

泰勒制的推行使企业管理得到空前加强，生产效率显著提高，日常生产经营活动实现标准化和制度化。随之而来，又提出了这样的问题，即会计如何为提高企业的生产和工作效率服务？为配合推行泰勒的科学管理理论，原有的会计体系也发生了相应的变化，呈现出一种新的发展趋向。这种变化和发展的主要表现是：同泰勒制中的科学管理原则紧密联系的某些新的会计观念和技术方法，如标准成本、预算控制、差异分析等相继出现，并在实践中不断地充实和完善。会计领域中新观念、新方法的出现，不仅给传统的会计增添了若干新内容，而且使会计开始突破单纯的事后计算而进入科学的事前计算，并将事前计算与事后分析紧密地结合起来，从而为会计更好地服务于企业管理开辟了一条新的途径。此时，少数学者开始提出"管理会计"概念，且有相关著作问世。1922年，奎因斯坦和麦金西分别出版了《管理会计：财务管理入门》和《预算控制》两部著作。1924年，麦金西又出版了《管理会计》，布利斯出版了《通过会计进行经营管理》等著作。尽管由于历史条件的限制，这些理论在当时没有被充分地认识和广泛地应用，但是处于初级阶段的管理会计在事实上已经形成。

以泰勒的科学管理学说为基础形成的管理会计，是在企业的战略、方向等重大问题已经确定的前提下，协助解决在执行中如何提高生产效率和生产经济效果的问题。其主要缺陷在于，同企业管理全局、企业与外界关系有关的问题没有在会计体系中得到应有的反映。因而这时的管理会计，只是一种局部性、执行性会计，有关文献一般把这一时期的管理会计称为执行性管理会计，或者说管理会计处在其整个发展过程的执行性管理会计阶段。

（二）管理会计的发展阶段（20世纪50年代以后）

1. 从早期管理会计到现代管理会计

从早期管理会计的产生到现代管理会计的逐步形成是一个长期的发展过程。其迅速发展的阶段是在第二次世界大战以后，特别是在20世纪50年代以后。现代管理会计发展的客观条件是经济发展、管理科学和科学技术的发展。

从20世纪50年代起，世界经济进入了新的发展阶段，呈现出许多新的特点。一方面，资本进一步集中，跨国公司大量涌现，企业规模日益扩大；另一方面，现代科学技术突飞猛进，在生产中得到日益广泛的应用，使生产力迅速发展，生产效率大幅度提高，市场竞争更加激烈。这些特点对企业管理也提出了相应的新要求：一方面，要求企业内部管理更加合理化、科学化；另一方面，要求企业具有灵活多变的反应能力和适应能力，以免在激烈的竞争中被淘汰。上述战后经济的特点和要求，直接冲击了曾经风靡一时的泰勒的科学管理理论而代之以现代管理科学。因为，泰勒的科学管理理论具有一些根本性的缺陷，如片面强调提高劳动效率，使劳资关系不断激化；只强调企业的内部管理，不重视企业与外部环境的关系，造成企业在激烈的市场竞争中经常做出错误的决策，给企业带来惨重的后果。于是以运筹学和行为科学为主要内容的现代管理学应运而生并取代了泰勒制。

运筹学主要是应用现代数学和数理统计学的原理和方法，建立许多数量化的管理方法和技术，用来帮助管理人员按照最优化的要求，对企业极为复杂的生产经营活动进行科学的预测、决策、组织、安排和控制，促使企业的生产经营实现最优化运转，从而大大提高企业管理的科学化、现代化水平及其竞争、适应能力。会计与运筹学的结合，形成了现代管理会计的一个重要内容——决策会计。行为科学主要是应用心理学、社会学等方面的研究成果来研究人的各种行为的规律性，分析产生各种行为的客观原因和主观动机的一门科学。把它应用到企业管理中，有助于按照科学的原理来做好人的工作，改善人与人之间的关系，引导、激励人们在生产经营中充分发挥主动性、积极性。会计的控制与责任的考核相结合，就形成了现代管理会计的另一个重要内容——责任会计。至此管理会计形成了规划与控制、预测与决策和责任会计完整的理论和方法体系。在这一阶段，管理会计日臻成熟和完善，从传统管理会计发展为现代管理会计。管理会计终于从传统会计中脱颖而出，作为独立的会计分支得到世界会计界的普遍认可。

1952年，"管理会计"这一术语在国际会计师联合会上正式通过。20世纪60年代，管理会计教科书已进入美国的大学课堂，一些发达国家及国际会计师协会的组织里还相继出现了单独的管理会计协会。1972年，《管理会计》月刊开始在世界范围内发行。1980年4月24日至26日，各国会计人员联合会在巴黎举行第一次会议，讨论如何应用和推广管理会计。

2. 管理会计的新发展

20世纪80年代以来，科学技术飞速发展，西方工业发达国家开始步入信息社会，信息技术被广泛地应用于各个领域，使传统的生产方式发生了根本性的变化，同时还带来了管理观念和管理技术的巨大变革，适时生产系统、全面质量管理等新观念、新技术和新方法相继形成。现代管理会计开始出现各种各样的问题，集中表现在西方会计界的一些学者和实务工作者对管理会计的知识体系提出了许多批评意见。其中的代表人物是美国的约翰逊和卡普兰两位教授，他们在1987年合著了《相关性消失了——管理会计的兴衰》一书。在书中，两位教授认为：近年来的管理会计实践一直没有多大的变化，目前的管理会计体系是几十年前的研究成果，这种早已过时的管理会计知识体系目前存在着一个很大的危机。它主要表现在：管理会计对财务会计信息系统的依赖性已经把管理会计信息系统扭曲到了这样一种程度，即管理会计现在必须从属于财务会计报告，结果导致管理人员更关心的是他们对股票交易市场价格决策的短期影响，而较少关心企业在市场长期竞争中的地位和获利能力。正是由于这种对财务会计的依赖性，导致管理会计信息的获取经常是太集中、太迟缓了，从而使对管理人员所进行的规划与控制的决策已不再具有相关性。

在此后的10余年中，西方会计界对管理会计的理论与实践进行了反思，并对原有管理会计的知识体系进行了创新与变革，以适应当今社会经济和科学技术发展的需要。西方管理会计的创新与变革，不仅体现在对原有管理会计知识体系的改造上，而且还产生了管理会计的一些分支学科，如作业成本管理会计、质量成本管理会计、战略管理会计、人力资源管理会计、社会责任管理会计等，以及代理理论、信息经济学等相关学科在管理会计中的运用。这些新的管理会计理论、方法的问世，极大地丰富了管理会计的内容，扩展了管理会计的基本职能。管理会计在广度和深度上、理论和实践上都提升到了一个新的水平，跨入了一个空前的、崭新的发展阶段，并将继续得到进一步的发展。

（三）管理会计在我国的发展

管理会计这个概念在中国出现并被人们所知晓是在20世纪70年代末80年代初，但管理会计的有关内容20世纪50年代在中国就出现了。从20世纪50年代开始，我国的工业企业已将西方管理会计的技术方法应用于企业内部管理，在实践中不断地总结经验并加以推广。例如20世纪50年代初期开展的厂部、车间、班组三级经济核算，20世纪60年代开展的厂内计划价格、指标分解、资金归口分级管理。这些做法不完善，作为管理会计的内容也是支离破碎的，但它们毕竟突破了传统财务会计只是记账、算账的老框框，是具有中国特色管理会计的萌芽。

从20世纪70年代末到90年代，中国管理会计形成雏形并进入了起步阶段。从20世纪70年代末开始，我国的会计理论工作者积极从事外文管理会计教科书的翻译和编译工作。从 20 世纪 80 年代开始，我国会计学界掀起了学习管理会计、应用管理会计、建立具有中国特色的管理会计体系的热潮，许多会计工作者积极参与洋为中用、消化吸收管理会计的活动。从 20 世纪 90 年代开始，中国确立了社会主义市场经济体制，财务会计逐渐与国际惯例接轨，管理会计也获得了发展创新的契机，我国步入了管理会计改革创新的发展阶段。随着我国经济的发展，管理会计的一些方法，如保本点分析、投资项目的可行性研究、存货控制等，被越来越多的企业采用，并取得了较好的效果。河北邯郸钢铁厂实行的"模拟市场、成本否决"，可谓管理会计在我国企业应用的成功典范。可以预言，管理会计在我国必将越来越显现出其强大的生命力。

综上所述，管理会计是市场经济发展和社会化大生产发展的产物，是会计适应企业内部管理发展需要的必然结果。同时，管理会计的产生和发展，与管理理论的发展之间也存在密切关系。管理理论的发展是管理会计产生与发展的理论基础，包括古典管理理论、行为科学管理理论、现代管理理论等都对管理会计的产生和发展具有重要影响。

二、管理会计的概念

（一）国外会计学界对管理会计的定义

国外会计学界对管理会计的定义大致可以分为两个阶段：20 世纪 20 年代至 70 年代，国外会计学界一直从狭义上来定义管理会计，认为管理会计是为企业内部管理者提供计划与控制所需信息的内部会计；20 世纪 80 年代以后，国外会计学界对管理会计研究的外延开始扩大，出现了广义的管理会计概念。

1958 年，美国会计学会（AAA）管理会计委员会将管理会计定义为：管理会计是运用适当的技术和概念，处理本企业历史的和计划的经济信息，以协助经营管理人员制定合理的、能够实现经营目标的计划，并做出能达到上述目标的明智的决策。

1966 年，美国会计学会的《基本会计理论》认为，管理会计是运用适当的技术和观念，对经济主体的实际经济数据和预测的经济数据进行处理，以帮助管理人员制定合理的经济目标，并为实现该目标而进行合理决策。

狭义管理会计定义的基本要点如下。

1）管理会计以企业为主体进行管理活动。
2）管理会计是为企业管理当局的管理目标服务的。
3）管理会计是一个信息系统。

进入 20 世纪 80 年代以后，国外会计学界对管理会计的定义开始发生变化，出现了广义的管理会计概念。

世界著名管理会计大师、哈佛大学卡普兰教授在 1982 年出版的专著《高级管理会计》

中指出，管理会计是一个对信息进行收集、分类、汇总、分析和报告的系统，它帮助管理人员进行决策和控制活动。

1982年，英国成本与管理会计师协会给管理会计下了一个范围更广的定义，认为除了外部审计以外的所有会计分支（包括簿记系统、资金筹措、编制财务计划与预算、实施财务控制、财务会计和成本会计等）均属于管理会计的范畴。

1988年，国际会计师联合会所属的财务和管理会计委员会将管理会计解释为：管理会计是为管理当局用于企业的计划、评价和控制，保证适当使用各项资源并承担经营责任而进行确认、计量、收集、分析、编报、解释和传递财务信息等的过程。

广义管理会计定义的基本要点如下。

1）管理会计既为企业管理当局的管理目标服务，也为股东、债权人、管理机构及税务机关等非管理集团服务。

2）管理会计作为一个信息系统，它所提供的财务信息包括用来解释实际和计划所必需的货币性和非货币性信息。

3）从内容看，管理会计既包括财务会计，又包括成本会计和财务管理。

（二）国内学者对管理会计的定义

在国内，对于管理会计的定义也存在不同的观点。

李天民教授认为：管理会计主要是通过一系列专门方法，利用财务会计提供的资料及其他有关资料进行整理、计算、对比和分析，使企业各级管理人员能据以对日常发生的一切经济活动进行规划与控制，并帮助企业领导做出各种决策的一整套信息处理系统。

谷祺教授将管理会计划分为广义管理会计和狭义管理会计。广义的管理会计是用于概括现代会计系统中区别于传统会计，直接体现预测、决策、规划、控制和责任考评等会计管理职能的那部分内容的一个范畴。狭义的管理会计，又称微观管理会计，是指以强化企业内部经营管理、实现最佳经济效益为最终目的，以现代企业经营活动为对象，通过对财务等信息的深加工和再利用，实现对经济过程的预测、决策、规划、控制和责任考评等职能的会计分支。

余绪缨教授提出了包括微观管理会计、宏观管理会计、国际管理会计三个组成部分的"广义管理会计体系"新概念。其"微观管理会计"，包括"微观投资决策会计"和"微观经营会计"两个组成部分，从微观上研究如何为提高企业经济资源的配置效益（体现在项目的投资效益上）和使用效益（体现在项目建成投产后的经营效益上）提供有用信息。"宏观管理会计"从宏观上研究如何在整个国民经济范围内，为提高经济资源的配置效益（建设项目从国民经济看的投资效益）和使用效益（项目建成投产后从国民经济看的经营效益）提供有用信息。"国际管理会计"是研究如何在跨国经营活动中为最大限度地提高经济资源的配置效益和使用效益提供有用信息。它是现代管理会计的基本原理和方法结合跨国经营活动的环境和条件进行具体应用而形成的一个新领域。

上述管理会计的定义虽然存在差异,但也有许多相同的地方。

综合上述各家观点,本书认为,对管理会计的定义应有这样的基本认识:首先,它是现代会计一个新的会计分支,标志着会计发展的新阶段;其次,它拓宽了会计的管理职能,具有决策、计划、控制和评价等功能,侧重于方案的经济分析和经营活动过程的控制;再次,它以现代管理科学为基础,吸收了管理科学的新成果,是一门综合性的交叉学科;最后,它的各项活动都直接围绕企业内部经营管理进行,侧重于为企业内部管理服务,服务目标是提高经济效益。因此,本书认为管理会计的定义应是:管理会计主要是利用财务会计、统计及其他相关资料,以现代管理科学为基础,以提高经济效益为最终目的,采用一系列的专门方法,通过对财务信息的加工利用,实现对企业内部经营活动进行预测、决策、规划、控制、评价与考核的一个会计信息处理系统。

第二节 管理会计的目标、内容和对象

一、管理会计的目标

管理会计的目标是指管理会计活动应达到的境地或标准,它是管理会计职能的具体化。在确立管理会计目标的研究过程中,必须解决三个问题:第一,管理会计为谁提供信息;第二,管理会计提供何种信息;第三,管理会计如何提供信息。

管理会计的目标在管理会计理论与方法体系中处于最高层次,它是管理会计的本质、对象、假设、原则、要素和方法的基础。管理会计的目标可以分为两个层次:第一个层次为管理会计的基本目标,管理会计以企业经营、管理的目标作为自己的基本目标,即提高企业的经营管理水平和经济效益,最终提升企业的价值;第二个层次为管理会计的具体目标,即采用各种专门方法向企业内部各级管理人员提供有利于实现管理会计基本目标的各种有用信息,并参与企业的经营管理过程。

管理会计的具体目标主要包括以下几个方面。

(一)正确规划未来

这是指对企业未来的生产经营活动进行科学的安排与筹划。

在科学的经营预测基础上进行正确决策,并通过方案优选来实现企业资源的合理配置。将选定的最优方案进行分工落实,形成企业的全面预算,全面预算的落实和具体化又形成了责任预算,使各部门明确各自的目标和任务,从而合理有效地组织协调企业的供、产、

销以及人、财、物之间的关系，保证企业总目标和任务的实现和完成。

（二）有效控制现在

根据企业总体目标制定各责任中心的控制目标和标准，记录各责任中心的执行情况，将实际执行情况与具体目标相对比，找出差异和不足，对出现的差异进行分析、评价，通过信息反馈督促有关部门及时采取措施纠正偏差，保证经营活动按预定的计划有效地进行。

（三）合理考核评价业绩

依据责权利相统一的原则，合理划分各部门的责任，形成不同的责任中心，并给予相应的权力，正确制定各中心考核指标，定期考核各责任中心的实绩与效果，进行合理的奖惩，以使各部门挖掘潜力，不断改善经营管理，促进企业整体效益的提高。

二、管理会计的内容

由于现代企业管理越来越复杂，因而管理会计的内容也越来越广泛。

1958年，美国会计学会的管理会计委员会在其年度报告中，曾对管理会计的内容做过表述，其内容主要包括标准成本计算、预算控制、本量利分析、差额成本分析、弹性预算、边际分析、责任会计七个方面。

进入20世纪60年代后，随着社会的发展与科学技术的进步，管理会计的内容也有所扩展，几乎涉及企业所应用的会计信息的各个领域，除以上七个方面的内容外，还包括成本计算与管理决策、存货控制、成本效益分析、内部控制系统等内容，甚至将价值论、系统论、信息论、控制论、运筹学、行为科学、高等数学、电子计算技术、工程学等在会计中的应用也囊括其中。

由于现代科学技术不断进步，管理会计在不断地发展和充实，那么管理会计的基本内容应该包括哪些呢？一般认为，管理会计的基本内容可分为规划会计和控制会计两大部分。而与规划密不可分的是决策，与控制紧密相关的是业绩评价。因此，"规划与决策会计"（又称"决策会计"）和"控制与责任会计"（又称"执行会计"）是管理会计的两大基本内容。

（一）规划与决策会计

规划与决策会计是在预测企业前景的基础上，规划未来并参与决策。它首先利用企业的会计信息系统和其他管理信息系统所提供的信息和数据，在对这些信息和数据进行加工整理和"去伪存真"的前提下，运用特定的科学预测方法对企业未来的经营活动和各项经济指标（销售、成本、利润和资金等）进行预测分析；在此基础上，结合企业实际情况，利用专门的方法对与企业经营和投资等有关问题进行决策；然后将预测和决策所确定的各项目标和任务，用数量化的形式加以汇总、平衡，编制企业的全面预算；再把全面预算加以分解，形成各责任中心的责任预算，用来全面规划企业未来经营活动，使企业的各种生产要素和经济资源得到最优配置和合理、有效的运用，从而取得最佳的经济效益和社会效益。

规划与决策会计以决策会计为主体，主要是对各备选方案就其经济可行性进行分析评价，为管理者决策提供最优信息。规划会计是事先确立目标，编制计划并拟定达到目标的具体方法，对企业未来的生产经营活动进行全面的筹划。

规划与决策会计主要包括预测、短期经营决策、长期投资决策和全面预算等。

1. 预测

管理会计从预测开始，根据短期预测和长期预测的资料，做出短期经营决策和长期投资决策，并据以制定企业的目标利润。预测一般包括利润预测、销售预测、资金预测和成本预测等。通过预测分析，可以了解企业生产经营前景和经济发展趋势，并在此基础上确定未来一定期间的各种经营目标。

2. 短期经营决策

短期经营决策是在确定企业未来经营目标的基础上，通过对有关可行性方案的经济效益进行计量、分析和评价，选取产品生产、设备利用、产品销售等方面的最佳方案。短期经营决策主要包括销售定价决策、产品生产决策、产品成本决策等内容。在短期经营决策中，主要运用本量利分析的方法。

3. 长期投资决策

长期投资决策是在确定预期投资报酬水平和考虑货币时间价值的条件下，通过对有关可行性方案的经济效果进行计量、分析和评价，选取产品开发、技术引进、设备购置与更新等方面的最佳方案。长期投资决策主要以现值法为基础。

4. 全面预算

全面预算是企业经营目标的具体化。通过编制全面预算，将企业的经营目标以数量的形式表现出来，建立一个包括生产、供销、财务等在内的相互联系的预算指标体系，从而使企业内部各部门和生产经营各环节能相互协调，保证企业既定经营目标的实现。全面预算采用变动成本计算法编制。

（二）控制与责任会计

所谓"控制"就是通过一定的手段对生产经营活动施加影响，使之能按预定的计划和目标进行。控制与责任会计是根据规划和决策会计所制定的目标利润，编制全面预算，对企业正在发生或将要发生的经营活动施加影响和监控，使之能达到或符合预定的目标或标准。全面预算采用变动成本法，成本控制则采用标准成本法。根据预算、控制的资料，运用责任会计方法，将企业按职责范围划分责任单位（责任中心），将预算确定的各项目标层层分解，在此基础上为每个责任单位编制相应的责任预算，定期进行业绩评价。控制与责任会计可以保证企业的各项经济活动能按预定的目标进行，它是为企业管理中的分析过去和对现在与未来的经济活动进行控制服务的。

控制与责任会计以责任会计为主体，主要是以计划或预算的形式来明确目标，并提供有关目标执行情况的信息，帮助管理者进行有效控制。控制与责任会计是事中和事后计算，属于控制现在和评价过去。

控制与责任会计主要包括存货控制、成本控制和责任会计等内容。

1. 存货控制

存货控制是按照在保证企业生产经营活动对存货正常需要的前提下，尽量降低有关成本费用的要求，通过对存货的成本构成及其相互关系的计量与分析，确定在不同情况下存货订购和储存的合理数量，并制定相应的日常存货控制制度与方法。

2. 成本控制

成本控制是根据历史成本资料和未来经济、技术测定，预先确定制造产品的标准成本，并通过与实际成本比较、分析各种成本差异，达到降低产品成本、加强成本控制的目的。成本控制一般采用标准成本制度。

3. 责任会计

责任会计是把经济责任同会计信息结合起来，以评价、考核工作业绩的一种会计制度，其目的在于加强企业的内部控制。具体是指通过预算与实际执行情况的对比，分析两者的差异，找出差异的原因，确定经济责任，以恰当地评价各责任中心的实绩和成果。为实施责任会计，定期进行绩效考核，企业应健全各项定额标准，明确各级经济权责，实行全面经济核算，把责权利落实到各责任中心。责任会计的内容一般包括确定责任中心、落实责任预算、记录实际结果、比较执行情况、编制业绩报告、控制和调整经济活动等。

综上所述，管理会计以"规划与决策会计"和"控制与责任会计"为主体。规划与决策会计主要是预测前景和规划未来，是为企业未来的经济活动服务的；控制与责任会计是为分析过去和控制现在服务的。由于管理会计工作重点在于规划未来，因此规划与决策会计是控制与责任会计的前提和基础，二者通过全面预算和责任会计相联结。这是因为对企业生产经营活动的全面预算，既是一种目标和任务，又是具体评价考核业绩的标准和尺度；而责任会计则贯穿于责任预算编制、实际执行、业绩评价的全过程，是全面预算及其进行的具体组织方式。

三、管理会计的对象

任何一门学科都有其特定的研究对象，管理会计也不例外。围绕什么是管理会计的研究对象，国内理论界基本形成三种不同的观点。

（一）现金流动论

现金流动论认为，管理会计的主要内容包括成本性态分析、变动成本计算、保本点与本量利分析、经营决策分析、长期投资决策分析、标准成本制度、责任会计等，具体表现为预测、决策、预算、控制、考核、评价等各个环节，而现金流动贯穿于上述活动和环节的始终。现金流动具有最大的综合性，可以把企业生产经营中的资本、成本、利润等几个方面联系起来，统一进行评价，并且可以通过货币时间价值的换算，为改善生产经营、提高经济效益提供重要的、综合性的信息。因此，管理会计的研究对象应该是企业的现金流动。

（二）价值差量论

价值差量论认为，"差量"是管理会计所特有的概念，有别于其他的学科；价值差量是对管理会计的每一项内容进行研究的基本方法，对"差量"的分析贯穿于管理会计基本内容的始终。例如：从成本性态分析入手，将成本表述为产量的函数，掌握它们之间的依存关系，即增减动态，就是分析成本的差量；本量利分析中保本点与目标利润下的销售额之间的差量；短期经营决策分析中不同方案的差别收入和差别成本；长期投资决策分析中某一方案的投资与收益之间的价值差量，以及不同方案之间的投资回报率的差异比较；预算控制中预算额与实际发生额之间的差异；标准成本系统中标准成本与实际成本的差异；责任会计中责任成本与实际成本的差异等。这些差异中，既有价值差量，也有实物差量和劳动差量，但价值差量是实物差量和劳动差量的综合表现。因此，管理会计的研究对象应该是企业的价值差量。

（三）资金总运动论

资金总运动论认为，管理会计和财务会计是现代会计系统的两个子系统。会计的研究对象可以说是"企业再生产过程中的资金运动"。因此，管理会计的对象和财务会计的对象就总体来说应该基本一致，都是企业的资金运动，只不过在时间和空间上各有侧重而已。从管理会计的形成和发展过程来看，管理会计的研究对象应该涵盖所有时空的资金运动，正确地解释过去，有效地控制现在，科学地筹划未来。而财务会计的研究对象仅仅是侧重于过去的资金运动。因此，管理会计的研究对象是企业及其所属企业过去和将来的资金总运动。

上述观点从不同的角度对管理会计的研究对象进行了论证，各有所长，各有各的道理。

本书作者赞同第三种观点。

第三节 管理会计与财务会计的比较

管理会计与财务会计是现代企业会计的两个分支,两者之间既相互联系又相互区别。其相互联系表现在为提高企业管理水平,它们相互配合,相互补充;其相互区别表现在它们有各自的方法体系和自身的显著特点。

一、管理会计与财务会计的区别

(一) 服务对象的侧重点不同

管理会计主要为企业内部生产经营管理服务。管理会计采用一系列专门的技术方法,对财务会计所提供的资料和其他有关资料进行归纳、计算、整理、对比和分析,向企业管理当局提供相关信息,以帮助管理者正确制定企业的经营目标,实现对企业经济活动的规划、决策和控制。

财务会计则主要为企业外部利益相关者(债权人、股东、政府等)服务。财务会计对企业已经发生的经济活动进行确认、计量、记录和汇总等加工处理,并通过编制会计报表向投资者、债权人、政府经济管理部门、银行或非银行金融机构、企业职工等企业外部信息使用者提供会计信息。

正是由于管理会计与财务会计工作的侧重点不同,所以管理会计又称"内部会计"或"对内报告会计",财务会计又称"外部会计"或"对外报告会计"。

(二) 反映的时间段不同

管理会计强调未来,着眼于对未来进行预测、决策、计划和控制,着重反映未来时间段的经济事项。管理会计的内容,可以概括为规划未来、控制现在和评价过去,其重点在于规划未来。管理会计通过对过去的经营情况进行整理、分析和评价,对未来进行科学、有效的筹划,以解决企业未来的生产经营问题。

财务会计强调过去,着重反映的是过去时间段的会计事项,是已经成为历史的经济活动。财务会计的一个重要特点是如实地反映过去,提供信息。财务会计主要是对企业已经发生的经济业务进行事后的记录和总结,对过去的生产经营活动进行客观的反映和监督,着重向外提供已经发生的会计信息。

(三) 工作主体(范围)的层次不同

管理会计的工作主体可分为多个层次,它既可以以整个企业为主体,又可以将企业内部的个别部门如车间、班组，甚至一条生产线、一个责任人作为其工作的主体。事实上在多数情况下，管理会计主要以企业内部责任单位为主体。

而财务会计的工作主体往往只有一个层次，其主要以整个企业为工作主体，通过定期编制财务报表来全面、系统、连续、综合地反映整个企业在一定时期的经营成果和财务状况，通常不涉及企业个别部门、个别环节等局部的经济事项。

（四）约束依据不同

管理会计主要是为企业内部经营管理提供各种信息，其信息正确与否，会影响管理的科学性和有效性，从而影响经济效益，而无须承担法律责任。所以，管理会计工作的进行，完全取决于管理者规划和生产经营活动的实际需要，服从于企业内部管理的特定要求，主要考虑经营管理决策中的成本与效益关系，不受公认会计原则的制约。因此，管理会计可以根据管理的要求，以其认为最适当的方式、方法获取资料。此外，管理会计不需要按照规定的格式、内容、时间编制会计报表，不需要按照规定的成本项目进行产品成本预测和考核。

财务会计要如实反映一个企业的财务状况和经营成果，要对其信息的正确性承担法律责任。为此，财务会计必须以公认会计原则为准绳，严格按照会计原则和会计程序处理日常经济业务；核算方法在前后各期要保持一致和相对稳定，不得随意变更；必须按有关规定定期提供财务报表。

（五）核算的方法和手段不同

管理会计采用的会计方法灵活多样，完全可以根据所要解决问题的需要自主选择各种手段和方法。在进行预测、决策时，管理会计越来越广泛地应用现代数学方法（如微积分、线性规划、概率论等）和计算机技术。利用现代数学方法能把复杂的经济活动用简明而精确的数学模型表达出来，以揭示有关对象之间的内在联系和最优数量关系，从而为正确地进行经营决策，选择最优方案和有效地改善生产经营，提供客观依据。

财务会计所采用的核算方法和手段必须以会计法规、统一的会计原则为准绳，严格按照规定的程序和方法核算日常所发生的经济业务，计算方法大多只采用简单的算术方法。

（六）信息特征不同

管理会计所提供的是内部管理决策需要的信息，既包括定量信息，也包括定性信息；计量单位可以是货币单位，也可以是实物单位、时间单位和相对数单位。其中凡涉及未来的信息，要满足及时性和相关性，计算结果相对准确即可。

财务会计要定期向企业外部利益关系人提供决策所需的信息。计量单位必须以货币作为统一尺度，计算结果要求客观真实、精确无误。

二、管理会计与财务会计的联系

（一）对象相同

管理会计与财务会计反映的对象是相同的，都是反映企业以货币表现的价值运动或资金运动。只不过管理会计侧重反映企业局部性的或特定的、现在的（正在进行的）和未来的资金运动，财务会计侧重反映企业全局性的、过去的（业已发生的）资金运动。

（二）基本信息同源

管理会计与财务会计同属于企业会计信息系统，它们的主要信息来源是相同的，即都是直接反映企业生产经营活动的原始信息。财务会计运用凭证、账簿、报表等特定的会计方法对原始信息进行加工、处理。而管理会计对财务会计子系统提供的财务信息按照一定的要求和采取专门的方法进行再加工、再处理或改制、延伸，从而为企业的管理决策提供有用的信息。

（三）目的一致

管理会计与财务会计的最终目的是一致的，即加强企业经济管理，提高企业经济效益。财务会计主要通过定期向外报送会计报表，使财务报告信息使用者了解企业的财务状况和经营成果，通过采取相应的经济、法律等手段，促进企业提高管理水平。管理会计更是直接通过向内部管理者提供有关评价、预测信息，使其做出正确决策，它本身就是为提高企业管理水平而进行的一种管理活动。

此外，管理会计与财务会计在使用的概念、遵循的原则等方面也都有一些相同的内容，存在密切联系。管理会计作为从财务会计中分离出来的一个会计分支，它直接使用了与财务会计通用的一些基本概念，如资金、利润、存货等；财务会计遵循的一些原则，如配比性原则、客观性原则等也适用于管理会计。

总之，管理会计与财务会计作为企业会计的两个重要组成部分，二者之间既有明显的区别，又存在密切的联系，它们相互补充、互相配合，共同提供会计信息。从长远发展趋势上看，与现代企业管理发展的需要相适应，以财务会计为基础的管理会计在企业经营管理活动中的地位和作用将日益突出。

 案例分析

邯郸钢铁厂"模拟市场核算，实行成本否决"

邯钢在市场经济改革的大潮中，遵循社会主义市场经济的客观规律，探索出了一条市场经济与国有企业相结合的新路子，引起了各级领导的高度重视。1996年年初，国务院发出通知，批转国家经贸委、冶金部《关于邯郸钢铁总厂管理经验的调查报告》，在全国掀起了学习邯钢经验的热潮。现将邯钢以"模拟市场核算，实行成本否决"为核心的集约经营机制介绍如下。

邯钢推行"模拟市场核算，实行成本否决"的经营机制筹划于1990年3月。那时由于全国开展治理整顿，压缩基本建设，钢材市场疲软，售价一跌再跌。邯钢这个河北省知名的上交利税超亿元的大户，连续5个月出现亏损，企业到了难以生存的地步。形势迫使邯钢必须从改革中找出路，逼着邯钢转换机制，走向市场。当时邯钢赔钱的根本原因是产品成本高。基于以上情况，邯钢选择了适合自身特点的经营机制，即以模拟的办法，把市场机制引入企业内部管理。但并非简单地把社会上经济交往中的银行、公司、市场都照搬进来，把二级单位都变成独立法人。邯钢的做法是在保持现代化工业企业专业化、科学分工协作、高度集中、统一管理（即企业内部统一计划、统一采购、统一销售、银行只设一个账号）优势的前提下，抓住成本这个关键，依据价值规律，用"倒推"的方法，即从市场接受的价格开始，从后向前，通过挖掘潜力，测算出逐道工序的目标成本，然后层层分解落实，直到每一个职工。通过成本这个市场信息的传递，把市场价格信息内部深化，按市场导向决定厂内生产的资源配置，使职工直接感受到市场经济的潮涨潮落，树立市场观念，主动参与市场竞争。于是经过8个月的指标测算和准备，邯钢从1991年1月起，在全厂推行了"模拟市场核算，实行成本否决"的经营机制。

"模拟市场核算，实行成本否决"经营机制的主要内容是：厂内所有生产经营单位，包括辅助单位和部门，都要按市场经济规律办事，以市场为导向，以国内先进水平和本单位历史最高水平为依据，对组成成本的各项指标逐项进行比较，找出潜在的效益，将使用的原材料和出厂产品均以市场价为核算参数，进而核定出产品的内部目标成本和目标利润，然后层层分解落实，实行成本否决。"模拟市场核算，实行成本否决"的主要特点是：以市场为导向，建立符合社会主义市场经济需要的经营机制；以降低成本、增加效益为核心，全面硬化企业内部管理；以强化分级经济核算为手段，充分挖掘各环节潜力，加快企业向集约型经营转变；以推进技术进步、调整结构为主导，增强企业发展后劲和竞争实力；以层层分解指标、实行重奖重罚的利益机制为动力，充分调动广大职工当家理财的积极性。这个运行机制的核心是企业真正把提高经济效益放在第一位，通过成本指标的层层分解，将国有资产的管理、使用落实到每个职工身上，让广大职工当家理财，使职工真正成为企业的主人。模拟市场核算机制的推行，不仅是对原有经营机制的突破，也是对传统的计划经济观念的冲击。因此，在推行和深化模拟市场核算机制的过程中，各级党组织充分发挥思想政治工作优势，转变职工的思想观念，强化职工的市场意识和竞争意识，从而保证企业的决策能变为广大职工的自觉行动。邯钢"模拟市场、成本否决"是降低成本、提高效益的有效途径，是国有大中型企业转换机制、走向市场的成功经验。

要求：

请分析管理会计在邯郸钢铁厂的应用。

课后复习题

一、简述题

1. 简述管理会计的产生原因和发展过程。
2. 管理会计具有哪些职能？
3. 管理会计的目标是什么？
4. 管理会计包括哪些内容？
5. 管理会计与财务会计有哪些不同？
6. 管理会计与财务会计的主要相同点是什么？

二、综合题

ABC 公司有一个新近从财务会计工作转入管理会计工作的会计人员张某，他对于管理会计知识不甚了解。以下是他对管理会计提出的个人观点：

1. 管理会计与财务会计的职能一样，主要是核算和监督。
2. 管理会计和财务会计是截然分开的，无任何联系。
3. 管理会计报告要在会计期末以报表的形式上报。
4. 管理会计吸收了经济学、管理学和数学等方面的研究成果，在方法上灵活多样。
5. 在提供管理会计信息时可以完全不用考虑成本效益原则。
6. 管理会计服务于企业外部，受会计法规的约束。
7. 管理会计的职能主要是满足企业各项管理职能的需要。
8. 管理会计的信息质量特征与财务会计的信息质量特征完全不同。
9. 一个管理会计师可以将手中掌握的信息资料随意提供给他人。

要求：

对以上观点加以分析说明，指出正确与否。

第二章
成本性态分析与变动成本法

学习目标

1. 理解管理会计中的成本概念，了解成本的主要分类；
2. 掌握变动成本、固定成本的概念、特点、分类；
3. 理解混合成本的概念，掌握混合成本的成本性态分析方法；
4. 掌握变动成本法的概念、意义、成本构成；
5. 熟悉变动成本计算法与完全成本计算法的区别；
6. 能够运用变动成本法计算产品成本。

第一节 成本性态分类

一、成本概述

成本是综合反映企业经营活动成果的一项重要经济指标。马克思主义的政治经济学指出：产品的价值由三个部分组成，即生产中消耗的生产资料的价值（c）、劳动者为自己的劳动所创造的价值（v），以及劳动者为社会创造的价值（m）。而产品的成本是前两个部分之和（$c+v$）。因此，理论成本是指企业在生产过程中已经耗费的、用货币表现的生产资料的价值与相当于工资的劳动者为自己劳动所创造的价值总和。随着经济的发展和企业经营管理要求的不断提高，成本的概念和内容都在不断发展、变化。美国会计学会下属的"成本概念与标准委员会"，将成本定义为：成本是指为达到特定目的而发生或应发生的价值牺性，它可用货币单位加以衡量。可见，成本这一定义已经大大超越了产品生产成本和各种经营业务成本的内容和概念。

管理会计涉及预测、决策、计划、控制、分析、考核等各项职能，必将选择不同的标准，将成本进行多重分类，以满足成本管理的不同要求。例如：成本按经济用途，可分为生产成本和非生产成本；成本按可盘存性，可分为可盘存的产品成本和不可盘存的期间成本；成本按时态，可分为历史成本和未来成本；成本按特定对象，可分为人力资源成本、环境保护成本和质量成本等；成本按是否可控，可分为可控成本和不可控成本；成本按是否与决策相关，可分为相关成本与无关成本。此外还有一种成本分类是管理会计最重要的分类，即成本按性态分类。

二、成本按性态分类

成本性态是指成本总额与业务量的数量依存关系，又称成本习性。这种关系是客观存在的，是成本的固有性质，故称为性态。影响成本的业务活动也称成本动因（Cost Drivers）。引起成本发生的动因有很多，常见的是与数量有关的成本动因，一般表现为业务量。这里的业务量（Volume）是指企业在一定的生产经营期内投入或完成的经营工作量的统称，可以根据具体的业务性质而有所不同，其表现形式可以为实物量、价值量和时间量，如产品的生产量或销售量、产品的销售额、工人工作小时或机器工作小时、维修部门的维修小时、行驶里程、处理订单数等。这里的成本总额是指为取得营业收入而发生的营业成本费用，包括生产成本和非生产成本。成本按其性态可分为固定成本和变动成本两大类。

进行成本性态分析就是研究成本对业务量变化表现出来的特性，从数量上具体地掌握成本总额与业务量总数之间规律性的联系，以便为企业正确地进行决策、加强和改善经营管理、实现最大的经济效益提供有价值的资料。

三、总成本及成本习性模型

（一）固定成本

1. 固定成本的概念

固定成本是指在一定时期和一定业务量范围内，总额不受业务量增减变动影响而保持不变的成本，如按直线法计提的固定资产折旧费、租赁费、财产保险费、管理部门办公费、管理人员工资、广告费等。

2. 固定成本的特点

【例2-1】皮尔电冰箱厂生产电冰箱，其机器设备是向租赁公司租用的，每年订一次租约，租金每月24 000元，假定这些机器设备的最大生产能力是月产600台电冰箱，则产量在600台以内时，租金总额（使用机器设备的固定成本）不随产量的增减变动而变动。因此，机器设备的租金是皮尔电冰箱厂生产电冰箱的一项固定成本。电冰箱产量与租金成本之间的关系如表2-1所示。

表2-1　皮尔电冰箱厂电冰箱产量与租金成本的关系

电冰箱产量（台）	租金总成本（元）	每台电冰箱租金成本（元）
100	240 000	240
200	240 000	120
300	240 000	80
400	240 000	60
500	240 000	48
600	240 000	40

根据表2-1的数据可绘制图2-1，由图可看出固定成本的特点如下。

1）固定成本总额的不变性，即固定成本在一定时期和一定业务范围内，其总额保持不变。

2）单位固定成本的反比例变动性，即单位业务量负担的固定成本随业务量的增减成反比例变动。

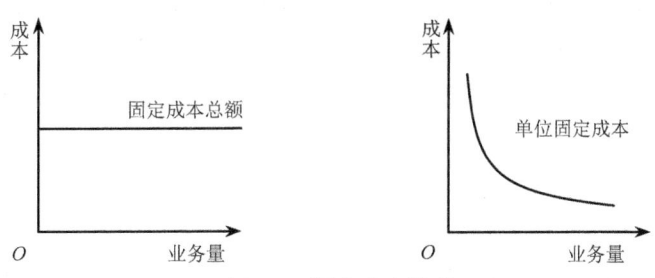

图2-1　固定成本模型

3. 固定成本的分类

固定成本通常又可细分为酌量性固定成本和约束性固定成本两类。

（1）酌量性固定成本

酌量性固定成本，也称自定性固定成本或选择性固定成本，是指通过管理者的决策行为可以改变其支出数额的固定成本，如广告费、新产品开发研究费、咨询费、职工培训费等。显然，酌量性固定成本的发生有利于企业提高经营水平，可以扩大产品销路，增强企业的竞争能力。当然，其数额大小在短期内与企业的实际经营水平并无直接联系（这是它属于固定成本的原因）。对于具有一定弹性的酌量性固定成本，企业决策机构可以根据需要与可能确定其支出数额，并适应情况的变化及时地予以调整。

（2）约束性固定成本

约束性固定成本，是指通过管理者的决策行为不能改变其支出数额的固定成本。约束性固定成本与整个企业的经营能力（包括基本组织机构的形成及其正常维护）有直接的联系，是维持企业正常的生产经营能力所必不可少的成本，故也称为经营能力成本。例如，固定资产折旧费、保险费、房屋及设备的租金、财产税、管理人员的基本薪金等都属此类。企业的经营能力一经形成，在短期内难以进行重大改变。如果调整，势必影响企业的赢利能力和长远目标，并且由于企业日益"资本密集化"，这类没有弹性的企业决策不能改变的成本在总成本中的比重将不断增加。

需要注意的是，固定成本的"固定性"不是绝对的。无疑，从较长时间看，无论是酌量性固定成本，还是约束性固定成本，都将随着企业经营方针和策略等情况的变化而增加或减少其支出数额。即使从较短的时间（如一年）看，固定成本的发生额不受业务量变动的影响也是在一定条件下成立的。这就是说，固定成本总额在一定范围内才不随业务量的变动而变动。这里的一定范围是指"一定时期和一定业务量"这一范围，即所谓的"相关范围"。不在相关范围之内，固定成本总额也会发生变动。这是因为，如果业务量的增大超过了相关范围，就会因扩建厂房、增添设备、扩充人员、增设机构等业务的发生而增加属于固定成本的折旧费、大修理费和管理人员工资等支出，甚至广告费也不得不追加，从而致使固定成本在业务量超出相关范围以后增加。另外，由于货币时间价值的存在和通货膨胀时有发生，即使业务量不变，时间的变化超过相关范围也会引起固定成本数额的改变。例如，例2-1中皮尔电冰箱厂与租赁公司每年订租约一次，每月租金24 000元，可上年与下年的月租金额势必要发生变动。

（二）变动成本

1. 变动成本的概念

变动成本，是指在一定时期和一定业务量范围内，总额与业务量总数成正比例增减变动的成本。变动成本的内容一般包括直接材料、直接人工、物料用品，以及按销售量支付的销售佣金、装运费、包装费等。

2. 变动成本的特点

【例2-2】皮尔电冰箱厂生产电冰箱，每台电冰箱需要用一个压缩机，每个压缩机的价格为600元。当电冰箱产量发生变化时，使用压缩机的总成本也随产量成正比例增加或减少。因此，压缩机成本就是生产电冰箱的一项变动成本。电冰箱产量与压缩机成本之间的关系如表2-2所示。

表 2-2 皮尔电冰箱厂电冰箱产量与压缩机成本的关系

电冰箱产量（台）	压缩机总成本（元）	每台电冰箱压缩机成本（元）
100	60 000	600
200	120 000	600
300	180 000	600
400	240 000	600
500	300 000	600
600	360 000	600

根据表 2-2 的数据可绘制图 2-2，由图可看出变动成本的特点如下。

1）单位变动成本的不变性，即单位产品的变动成本不受业务量增减变动的影响而保持不变。

2）变动成本总额的正比例变动性，即变动成本是一条以单位变动成本为斜率的直线。单位变动成本越大，即斜率越大，直线坡度越陡。

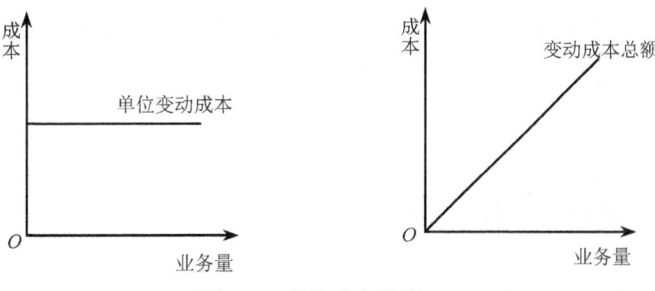

图 2-2 变动成本模型

3. 变动成本的分类

变动成本可根据其发生的原因分为技术性变动成本和酌量性变动成本两大类。

（1）技术性变动成本

技术性变动成本是指其单位成本受客观因素决定，消耗量由技术因素决定的变动成本。例如，生产某型号汽车需要外购配套的发动机等部件，在外购价格一定的条件下，其成本就属于受技术影响的、与汽车产量成正比例关系的技术性变动成本。要想降低这类成本，应当通过改进设计、改革工艺、提高材料配件的综合利用率以及避免浪费、减少单耗来实现。

（2）酌量性变动成本

酌量性变动成本是指单耗受客观因素决定，其单位成本主要受企业管理部门决策影响的变动成本。例如，在质量能够保证、单耗不变的前提下，企业可以在不同地区或不同的供货单位采购到价格不同的某种原材料，其成本消耗就属于酌量性变动成本。又如，采用计件工资制，由于计件单价由企业管理当局决定，其工资成本随完工产量成正比例变动，故它也是一种酌量性变动成本。要想降低这类成本，应当通过合理决策、降低材料采购成本、优化劳动组合、严格控制费用开支来实现。

需要注意的是，变动成本的"变动性"不是绝对的，而是在一定范围内才具有变动性。这里的"一定范围"就是"相关范围"，即指"一定时期和一定业务量"这一范围。也就是说，在相关范围内，变动成本总额与业务量总数保持着相当稳定的正比例增减变动关系，即呈完全线性关系；而在相关范围之外，就可能表现为非线性关系。例如，当某种产品的生产是小批量生产时，单位产品所耗用的直接材料和直接人工都比较多；当产品产量增加到一定程度时，就可能使单位产品中所耗用的直接材料和直接人工逐渐降低。如此，在该种产品产量增长的初始阶段，变动成本总额的增加不一定与产量增加成正比例，而是表现为成本总额的增长幅度小于产品产量的增长幅度，从而使变动成本总额线呈向下弯曲趋势（其斜率随产量的增加而缩小），表明成本总额与产量总数呈非线性关系；产品产量增加到相关范围内，单位产品中各项材料和人工的消耗量比较平稳，致使变动成本总额与产品产量总数之间呈完全线性关系；产品产量超过相关范围后，继续增长又可能会出现一些新的经济因素（如按累进率多支付计件工资和多支付加班补贴等），促使单位产品变动成本升高，从而使变动成本总额线呈向上弯曲趋势（其斜率随产量的增加而增大），表明此时变动成本总额与产量总数之间又形成非线性关系。

第二节 混合成本及其分解

一、混合成本的意义及其分类

混合成本，顾名思义是"混合"了固定成本和变动成本两种不同性质的成本。如前所述，人们为了进行决策，特别是短期决策，需要将成本按性态划分为固定成本和变动成本。但在现实经济生活中，许多成本项目并不直接表现为固定成本或变动成本。混合成本的基本特征是，其发生额的高低虽然直接受业务量大小的影响，但不存在严格的比例关系，人们需要对混合成本按性态进行近似的描述（称为混合成本的分解），只有这样才能为决策所用。

混合成本与业务量之间的关系比较复杂，按照混合成本变动趋势的不同，可以分为4种：半变动成本、延期变动成本、半固定成本和曲线式混合成本。

（一）半变动成本

半变动成本又称标准式混合成本，是混合成本中较为普遍的一种存在类型，具有广泛的代表性。它的总额由两部分成本组成：一部分即为固定成本部分，无论是否有业务量发生，这部分成本总会发生,并不受业务量变动影响;另一部分随业务量的变动而发生正比例变动,为变动成本部分。由于半变动成本的一部分是固定不变的,所以其总额尽管随业务量的增减变动而相应增减变动,但与业务量之间并不具有同等变动比例的关系。企业的公用事业费,如电费、水费、电话费等均属半变动成本。半变动成本性态模型如图 2-3 所示。

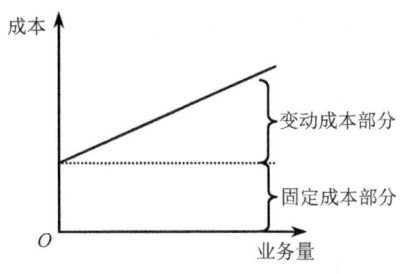

图 2-3　半变动成本性态模型

(二) 延期变动成本

延期变动成本又称低坡式混合成本,是指在一定业务量范围内总额保持稳定,超过特定业务量则开始随业务量按比例增长的成本。延期变动成本的特点是在一定的业务量范围内其总额保持固定不变,一旦突破这个业务量限度,其超额部分的成本就相当于变动成本。延期变动成本实际上是将横轴"延伸"至业务量"临界点"时的半变动成本。

比较典型的例子是:当企业职工的工资实行计时工资制时,企业支付给职工的正常工作时间内的工资总额是固定不变的;但当职工的工作时间超过了正常水平时,企业需要按规定支付加班工资,且加班工资的大小与加班时间的长短存在着某种比例关系。延期变动成本性态如图 2-4 所示。

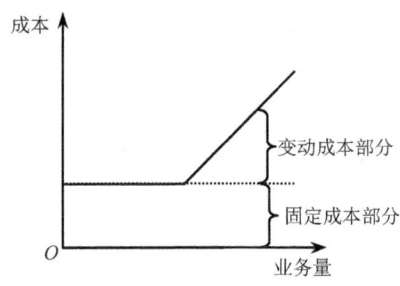

图 2-4　延期变动成本性态模型

(三) 半固定成本

半固定成本的特点是在一定业务量范围内其发生额固定不变,当业务量增长至超出该范围时,其发生额突然跳跃上升,然后在业务量增长以后的一定范围内又固定不变,直到业务量范围再次被突破、发生新的跳跃变动为止，如此重复下去，其成本随业务量的增长呈现出阶梯状增长趋势。所以，半固定成本又称阶梯式成本。例如，企业的运货员、质检员、保养工等人员的工资，以及受一定业务量影响的固定资产租赁费等。

如果该项成本的数额很大且适用于一特定的、广泛的活动范围，则该成本就被认为在那个活动范围内是固定成本。半固定成本性态模型如图2-5所示。

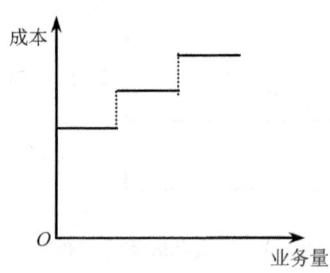

图2-5　半固定成本性态模型

半固定成本与半变动成本是混合成本的内容。要分清这两个概念，必须抓住关键的一点：半变动成本有一个初始量，在这个初始量的基础上随产量的增长而增长；而半固定成本不是超过初始量后成本随产量的增长而增长，而是随着产量的增长呈阶梯式增长，即在一定范围内保持不变，产量提高到另一个范围内时，成本提高到另一个档次后再保持不变，这样呈阶梯式增长。区分的最简单的方法是，如果可以写成 $Y=a+bX$ 的形式，就是半变动成本。例如，一个工人保底工资为1 000元，然后每加工一个零件得0.5元，一个月下来其工资可写为 $Y=1000+0.5X$，所以是半变动成本。

（四）曲线式混合成本

曲线式混合成本是指成本总额与业务量之间呈非线性关系的成本。这类成本通常有一个初始量，在一定条件下保持不变，相当于固定成本。在这个初始量的基础上，随着业务量的增加，成本总额呈非线性的曲线式增加，在坐标图上表现为一条抛物线。按照曲线斜率的不同变动趋势，这类混合成本可进一步分为以下两种类型。

1. 递减型混合成本

这类成本的特点是成本的增长幅度小于业务量的增长幅度，成本的斜率随业务量递减，其成本曲线是一条凸型曲线。例如：热处理使用的电炉设备，每班都需要预热，因预热而耗电的成本（初始量）属于固定成本；至于预热后进行热处理的耗电成本，则随业务量的增加而逐步增长，但其增长越来越慢，即其增长率是递减的。其成本性态如图2-6所示。

2. 递增型混合成本

这类成本的特点是成本的增长随业务量的增长呈更大幅度变化，成本的斜率呈递增趋势,即成本在固定部分基础上随着产量的增加而逐步增长,其增长率是递增的,其成本曲线是一条凹型曲线。其成本性态如图 2-7 所示。

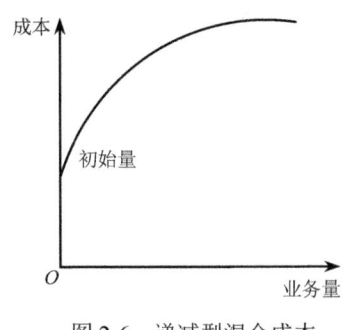
图 2-6 递减型混合成本

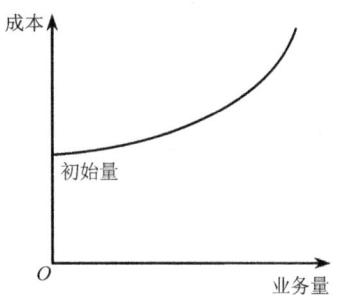
图 2-7 递增型混合成本

二、混合成本分解的基本方法

混合成本需要进一步分解为固定成本和变动成本两部分,才能满足经营管理上的需要,从实践上看,其分解比较切实可行的做法是以汇总的数字为基础,以各种不同业务量水平下的成本作为分析基点。只要方法得当,就可以获得一个相对准确的结果。

混合成本的分解方法主要有历史成本分析法、工程研究法、账户分类法和合同认定法。

（一）历史成本分析法

历史成本分析法是根据混合成本在过去一定期间内的成本与业务量的历史资料,采用适当的数学方法对其进行数据处理,从而分解出固定成本总额和单位变动成本的一种定量分析法。该法要求企业历史资料齐全,成本数据与业务量的资料要同期配套,具备相关性。因此,此法适用于生产条件比较稳定、成本水平波动不大以及有关历史资料比较完备的企业。此外,采用此法时必须注意不应使用已过时的历史数据,并分析历史数据中是否包含着过去的低效率,一旦识别出低效率,必须将其剔除。

常用的历史成本分析法有高低点法、散布图法和直线回归法三种。

1. 高低点法

高低点法（High-low Method）是从过去一定时期相关范围内的资料中,选出最高业务量和最低业务量及相应的成本这两组数据,推算出固定成本和单位变动成本的一种方法。具体做法是：以最高业务量的混合成本与最低业务量的混合成本之差,除以最高业务量与最低业务量之差,计算出单位变动成本,然后代入总成本公式,根据最高业务量或最低业务量的数据,即可分解出混合成本中的固定成本。

高低点法的基本原理是：任何一个项目的混合成本都是由固定成本和变动成本两种因

素构成的，所以总可以用 $Y=a+bX$ 这样一个数学模型来近似地描述它。在相关范围内，固定成本 a 固定不变，那么总成本随着业务量的变动而产生的变量就全部是变动成本。高点和低点的选择，完全是出于尽可能覆盖相关范围的考虑。设：

最高业务量的成本函数模型为

$$Y_1=a+bX_1 \quad (2\text{-}1)$$

最低业务量的成本函数模型为

$$Y_2=a+bX_2 \quad (2\text{-}2)$$

式（2-1）减去式（2-2），得

$$Y_1-Y_2=b(X_1-X_2) \quad (2\text{-}3)$$

则单位变动成本计算公式为

$$b=\frac{Y_1-Y_2}{X_1-X_2}=\frac{高低点混合成本之差}{高低点业务量之差} \quad (2\text{-}4)$$

将 b 代入式（2-1）或式（2-2），可求出固定成本 a：

$$a=Y_1-bX_1=Y_2-bX_2$$

【例 2-3】已知威方公司 2011 年 1~7 月产品成本（混合成本）及业务量的资料如表 2-3 所示。其业务量的相关范围为 0~20 吨。

表 2-3　2011 年 1~7 月业务量及产品成本

月　份	1	2	3	4	5	6	7
业务量 X（吨）	3	4	6	5	7	9	8
产品成本 y（千元）	26	27	31	30	33	38	35

从表 2-3 中找出业务量的最高点 9 吨和最低点 3 吨，以及相应的产品成本 38 千元和 26 千元，并根据这两组数据计算出单位产品成本 b 如下：

$$b=\frac{38-26}{9-3}=2（千元/吨）$$

将 b 代入 $a=Y-bX$，可求出固定成本 a：

$$a=38-2\times9=20（千元）$$

或 $=26-2\times3=20$（千元）

则产品成本函数模型为 $Y=20+2X$。

高低点法在使用中简便易行，但由于它只选择了诸多历史资料中的两期数据作为计算依据，因而代表性较差，其结果不太可靠。这种方法一般适用于成本变化趋势比较稳定的企业。

2. 散布图法

散布图法（Scatter Diagram Method）是指根据若干时期的历史资料，将业务量和成本数据逐一在坐标图上标注，形成若干个散布点，再通过目测的方法尽可能画出一条接近所有坐标点的直线，并据以推算出固定成本总额和单位变动成本的一种成本性态分析方法。

散布图法由于将全部成本数据均作为描述成本性态的依据，所以其准确度比高低点法高。但因为其采用目测的方法得出固定成本，因而计算结果也具有一定的不准确性。

散布图法的一般步骤如下。

（1）收集历史数据

收集以前各期业务量与总成本的历史数据。

（2）画出散布图

将各期总成本数据标在直角坐标系中，画出散布图。

（3）确定固定成本平均值

根据离散的历史成本点目测成本随业务量变动的趋势，画出一条能反映成本平均变动趋势的直线，直线与纵轴的交点即固定成本平均值。

（4）计算单位变动成本

在直线上任取一点，根据 $b=\dfrac{Y-a}{X}$ 的计算公式，计算出单位变动成本。

（5）计算总成本

按照计算出的固定成本平均值（a）、单位变动成本（b），预测未来某期业务量下的总成本，预测公式为

$$Y=a+bX \qquad (2\text{-}5)$$

式中，Y 为未来预测期的总成本；X 为业务量。

【例2-4】用【例2-3】的资料，采用散布图法进行成本性态分析。

1）将2011年1～7月的业务量和成本的坐标点分别标注在坐标图上，如图2-8所示。

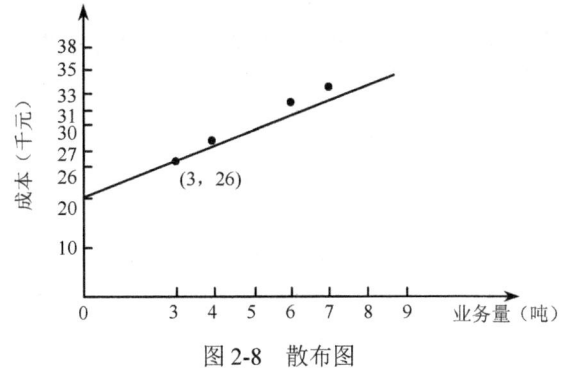

图2-8 散布图

2）目测一条能够反映成本变动趋势的直线，直线与纵轴的交点即为固定成本，在图 2-8 中读出该直线的截距为 $a=20$。

3）在直线上任取一点，如（3，26），计算 b 值为 $b=\dfrac{26-20}{3}=2$（千元/吨）

4）代入 a,b 值，得出成本模型为 $Y=20+2X$。

必须指出的是，以上两种方法的分解结果都不够精确。高低点法比较简便，但只考虑了历史资料中的两组数据，如果不同期间的业务量及成本波动较大，那么得出的计算结果的误差就较大；散布图法尽管考虑了给定的全部数据，但是通过目测确定的趋势直线进行分解，也不是一种严密、精确的方法。

3. 直线回归法

直线回归法，又称最小二乘法或最小平方法。前面利用散布图法，进行"描点连线"的过程中，在散布点之间可以绘制多条能反映成本与业务量之间关系的直线，但只有所有已知观测点（散布点）到直线距离（误差）平方和最小的直线最为准确，此线被称为回归直线。直线回归法是指利用微分极值原理对若干期全部业务量与成本的历史资料进行处理，并据此来推算固定成本和单位变动成本的一种成本性态分析方法。回归直线较为精确，可适用于成本变动趋势较大的企业。

直线回归法基本步骤如下。

（1）确定成本与业务量之间的关系

利用资料分别计算相关系数 r，相关系数取值范围一般为 $-1\sim +1$，它用来说明成本与业务量之间关系的密切程度。当 $r=-1$ 时，说明成本与业务量完全负相关；当 $r=0$ 时，说明成本与业务量不存在任何联系；当 $r=+1$ 时，说明成本与业务量完全正相关，可以用 $Y=a+bX$ 来表达。一般来说，r 越接近于 1，运用直线回归法分析越精确。

$$r=\dfrac{n\sum XY-\sum X\sum Y}{\sqrt{\left[n\sum X^2-(\sum X)^2\right]\left[n\sum Y^2-(\sum Y)^2\right]}} \quad (2\text{-}6)$$

（2）利用以下公式，求回归方程中的 a、b 值（数据推导过程略）

$$b=\dfrac{n\sum XY-\sum X\sum Y}{n\sum X^2-(\sum X)^2} \quad (2\text{-}7)$$

$$a=\dfrac{\sum Y-b\sum X}{n} \quad (2\text{-}8)$$

（3）将求出的值代入成本模型 $Y=a+bX$ 即可

【例 2-5】根据【例 2-3】的资料，用直线回归法进行成本性态分析。

1）根据资料，计算各数值如表 2-4 所示。

表 2-4 计算数值　　　　　　　　　单位：千元

月份	X	Y	XY	X²	Y²
1	3	26	78	9	676
2	4	27	108	16	729
3	6	31	186	36	961
4	5	30	150	25	900
5	7	33	231	49	1 089
6	9	38	342	81	1 444
7	8	35	280	64	1 225
n=7	$\sum X = 42$	$\sum Y = 220$	$\sum XY = 1375$	$\sum X^2 = 280$	$\sum Y^2 = 7024$

2）求相关系数 r。

$$r = \frac{7 \times 1375 - 42 \times 220}{\sqrt{(7280 - 42^2)(7 \times 7024 - 220^2)}} = 0.9924$$

3）因 r 接近 1，故 X 与 Y 之间有线性关系，可继续计算 b, a。

$$b = \frac{7 \times 1375 - 42 \times 220}{7 \times 280 - 42^2} = 1.96$$

$$a = \frac{220 - b \times 42}{7} = 19.67$$

4）成本模型为 $Y = 19.67 + 1.96X$

对照散布图法的计算结果，运用最小二乘法原理建立的直线方程显然比以目测法确定的直线方程更精确、更科学。

（二）工程研究法

工程研究法是由工程技术人员测定正常生产流程中投入的成本与产出的产品数量之间有规律性联系的各种消耗量标准，并在此基础上直接估算出固定成本和单位变动成本，所以它又称技术测定法。其基本做法是把材料、工时的投入量与产品产量进行对比分析，把与产量有关的部分汇集为单位变动成本，与产量无关的部分汇集为固定成本。

【例 2-6】假设胜达企业铸造车间的燃料用于铸造工段的熔炉，分别在点炉和熔化铁水这两项程序中使用。按照最佳的操作方法，每次点炉要用木柴 0.06 吨、焦炭 1.2 吨，熔化 1 吨铁水要使用焦炭 0.12 吨；每个工作日点炉一次，全月工作日为 25 天。木柴每吨价格为 1 240 元，焦炭每吨价格 1 540 元。要求用工程研究法对成本进行分解。

解题步骤如下。

1）选择需要研究的成本项目——燃料成本。

2）对整个过程进行技术测定，确定最佳操作方法，并将其作为标准方法使用。

3）测定标准方法的每项投入成本，并按成本性态划分固定成本和变动成本。

在本例中，点炉燃料（木柴、焦炭）属固定成本；熔化铁水所用燃料与产量相联系，属变动成本。

设每月燃料总成本为 Y，产量为 X 吨铸件，每月固定成本为 a，单位变动成本为 b，则：

$$每月固定成本\ a=(0.06\times1240+1.2\times1540)\times25=48060（元）$$

$$每吨铸件变动成本\ b=0.12\times1540=184.8（元）$$

$$因此可得\ Y=48060+184.8X。$$

工程研究法的主要优点在于可确定理想的投入-产出关系，使企业能够建立具有较高科学性和先进性的标准成本和预算控制。同时，它既是在缺乏历史成本数据条件下可用的、最有效的方法，也是用于检验历史成本分析结论的最佳方法。不足是进行技术测定分析，通常要耗用较多的人力、物力。另外，由于其所依赖的投入-产出关系只存在于生产过程中的直接消耗部分，因而对于不能直接把成本归属于特定的投入-产出或者不能单独进行观察的联合过程，如各种间接成本，不能使用这种方法。因此，这种方法一般只适用于新建企业或新产品的成本性态分析。

（三）账户分类法

账户分类法是根据各有关成本账户（包括明细账）的内容，结合其与产量的依存关系，判断其比较接近哪一类成本，就视其为哪一类成本。

【例2-7】 华强企业二车间的月成本资料如表2-5所示。采用账户分类法对成本进行分解。

表 2-5　二车间的月成本资料　　　　　　　　　　单位：元

产量为 6 000 件时的成本	
账户—成本项目	总 成 本
原材料	12 000
直接人工	14 400
燃料和动力费	4 800
维修费	2 400
间接人工	2 400

续表

产量为 6 000 件时的成本	
账户—成本项目	总成本
折旧	8 000
行政管理费	2 000
合计	46 000

在表 2-5 中，原材料和直接人工通常为变动成本；燃料和动力费、维修费、间接人工等虽然都会随产量变动而呈不成比例的变动，但由于不了解其他产量水平下的实际成本，无法对其进行成本性态分析，所以只能将其先视为变动成本；行政管理费又具体包括许多杂项支出，虽然可能存在变动的因素，但其中大部分与产量没有明显的关系，仍可将其视为固定成本。根据以上分析可得到表 2-6。

表 2-6　成本分析　　　　　　　　　　　　　单位：元

账户——成本项目	产量为 6 000 件时的成本		
	总成本	固定成本	变动成本
原材料	12 000		12 000
直接人工	14 400		14 400
燃料和动力费	4 800		4 800
维修费	2 400		2 400
间接人工	2 400		2 400
折旧	8 000	8 000	
行政管理费	2 000	2 000	
合计	46 000	10 000	36 000

根据表 2-6，可将该车间的总成本分解为"固定"和"变动"两个部分，并以直线方程 $Y=a+bX$ 表示：

其中 $a=10000$，$b=36000\div6000=6$，即 $Y=10000+6X$。

账户分类法虽具有简便易行的优点，但它在确定账户的成本性态时，由于依赖的是无法反映成本随产量变动的特定产量水平的观测值，所以需要分析人员做出一定的主观判断，容易产生误差。

（四）合同认定法

合同认定法，就是根据与交易对方签订的合同上所规定的计价方法与合同提供的业务量的关系分析成本性态，将不论业务量多少均需要支付的部分即基数部分，划入固定成本，凡按业务量计价的部分划入变动成本的一种定量分析方法。

合同认定法特别适用于有明确计算方法的各种初始量变动成本，如电费、水费、煤气费、电话费等各项公用事业费。其账单上的基数即为固定成本，而按耗用量多少计价部分则属于变动成本。该方法也是在没有历史成本数据的情况下可应用的一种方法。

合同认定法的优点是成本性态分析比较准确，但其应用范围较小，只限于签有合同生产经营项目的成本的性态分析。

第三节 变动成本计算法

各种类型的企业组织都需要建立一套成本会计系统，以便为各方面的信息使用者提供成本信息。在会计实务中，成本计算主要有两方面的目的：一是为编制财务报表而计量成本，二是为管理决策提供成本信息。由此产生了两种不同类型的成本计算方法：完全成本法和变动成本法。

一、变动成本法与完全成本法概述

（一）变动成本法

1. 变动成本法的含义

变动成本法（Variable Costing）是美国会计学家哈里斯（M. J. Harris）于 1936 年首先提出来的。到了 20 世纪 50 年代，随着企业经营环境的改变、企业间竞争的不断加剧，预测、决策、规划和控制等方法日益受到重视，企业管理人员逐渐认识到变动成本法不仅有利于加强成本管理，而且对预测、经营决策、预算及控制也十分有用。从此，变动成本法开始受到企业的普通重视。到 20 世纪 60 年代，变动成本法风靡欧美发达国家[①]。

变动成本法是指在产品成本的计算上只包括产品生产过程中所消耗的直接材料成本、直接人工成本和制造费用中的变动性部分，而将制造费用中的固定性部分作为期间成本（费用）的一种成本计算方法。所有的固定成本均作为期间成本列入当期损益表，从当期的收

[①] 李天民. 现代管理会计学. 北京：立信会计出版社，1996：83-84.

入中全部扣除。这是管理会计中广泛采用的一种成本计算方法。

2. 变动成本法的理论依据

变动成本法改变了完全成本法中把固定制造费用在本期所销存货与期末存货之间进行分配的传统，而由当期的销售收入负担全部的固定性制造成本，也就是把发生的所有固定性制造成本在当期的销售收入中全部扣除。其理论依据是：固定性制造费用是为企业提供一定的生产经营条件，以保持生产能力，并使它处于准备状态而发生的成本。它同产品的实际产量没有直接联系，既不会由于产量的提高而增加，也不会因产量的下降而减少；它实际上是同特定的会计期间相联系所发生的费用，并随着时间的消逝而逐渐丧失。所以，其效益不应递延到下一个会计期间，而应在费用发生的当期全额在本期的销售收入中扣除，作为期间费用处理。

（二）完全成本法

完全成本法（Full Costing）是一种传统的成本计算方法。完全成本法在计算产品成本和存货成本时，不仅把产品生产过程中所消耗的直接材料、直接人工等生产成本作为产品成本和存货成本，而且把全部制造费用（包括变动制造费用和固定制造费用）都吸收到产品成本和存货成本中去，并将非生产成本作为期间成本处理。由于这种成本计算法把生产过程中的全部生产成本作为产品成本和存货成本处理，故又称"吸收成本法"或"全部成本法"。

完全成本法广泛用于对外报告的财务会计。根据传统的财务会计理论，企业采用完全成本法的主要原因有以下几方面[①]。

1. 存货计价

根据国际会计准则和公认会计原则的规定，企业对外编制财务报表时，存货项目必须采用完全成本法计价，即企业的存货必须按照包含制造费用的全部生产成本来进行估价。

2. 评估赢利能力

企业在经营中要想获得利润，就必须取得足够的营业收入，以补偿所消耗的全部生产成本，包括直接生产成本和间接生产成本。在将全部间接生产成本按一定的分配标准恰当地分摊给各种产品或服务后，就可计算出各种产品或服务的销售毛利，从而使企业管理人员对各种产品或服务的赢利能力进行评估。

3. 定价决策

许多企业采用全部成本加成定价法对其生产或销售的产品进行定价。例如，企业可能按照在全部成本的基础上再加标准加成率30%来定价。只有完全成本法才能确定产品的全

---

① 英国特许会计师协会. 绩效管理. 张新民、吴革，译. 北京：中信出版社，2002：30.

部成本，从而为定价提供基础数据。

二、变动成本法与完全成本法的特点

从完全成本法和变动成本法的概念中不难发现，两种成本计算方法的根本区别或者说分歧在于如何看待固定性制造费用，换句话说，固定性制造费用到底是一种可以在将来换取收益的资产，还是为取得收益而已然丧失的资产。这一区别也决定了两种不同成本计算方法各自的特点。

（一）完全成本法的特点

1. 符合公认会计准则的要求

公认会计准则认为会计分期是对持续经营的人为分割，应该加深这种人为因素对企业经营成果的影响，尽量保证持续经营假设下经营的均衡性。完全成本法强调持续经营假设下经营的"均衡性"，认为会计分期是对持续经营的人为分割，这种分割决定于企业内部和外部多种因素的共同影响。因此，固定性制造费用转销的时间选择并不十分重要，它应该是一种可以在将来换取收益的资产。

2. 强调固定性制造费用和变动性制造费用在成本补偿方式上的一致性

完全成本法认为，只要是与产品生产有关的耗费，均应从产品销售收入中得到补偿，固定性制造费用也不例外。因为从成本补偿的角度讲，用于直接材料的成本与用于固定性制造费用的支出并无区别。所以，固定性制造费用应与直接材料、直接人工和变动性制造费用一起共同构成产品的成本，而不能人为地将它们割裂开来。

3. 强调生产环节对企业利润的贡献

由于完全成本法下固定性制造费用也被归集于产品而随产品流动，因此本期已销产品和期末未销产品在成本构成上是完全一致的。在一定销售量的条件下，产量大则利润高。所以，客观上完全成本法有刺激生产的作用。这也就是说，从一定意义上讲，完全成本法强调了固定性制造费用对企业利润的影响。

（二）变动成本法的特点

1. 以成本性态分析为基础计算产品成本

变动成本法将产品的制造成本按成本性态划分为变动性制造费用和固定性制造费用两部分，认为只有变动性制造费用才构成产品成本，而固定性制造费用应作为期间成本处理。换句话说，变动成本法认为固定性制造费用转销的时间选择十分重要，它应该属于为取得收益而已然丧失的成本。

2. 强调不同的制造成本在补偿方式上存在差异

变动成本法认为产品的成本应该在其销售的收入中获得补偿，而固定性制造费用与产品的销量无关，只与企业是否经营有关，因此不应该将其纳入产品成本，而应在发生的当期确认为费用。

3. 强调销售环节对企业利润的贡献

由于变动成本法将固定性制造费用作为期间成本，所以在一定产量条件下，本期发生的固定性制造费用全部计入当期成本，导致损益对销量的变化更为敏感，这在客观上有刺激销售的作用。产品销售收入与变动成本（包括变动性制造成本和其他变动性成本）的差额是管理会计的一个重要概念，即贡献毛益。以贡献毛益减去期间成本（包括固定性制造费用和其他固定性费用）就是利润。从贡献毛益的概念中不难看出，变动成本法强调的是变动成本对企业利润的影响。

第四节 变动成本法与完全成本法的比较

变动成本法和完全成本法对固定性制造费用的不同处理导致了两种方法的差异。主要表现在以下四个方面。

一、应用的前提条件不同

（一）完全成本法

完全成本法应用的前提条件是，把全部的成本按照经济职能划分为生产成本和非生产成本两大类。其中，生产成本包括直接材料、直接人工和制造费用；非生产成本包括管理费用、销售费用等期间费用。

（二）变动成本法

变动成本法应用的前提条件是，把全部的成本通过成本性态分析分为变动成本和固定成本两大类。其中，变动成本包括直接人工、直接材料、变动性制造费用、变动性销售及管理费用；固定成本包括固定性制造费用、固定销售及管理费用。

二、产品成本的构成不同

（一）完全成本法

完全成本法将所有成本分为制造成本和非制造成本两大类，将制造成本全部计入产品成本，而将非制造成本作为期间成本，全额计入当期损益。

（二）变动成本法

变动成本法也将所有成本分为制造成本和非制造成本两大类，但不同的是，还将上述成本按成本性态做了进一步划分，主要将制造费用划分为变动性制造费用和固定性制造费用两类，将变动性制造费用计入产品成本，而将固定性制造费用与非制造成本一起列为期间成本。

变动成本法与完全成本法的产品成本构成如图2-9所示。

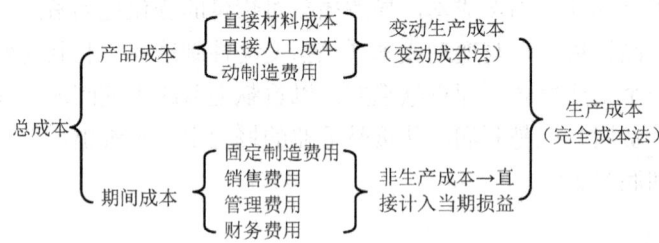

图2-9 变动成本法与完全成本法的产品成本构成

【例2-8】华威公司2011年只生产经营一种产品，当年生产量为1 000万件，销售量为600万件，期末存货量为400万件，销售单价为50元/件。当期发生的有关成本资料如表2-7所示。要求：分别按变动成本法和完全成本法计算当期发生的产品成本和期间成本。

表2-7 产品成本资料　　　　　　　　　　　　单位：万元

成本项目	直接材料	直接人工	制造费用	销售费用	管理费用	财务费用
变动性	6 000	4 000	1 000	600	300	—
固定性	—	—	5 000	1 000	2 500	500
合计	6 000	4 000	6 000	1 600	2 800	500

在变动成本法下：

本期产品成本合计=直接材料+直接人工+变动性制造费用
=6000+4000+1000=11000（万元）

单位产品成本=11000÷1000=11（元/件）

期间成本=固定性制造费用+销售费用总额+管理费用总额+财务费用总额
=5000+1600+2800+500=9900（万元）

在完全成本法下：

本期产品成本合计=直接材料+直接人工+制造费用
=6000+4000+6000=16000（万元）

单位产品成本=16000÷1000=16（元/件）

期间成本=销售费用总额+管理费用总额+财务费用总额
=1600+2800+500=4900（万元）

三、存货成本水平不同

变动成本法下的期末产成品和在产品存货成本中只有变动生产成本部分，不包括固定性制造费用，因为固定性制造费用被作为期间成本处理，直接计入当期损益；而完全成本法下的期末产成品和在产品存货成本中包括全部生产成本，即直接材料成本、直接人工成本和制造费用。固定性制造费用要在存货和销货之间进行分配，使一部分固定性制造费用被期末存货吸收递延到下期，另一部分固定性制造费用作为销货成本计入当期利润表。所以，这将造成两种计算成本法下的存货成本的水平不同。

【例 2-9】按【例 2-8】所提供的资料，要求分别按变动成本法和完全成本法计算产品的期末存货成本和本期销货成本。

在变动成本法下：
期末存货成本=单位产品成本×期末存货量=11×400=4400（万元）
本期销货成本=单位产品成本×销售量=11×600=6600（万元）

在完全成本法下：
期末存货成本=单位产品成本×期末存货量=16×400=6400（万元）
本期销货成本=单位产品成本×销售量=16×600=9 600（万元）

四、损益确定的程序不同

（一）完全成本法

在完全成本法下，应按照传统式损益确定程序计算税前利润。

销售毛利=销售收入−销售成本
税前利润=销售毛利−销售及管理费用
销售成本=期初存货成本+本期生产产品成本−期末存货成本
期末存货成本=本期生产产品成本÷本期产量×期末库存量

（二）变动成本法

在变动成本法下，应按照贡献式损益确定程序计算税前利润。

贡献毛益=销售收入−变动成本
税前利润=贡献毛益−固定成本

其中：
变动成本=变动制造成本+变动性销售及管理费用

$$固定成本=固定制造费用+固定性销售及管理费用$$

由于两种成本法下确定税前利润的程序不同，从而使与之相对应的利润表的格式存在一定的差别。变动成本法使用贡献式利润表，完全成本法使用职能式利润表。

【例2-10】根据【例2-8】的资料，要求分别用变动成本法与完全成本法计算华威公司的税前利润。

在变动成本法下：

$$销售收入=50×600=30000（万元）$$
$$变动成本=11×600+600+300=7500（万元）$$
$$贡献毛益=30000-7500=22500（万元）$$
$$固定成本=5000+1000+2500+500=9000（万元）$$
$$税前利润=22500-9000=13500（万元）$$

在完全成本法下：

$$销售收入=50×600=30000（万元）$$
$$销售成本=16000-6400=9600$$
$$销售毛利=30000-9600=20400$$
$$税前利润=20400-(1600+2800+500)=15500（万元）$$

第五节　两种成本计算法的评价

一、变动成本法的优缺点

（一）变动成本法的优点

变动成本法是适应面向未来、加强企业内部经营管理而产生的。它具有以下优点。

1. 能够促使企业重视销售，防止盲目生产

采用变动成本法计算利润，在销售单价、单位变动成本和产品销售结构水平不变的条件下，企业的营业利润直接与产品的销售量挂钩，随销售量呈同方向变动，即当某期销售量比上期增加时，营业利润也比上期增加；当某期销售量比上期减少时，营业利润也比上期减少；在一个较长的时期内，当任意两期销售量相同时，营业利润也相同。因此，变动成本法所确定的营业利润真正成了反映企业经营状况好坏的晴雨表，从而促使企业管理部门重视销售环节，搞好销售预测，做到以销定产，减少或避免因盲目生产而带来的损失。

按完全成本法确定的营业利润则不具备上述功能，看不出利润与销量的关系，甚至有可能出现奇怪现象，即当某期销售量比上期增加时，营业利润却比上期减少；当某期销售量比上期减少时，营业利润却比上期增加；在一个较长的时期内，当任意两期销售量相同时，营业利润却可能发生变化，尤其是当某期销售量与上期相同而产量增加时，该期营业利润却比上期增加。例如，2011年的销售量与2010年相同，均为3 000件，但由于2011年产品的生产量比2010年多1 000件，本期产品的单位成本降低，存货量的增加使期末存货吸收了更多的固定制造费用，从而导致2011年营业利润比2010年增加。因而采用完全成本法更容易助长企业管理部门为了增加营业利润而盲目扩大生产、忽视销售的不良倾向。

2. 能提供企业管理部门进行预测和短期决策的有用信息

变动成本法所提供的变动成本信息能帮助企业管理部门深入进行本量利分析，有利于预测经营前景、规划未来，如预测保本点，对目标利润、目标销售量或销售额、目标成本等进行规划，编制弹性预算等预测和规划方法都是建立在变动成本法基础之上的。此外，在进行短期生产经营决策时，利用变动成本信息对各种方案进行贡献毛益分析，有利于管理人员做出正确的经营决策。而利用完全成本法提供的成本信息是做不到这些的。

3. 有利于企业加强成本控制和正确进行业绩评价

采用变动成本法，产品的变动生产成本不受固定成本的影响，因而变动生产成本的升降最能反映供应部门和生产部门的工作业绩。通过对变动生产成本事先制定合理的标准成本和建立弹性预算进行日常控制，可以直接分析因成本控制工作的好坏而造成的成本升降，并可与由产量变动所引起的成本升降清楚地区别开来，因而能够正确地评价各部门的工作业绩。同时，将固定成本指标分解落实到各个责任单位，并通过制定费用预算进行控制，可以调动各责任单位降低成本的积极性。

4. 简化成本核算

采用变动成本法，把固定性制造费用列为期间成本，从贡献毛益中直接扣除，不需要在成本对象之间进行分配，这就大大简化了间接费用的分配过程，避免了间接费用分配中的主观随意性。

（二）变动成本法的缺点

1. 不符合财务会计的产品成本概念及对外报告的要求

按照各国财务会计原则的要求，产品成本是指生产过程中发生的全部生产成本，应当包括固定生产成本。对外编制会计报表时，产品存货的计价和损益的计算都应以完全成本为基础。而按变动成本法确定的产品存货成本不能被企业外部有关各方所承认。

2. 不能适应长期决策的需要

变动成本法以相关范围假定为前提，即假定单位变动成本和固定成本在相关范围内保持不变。而在长期决策中，由于涉及的时间较长，要解决诸如增加或减少生产能力和扩大或缩小经营规模的问题，再加上通货膨胀和技术进步等因素的影响，固定成本和单位变动成本的水平不可能长期保持不变，甚至可能会发生很大的变化，这就必然会突破相关范围的限制。因此，变动成本法所提供的资料对短期决策非常有用，但却难以满足长期决策的要求。

二、完全成本法的优缺点

（一）完全成本法的优点

1. 刺激企业加速发展生产的积极性

按照完全成本法，产量越大，则单位固定成本就越低，从而整个单位产品成本也随之降低，超额利润也越大。这在客观上会刺激生产的发展。

2. 有利于企业编制对外报表

由于完全成本法得到公认会计原则的认可和支持，所以企业必须以完全成本计算为基础编制对外报表。

（二）完全成本法的缺点

1. 只注重提供财务指标，不注重提供非财务指标

完全成本法以"产品"为中心，关注的只是与产品有关的数量化指标，在成本管理方面仅提供产品成本数量上的增减变化，却不能解释成本增加或减少的原因。

2. 不利于产品定价

在完全成本法下，将全部生产成本计入产品成本，从而使全部生产成本随着产品的流动在已销产品、库存产成品和在产品之间进行分配，所以期末产成品和在产品存货是按全部生产成本计价的。由于制造费用是按生产工时比例法或生产工人工资比例法分配的，所以造成高产量的产品成本被高估，获利水平被低估；相反，低产量产品的成本被低估，导致其利润被高估。这种错误的估计，不利于产品价格的正确定位，不利于对产品获利情况的正确认识，从而不利于产品结构的调整和产品价格策略的制定。

3. 不利于进行本量利分析和短期决策

本量利分析是研究成本、业务量、利润之间关系的一种重要方法。进行本量利分析必须把所有成本划分为固定成本和变动成本。而完全成本法将企业全部成本划分为生产成本（包括直接材料、直接人工和制造费用）和非生产成本（包括管理费用、销售费用和财务费用）两大类，不能为本量利分析提供有用的信息和资料。短期决策一般不涉及生产能力的变动问题，固定成本相对稳定，从而使之成为一种与决策无关的成本。因此，在进行短期决策时，往往只需要比较不同方案的贡献毛益，而贡献毛益的资料，是完全成本法下所不

能直接提供的。

4. 不利于加强成本控制和科学地进行成本分析

由于完全成本法产品成本包括制造费用，因而不能正确地区分由产量变动引起的成本升降和由成本控制工作好坏引起的成本升降，从而不便于成本责任的归属和业绩的评价，因此也就无法有效地控制成本。

5. 产品成本计算工作繁杂

完全成本法需要把复杂的制造成本在多个产品之间进行归集和分配，使成本计算工作繁杂。传统成本法对制造费用一般是采用机器工时或人工小时进行分配的，但产品成本是多种多样的，是由复杂多变的因素引起的，而并非全由数量因素所决定按全部费用与数量相关的成本动因对这些成本费用进行分配，势必得到歪曲的信息。此外，在制造成本归集和分配过程中，人为因素多，主观随意性强，使得产品成本不能准确地反映客观实际，这种有误的信息往往导致决策者的错误决策。

鉴于变动成本法与完全成本法各有千秋的事实，所以选用成本计算方法时应该取长补短，相互配合地使用两种方法，这也是值得财务管理学者仔细探讨的。

 案例分析

某洗衣机制造公司连续两年发生亏损，总经理召集有关部门负责人开会研究扭亏为盈的办法。有关会议要点如下。

总经理：我公司今年亏损500万元，比去年还糟，如果明年不扭亏为盈，公司将被迫停产。

销售经理：问题的关键在于我们以每台1 600元的价格出售，而每台洗衣机的成本高达1 700元。如果提高售价，洗衣机就卖不出去，因而出路只有降低成本，否则销售越多，亏损越大。

生产经理：我不同意。每台洗衣机的制造成本只有1 450元，问题在于生产线设计能力是年产10万台，因销路打不开，今年只生产了4万台，所销售的5万台中，还有1万台是去年生产的。

总经理：成本到底是怎么回事？

财务经理：每台洗衣机的变动成本是1 050元，固定制造费用总额是1 600万元，销售和管理费用总额是1 250万元。我建议，明年生产部门满负荷生产，通过提高产量来降低单位产品负担的固定制造费用。这样，即使不提价、不扩大销售也能使企业扭亏为盈，渡过危机。同时，为了减少将来的风险，明年应追加50万元来改进产品质量，这笔费用计入固定制造费用。另外再追加150万元做广告宣传和职工销售奖励。

思考：

1. 销售经理所说的每台洗衣机成本 1 700 元与生产经理所说的每台洗衣机制造成本 1 450 元是如何计算出来的？今年亏损 500 万元又是如何计算出来的？

2. 如果采纳财务经理的意见，在不提价、不扩大销售的情况下，明年能够赢利多少？如果用变动成本法计算，利润又是多少？

课后复习题

一、简述题

1. 什么是成本性态？成本按其性态进行分类，包括哪几项内容？
2. 什么是固定成本？固定成本有何特征？
3. 什么是变动成本？变动成本有何特征？
4. 混合成本有几种分解方法？
5. 什么是变动成本法？它的理论依据是什么？
6. 变动成本法与完全成本法有哪些区别？
7. 变动成本法有哪些优缺点？

二、综合题

1. 试判断以下成本费用属于变动成本、固定成本还是混合成本。
   （1）构成产品实体的原材料费用；
   （2）生产产品的工人工资；
   （3）车间管理人员工资；
   （4）行政管理人员工资；
   （5）生产设备按直线法计提的折旧费；
   （6）广告费；
   （7）燃料及动力费；
   （8）房屋租金；
   （9）外购半成品；
   （10）销售人员的基本工资。

2. 某企业只生产一种产品。预测 7 月销量为 194 件。1～6 月的实际销量和总成本资料如表 2-8 所示。

表2-8　1~6月的实际销量和总成本资料

月　　份	1	2	3	4	5	6
总成本（元）	2 000	2 900	2 500	3 000	2 200	2 100
总销量（件）	100	200	180	200	120	100

要求：

（1）假设你是公司财务经理，用高低点法进行成本性态分析；

（2）写出回归分析公式；

（3）假设你是公司财务经理，利用成本性态模型和7月的预测销量，预测7月的总成本。

3．甲公司是一个铸造企业，燃料成本、电力成本及维修成本不便归入固定成本或变动成本。对于这些混合成本，分别使用工程研究法、合同认定法和高低点法进行分析并确定一般模型，然后按比例分配。其中各项费用具体如下。

（1）燃料成本：燃料用于铸造工段的熔炉，具体分为点火（耗用木柴和焦炭）和熔化铁水（耗用焦炭）两项操作。假设企业按照最佳的操作方法进行生产，每次点火要使用木柴0.1吨、焦炭1.5吨，熔化1吨铁水要使用焦炭0.15吨，铸造每件产品需要铁水0.01吨；每个工作日点火一次，全月工作22天，木柴每吨价格为1 000元，焦炭每吨价格为1 800元。

（2）电力成本：具体分为照明用电和设备运转用电两项。按供电局规定，企业的变压器维持费为50 000元/月，电费为1.6元/度，用电额度每月20 000度，超额用电按正常电费的1.5倍计价。正常情况下，每件产品平均用电2度。照明用电每月2 000度。

（3）上年各月的维修成本数据如表2-9所示：

表2-9　上年各月的维修成本数据

月　份	产量（件）	实际成本（元）	月　份	产量（件）	实际成本（元）
1	12 000	54 000	7	7 000	43 200
2	13 000	54 600	8	8 000	46 800
3	11 500	50 400	9	9 500	45 000
4	10 500	52 200	10	11 100	53 400
5	9 000	49 200	11	12 500	57 000
6	7 900	43 800	12	14 000	55 800

要求：确定燃料、电力和维修成本的一般直线方程。

4．A企业期初产成品存货300件，其变动成本总额为1 500元，上月分摊的固定制造费用为 750 元,本月产量为 12 000 件,完工 10 500 件,期末在产品存货 1 500 件,完工程度为 50%,本期销售 9 300 件(先进先出法),本期固定制造费用为 36 000 元,产品单位变动成本为 6 元,单位售价为 15 元,销售费用为 7 500 元。

要求:

(1) 分别用两种方法计算税前利润;

(2) 分析两种方法确定收益产生差异的原因。

第三章
本量利分析

学习目标

1. 掌握本量利分析的基本假设和基本内容;
2. 掌握单一产品本量利分析的基本方法;
3. 掌握多品种本量利分析的基本方法;
4. 掌握相关因素变动对保本点和保利点的影响分析;
5. 理解利润敏感性分析的基本原理。

本量利分析是对成本、产量(或销售量)、利润之间的关系进行分析的一种方法。该方法是在成本性态分析和变动成本法的基础上展开的,着重研究企业业务量、产品销售价格、产品成本等因素的变化对企业赢利的影响程度。

第一节 本量利基本分析

一、本量利分析的意义与基本假设

(一)本量利分析的意义

通过本量利分析,可以使管理者掌握各个变量之间的关系,从而了解其决策的可能财务结果;可以使管理者了解各个部门所面临的经济问题,并采取相应的措施;可以使管理者掌握盈亏平衡的数量,了解价格、成本等变化对利润的影响;可以帮助管理者通过敏感性分析，掌握各个变量变化对利润的影响程度。

本量利分析可以用来预测成本、收入和利润，企业管理人员可据以编制销售计划、生产计划、现金预算计划等。在本量利分析中，要考察每个影响企业利润的变量，如销售量、销售价格、变动成本、固定成本等，管理人员需要将每一变量的变动同企业的战略决策和战术决策联系起来。因此，本量利分析是企业进行决策、计划和控制的重要工具。

（二）本量利分析的基本假设

1. 成本性态分析假设

本量利分析必须在成本性态分析已经完成的基础上进行。产品成本只包括变动生产成本（直接材料、直接人工、变动制造费用），所有的固定成本（包括固定制造费用）均作为期间费用处理。

2. 相关范围及线性关系假设

假定企业在一定时期和一定的产销业务量范围内，固定成本水平始终保持不变。所有的混合成本都能够分解为固定成本部分和变动成本部分。同时，相关范围内，销售单价是个常数，销售收入与销售量成正比，两者之间存在线性关系。此外，总成本函数和收入函数均以同一产销业务量为自变量。

3. 品种结构不变假设

本量利分析一般假设只有单一产品，或者当企业生产多种产品时，假设品种结构保持不变，这样就可以利用既定品种结构的平均收入和平均成本进行本量利分析。

4. 产销平衡假设

产销平衡，即期初、期末的产成品存货数量不变。假定在只安排一种产品生产的条件下，生产出来的产品总是可以找到市场，使产量和销售量相等，实现产销平衡。

二、本量利分析的基本模型

在会计上，销售收入、成本与利润之间的基本等式为

$$\text{销售收入} - \text{成本} = \text{利润} \tag{3-1}$$

设 P 代表利润，x 为销售量，p 为产品单位销售价格，a 为固定成本，b 为单位变动成本，则上述等式可以表达为

$$\text{销售收入} - (\text{固定成本} + \text{变动成本总额}) = \text{利润} \tag{3-2}$$

$$P = px - (a + bx)$$

这就是本量利分析的基本计算模型，保本点及保利分析基本上都是围绕上述等式展开的。上述等式又称本量利分析公式，因为它包含了成本、销售量、利润三个方面。其中业

务量 x 对不同的企业、不同的问题，其实际含义是不同的。

三、本量利分析的基本内容

本量利分析包括以下基本内容：
1）单一产品本量利分析；
2）赢利条件下单一产品本量利分析；
3）多品种条件下的本量利分析；
4）利润敏感性分析。

第二节 单一产品本量利分析

一、单一产品保本分析

（一）保本分析的基本概念

1. 保本的概念

保本（Breakeven），是指企业在一定的销售量或销售额下，销售收入刚好等于企业发生的全部成本，企业的净利润为零。当企业处于这种收支相等、损益平衡、不盈不亏、利润为零的特殊情况时，称企业达到保本状态。

保本分析（Breakeven Analysis）就是当企业恰好处于保本状态时本量利分析的一种定量分析方法，又称盈亏平衡分析、盈亏临界分析、损益平衡分析、两平分析、够本分析。

2. 保本点的含义及表现形式

（1）保本点的含义

保本点又称盈亏临界点（Breakeven Point），是指企业的经营规模（销售量）刚好使企业达到不盈不亏的状态，即使企业达到保本状态时的业务量的总称。在该业务量水平上，企业收入与总成本刚好持平。稍微增加业务量，企业就有赢利；相反，稍微减少业务量就会导致企业发生亏损。在我国，保本点又被称为盈亏临界点、盈亏平衡点、损益平衡点、营业平衡点、彼此相等点和够本点等。

（2）保本点的表现形式

单一品种的保本点有两种表现形式：一是用实物量表示，即保本点销售量（简称保本量）；二是用金额表示，即保本点销售额（简称保本额）。它们都是标志企业达到盈亏平衡、实现保本的销售业务量指标。

在多品种条件下，虽然也可以按具体品种计算各自的保本量，但由于不同产品的销售量不能直接相加，因而只能确定它们总的保本销售额，不能确定总保本量。

（二）单一产品保本分析的基本方法

单一产品保本分析的基本方法主要有本量利公式法、贡献毛益法、图示法等。

1. 本量利公式法

当企业处于保本状态时，企业的利润 P 为零。根据本量利公式，设企业的销售量为 x_0 时，$P=0$，即

$$销售收入-(固定成本+变动成本总额)=px-(a+bx)= 0$$

可得保本销售量为

$$x_0 = \frac{固定成本}{单位销售价格-单位变动成本} = \frac{a}{p-b} \quad (3-3)$$

当计算出保本销售量后，还可以计算出保本销售额：

$$保本销售额=px_0$$

【例 3-1】设 ABC 公司生产和销售单一产品，该产品的单位售价为 50 元，单位变动成本为 30 元，固定成本为 50 000 元。计算保本点的销售量和销售额。

解：$$保本点的销售量 x_0 = \frac{a}{P-b} = \frac{50000}{50-30} = 2500（件）$$

$$保本销售额=px_0=50×2500=125000（元）$$

当 ABC 公司每年销售 2 500 件产品时，该企业就能处于保本状态。换句话说，当企业每年的销售额为 125 000 元时，企业就处在保本状态。

2. 贡献毛益法

贡献毛益也称贡献边际、贡献毛利、贡献毛益等，是指销售收入减去变动成本后的余额。贡献毛益的表现形式可分为绝对数和相对数两类，绝对数表示形式又有总额概念和单位概念两类。

（1）单位贡献毛益

单位概念称为单位贡献毛益（记做 CM），是指产品销售单价减去单位变动成本之后的余额。用公式表示

$$单位贡献毛益（CM）=单位产品销售价格-单位变动成本 \quad (3-4)$$

产品的单位贡献毛益反映单个产品的赢利能力。

（2）贡献毛益总额

总额概念称为贡献毛益总额，简称贡献毛益（记做 TCM），是指产品销售收入总额减去变动成本总额之后的余额。用公式表示：

$$\text{贡献毛益（TCM）=销售收入总额-变动成本总额} \quad (3\text{-}5)$$
$$= px - bx$$
$$= (p-b)x$$

或

$$\text{贡献毛益（TCM）=单位贡献毛益×销售量} \quad (3\text{-}6)$$

贡献毛益总额并不是企业的最后赢利，它只有在补偿完企业的全部固定成本之后，才形成企业的利润。贡献毛益是企业获得营业利润的源泉，只有当贡献毛益补偿固定成本后还有剩余时，企业才会实现赢利，否则就可能出现亏损。依本量利公式得

$$\text{利润=贡献毛益总额-固定成本}=TCM-a \quad (3\text{-}7)$$

（3）贡献毛益率

相对数用贡献毛益率（记做 CMR）来表示，是指贡献毛益总额占销售收入的比重，或者单位贡献毛益占单位销售价格的百分比。用公式表示如下：

$$\text{贡献毛益率}(CMR) = \frac{\text{贡献毛益总额}}{\text{销售收入}} = \frac{TCM}{px} \times 100\% \quad (3\text{-}8)$$

或

$$\text{贡献毛益率}(CMR) = \frac{\text{单位贡献毛益}}{\text{单价}} = \frac{cm}{p} \times 100\% \quad (3\text{-}9)$$

贡献毛益率越高，反映企业的产品或服务提供的赢利金额越大。贡献毛益率高的产品在市场竞争中处于相对有利的位置。

（4）变动成本率

与贡献毛益率相对应的指标是变动成本率，是指单位变动成本占单位售价的比例，或者变动成本总额占销售收入的比例。其计算公式如下：

$$\text{变动成本率} = \frac{\text{单位变动成本}}{\text{单价}} = \frac{b}{p} \quad (3\text{-}10)$$

或

$$\text{变动成本率} = \frac{\text{变动成本总额}}{\text{销售收入}} = \frac{bx}{px}$$

变动成本率表明了企业销售收入中用于弥补变动成本的比例高低。从以上分析得出变动成本率与贡献毛益率两者之间具有以下关系：

$$\text{变动成本率+贡献毛益率=1} \quad (3\text{-}11)$$
$$\text{贡献毛益率=1-变动成本率} \quad (3\text{-}12)$$

变动成本率与贡献毛益率属于互补性质，变动成本率越高，贡献毛益率则越低、赢利能力越弱；反之，变动成本率越低，贡献毛益率则越高、赢利能力越强。

根据贡献毛益的公式，当企业处于保本状态时，TCM−a=0，则

$$\text{保本销售量}(x_0) = \frac{\text{固定成本}}{\text{单位贡献毛益}} = \frac{a}{\text{CM}} \qquad (3-13)$$

而保本销售额则为

$$\text{保本销售额}(px_0) = \frac{\text{固定成本}}{\text{贡献毛益率}} = \frac{a}{\text{CMR}} \qquad (3-14)$$

根据贡献毛益的公式，利润的计算公式可表达为

$$\begin{aligned}\text{利润} &= \text{销售量} \times \text{单位贡献毛益} - \text{固定成本} \\ &= \text{贡献毛益总额} - \text{固定成本}\end{aligned} \qquad (3-15)$$

可以看出，企业通过产品销售所获得的贡献毛益有两个用途：弥补固定成本和形成利润。

【例3-2】 依据【例3-1】中的资料，用贡献毛益法计算保本点。

解： 单位贡献毛益（CM）= $p-b$ = 50−30=20（元）

$$\text{保本销售量}(x_0) = \frac{a}{\text{CM}} = \frac{50000}{20} = 2500 \text{（件）}$$

$$\text{贡献毛益率} = \frac{\text{CM}}{p} = \frac{20}{50} = 40\%$$

$$\text{保本销售额} \frac{a}{\text{CMR}} = \frac{50000}{40\%} = 125000 \text{（元）}$$

3. 图示法

保本点不但可以通过公式计算，还可以通过绘图而获得。从本量利公式中可以知道，销售收入=px，总成本=$a+bx$，它们都是销售量 x 的线性函数。在直角坐标系中，以横轴表示销售量，以纵轴表示成本和销售收入。在上述坐标系中，当销售收入线与成本线相交时，则表示企业处在保本状态，其交点就是保本点。据此可以读出保本销售量和保本销售额的数值。具体作图步骤如下。

1）在直角坐标系中，以横轴表示销售数量，以纵轴表示成本和销售收入。

2）绘制固定成本线。固定成本线为一条与横轴平行的直线，其与纵轴的交点即为固定成本总额。

3）绘制总成本线。在横轴上任取一点的销售数量，计算其总成本并标于坐标系中，然后将此点与纵轴上的固定成本点相连并适当向上延伸即总成本线。

4）绘制销售收入线。同样在横轴上任取一点的销售量，计算出相应的销售收入并在纵轴上找出与此收入相应的点，上述两直线在坐标系中的交点就是在该销售数量下的收入额。将该交点与坐标原点相连并同样适当向上延伸即为销售收入线。

5）上述总成本线与销售收入线的交点就是保本点，如图 3-1 所示。

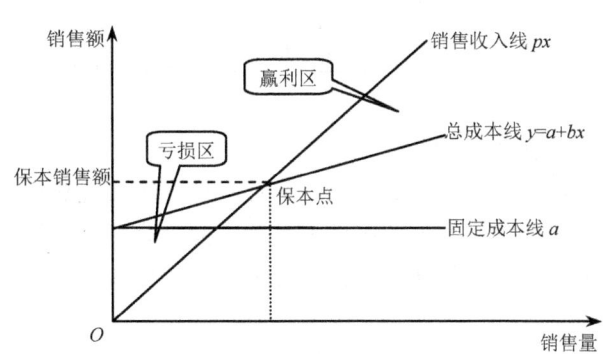

图 3-1 保本分析图

二、赢利条件下的本量利分析

保本分析以企业利润为零、不盈不亏为前提。但从现实角度看，如果仅仅满足保本和维持简单再生产，那么企业将无法生存和发展。合理合法取得赢利，是获得经济效益的具体体现。只有在考虑到赢利存在的条件下，才能充分揭示成本、业务量和利润之间的正常关系。

（一）实现税前目标利润的模型

实现目标利润的业务量也称保利点，是假定销售单价、单位变动成本和固定成本总额确定的情况下，为保证事先确定的目标利润能够实现而应达到的销售量或销售额。因此，它具体包括实现目标利润销售量和实现目标利润销售额两项指标。

设企业的目标利润为 P_t，代入本量利分析公式：

$$P_t = px - (a + bx) \tag{3-16}$$

则

$$\text{实现目标利润销售量} = \frac{\text{目标利润} + \text{固定成本}}{\text{单位贡献毛益}} = \frac{P_t + a}{p - b}$$

$$\text{实现目标利润销售额} = \frac{\text{目标利润} + \text{固定成本}}{\text{贡献毛益率}} = \frac{p_t + a}{\text{CMR}}$$

【例 3-3】设 ABC 公司生产和销售单一产品，该产品的单位售价为 50 元，单位变动成本为 25 元，固定成本为 50 000 元。如果目标利润为 30 000 元，计算实现目标利润的销售量和销售额。

解：实现目标利润的销售量 = $\dfrac{30000 + 50000}{50 - 25}$ = 3200（件）

$$贡献毛益率 = \frac{50-25}{50} = \frac{25}{50} = 50\%$$

$$实现目标利润的销售额 = \frac{30000+50000}{50\%} = 160000（元）$$

（二）实现税后目标利润的模型

税后目标利润又称净利润，是指企业在未来计划期内应实现的税后净利润。由于只有税后利润即净利润才是企业实际能够支配的赢利，因而企业管理人员关心的是税后利润。实现税后目标利润的业务量也包括实现税后目标利润销售量和实现税后目标利润销售额两种形式。

$$税后利润 = 税前利润 \times (1-所得税税率) \tag{3-17}$$

$$税前利润 = \frac{税后利润}{1-所得税税率} \tag{3-18}$$

$$实现税后目标利润的销售量 = \frac{\frac{税后目标利润}{1-所得税税率}+固定成本}{单位贡献毛益} \tag{3-19}$$

$$实现税后目标利润的销售额 = \frac{\frac{税后目标利润}{1-所得税税率}+固定成本}{贡献毛益率} \tag{3-20}$$

【例3-4】假设【例3-3】中其他条件不变，税后目标利润为27 000元，所得税税率为25%。计算实现税后目标利润的销售量和销售额。

解：
$$实现税后目标利润的销售量 = \frac{\frac{27000}{1-25\%}+50000}{50-25} = 3440（件）$$

$$实现税后目标利润的销售额 = \frac{\frac{27000}{1-25\%}+50000}{50\%} = 172000（元）$$

三、安全边际及其计算

（一）安全边际的意义

保本点销售量提供的贡献毛益全部被固定成本抵消，只有超过保本点的销售量提供的贡献毛益才能形成企业的利润。因此，销售量超出保本点越多，企业获利才可能越多，也就是说发生亏损的可能性就越小，企业的经营才越安全。实务中，经常用安全边际表明企业经营的安全程度。

（二）安全边际的计算

安全边际，是指产品实际或预计的销售量（或销售额）超过保本点销售量（或销售额）的部分。其有两种表现形式，即安全边际量和安全边际额，计算公式如下：

$$安全边际量=实际或预计销售量-保本销售量 \qquad (3-21)$$

$$安全边际额=实际或预计销售额-保本销售额 \qquad (3-22)$$

对单一产品而言，安全边际额也等于安全边际量与单位产品销售价格的乘积。安全边际表示了距离亏损边缘的安全程度，安全边际越大，说明企业赢利能力越强，企业经营就越安全；反之，说明企业赢利能力越弱，企业经营就越不安全。

安全边际量和安全边际额是绝对数，由于不同企业的保本点不相同，所以不能直接比较其经营安全性。为了更好地判断和衡量企业生产经营的安全程度，还需要计算一个相对数，即安全边际率。安全边际率是指安全边际与实际或预计业务量之比，它是衡量企业生产经营活动安全的相对指标。其计算公式如下：

$$安全边际率=\frac{安全边际量}{实际或预计销售量}\times 100\% \qquad (3-23)$$

或

$$安全边际率=\frac{安全边际额}{实际或预计销售额}\times 100\% \qquad (3-24)$$

安全边际率越大，企业发生亏损的可能性越小，企业就越安全。实践中，人们发现安全边际率可以衡量不同企业的风险大小，其经验数据如表3-1所示。

表3-1　安全性检验经验数据

安全边际率	40%以上	30%～40%	20%～30%	10%～20%	10%以下
安全程度	很安全	比较安全	安全	值得注意	危险

【例3-5】 假设ABC公司销售单一产品，保本点销售量为5 000件，预计正常销售量为8 000件，销售单价为100元。计算ABC公司的安全边际和安全边际率。

解： 安全边际量=8000-5000=3000（件）

或

安全边际额=8000×100-5000×100=300000（元）

$$安全边际率=\frac{3000}{8000}\times 100\%=37.5\%$$

或

$$安全边际率=\frac{300\,000}{8000\times 100}\times 100\%=37.5\%$$

ABC 公司安全边际率达到 37.5%，该公司的生产经营处于安全状态。

如前所述，只有安全边际部分的贡献毛益才能形成利润，而保本点的销售量只能补偿企业的固定成本，所以借助安全边际这一概念，企业利润的计算公式可以表达为

$$利润 = 安全边际量 \times 单位贡献毛益$$

或

$$利润 = 安全边际额 \times 贡献毛益率$$

则有

$$销售利润率 = 安全边际率 \times 贡献毛益率$$

【例 3-6】依据【例 3-5】中的资料，单位变动成本为 60 元，计算 ABC 公司的利润和销售利润率。

解：
$$单位贡献毛益 = 100 - 60 = 40（元）$$
$$贡献毛益率 = \frac{40}{100} = 40\%$$
$$利润 = 3000 \times 40 = 120000（元）$$

或
$$利润 = 300000 \times 40\% = 120000（元）$$
$$销售利润率 = 37.5\% \times 40\% = 15\%$$

四、相关因素变动对保本点、实现目标利润的销售量等相关指标的影响分析

在前面的本量利分析中，为了简化计算，一般只假设销售量是变动因素。实务中，产品的销售价格、变动成本和固定成本等因素都有可能发生变化。因此，需要分析各因素可能的变动及其影响，以实现目标利润或避免出现亏损。

为便于说明，下面举例分析各有关因素变动对保本点和保利点的影响。

【例 3-7】ABC 公司只生产和销售一种产品，单价为 50 元，单位变动成本为 30 元，固定成本为 50 000 元，则其目前的保本点如下：

$$保本点销售量 = \frac{50000}{50 - 30} = 2500（件）$$
$$保本点销售额 = 2500 \times 50 = 125000（元）$$

（一）相关因素变动对保本点的影响分析

1. 销售价格变动的影响

产品的销售价格是影响企业保本点的最显著因素。价格变化对保本点和保利点的影响有两种情况：一是销售价格提高，使保本点降低，赢利增加；二是销售价格降低，使保本

点上升,赢利减少。

根据【例 3-7】中的资料,产品单价从 50 元提高到 55 元,其他因素不变,则

$$保本点销售量 = \frac{50000}{55-30} = 2000（件）$$

保本点销售额 = 2000×55 = 110000（元）

可见,提高销售价格会使保本点降低。如果销售量不变,企业会取得更多的利润。同理,降低销售价格则意味着会导致保本点提高。

2. 单位变动成本变动的影响

单位变动成本的变化对保本点的影响仅次于产品销售价格。在其他条件保持不变的情况下,单位变动成本降低,保本点就会下降;反之,单位变动成本提高,保本点就会上升。

根据【例 3-7】中的资料,因原材料涨价,产品单位变动成本由 30 元提高到 37.5 元,其他因素不变,则

$$保本点销售量 = \frac{50000}{50-37.5} = 4000（件）$$

保本点销售额 = 4000×50 = 200000（元）

计算结果表明,单位变动成本的提高引起了保本点的上升,这意味着企业销售同样数量的产品所取得的利润会下降,因为单位贡献毛益降低,一方面导致弥补固定成本需要更多产品销售带来的贡献毛益,另一方面同样销售量的赢利能力也在下降。

3. 固定成本变动的影响

固定成本总额的增加或减少,对企业盈亏的影响同样也很重要。在确定有关产品的保本销售量时,如果其他因素保持不变,固定成本总额增加,会使保本点上升。如果销售量不变,则利润减少;反之,保本点就会相应降低,利润增加。

根据【例 3-7】中的资料,公司为了提高技术水平而增加了 24 000 元的职工培训费,即固定成本增加了 24 000 元,其他因素不变,则

$$保本点销售量 = \frac{50000+24000}{50-30} = 3700（件）$$

保本点销售额 = 3700×50 = 185000（元）

以上计算结果表明,固定成本的增加导致了保本点的上升,除非企业能采取有效的措施,否则企业的利润也会随之下降。

（二）相关因素变动对实现目标利润销售量的影响分析

企业进行本量利分析,计算有关因素变动对保本点影响的目的是避免出现亏损,进而实现目标利润。因此,管理人员也需要分析和了解有关因素可能的变动及其对利润的影响,以便事先采取相应的措施,消除有关因素变动对利润的不利影响,保证目标利润的实现。

1. 产品销售价格变动的影响

产品的销售价格是影响企业保本点的最显著因素。同样，销售价格的变动对实现目标利润的影响也最为直接。

根据【例3-7】中的资料，若企业目标利润为50 000元，当产品单价由50元提高到55元时，则：

提价前目标销售量=(50 000+50 000)÷(50-30)=5000（件）

提价后目标销售量=(50 000+50 000)÷(55-30)=4000（件）

可见，当销售单价提高时，企业实现目标利润所需的销售量从5 000件下降到4 000件。若企业能实现其预期销售量，则会超额完成利润目标，即

利润=5000×(55-30)-50000=75000（元）

企业如果能按预期销售量销售产品，利润将达到75 000元，超出目标利润(75000-50000)25000元。

2. 产品单位变动成本变动的影响

单位变动成本的变化对目标利润的影响仅次于产品销售价格。在其他条件保持不变的情况下，单位变动成本降低，企业的利润增加，或实现目标利润的销售量降低。

根据【例3-7】中的资料，若企业目标利润为50 000元，当产品单位变动成本由30元增加到37.5元时，则

单位变动成本变动前目标销售量=(50000+50000)÷(50-30)=5000（件）

单位变动成本变动后目标销售量=(50000+50000)÷(50-37.5)=8000（件）

从计算看出，当单位变动成本增加到37.5元时，企业实现目标利润所需要的销售量从5 000件上升到8 000件。

3. 固定成本变动的影响

固定成本总额的增减，对企业实现目标利润的影响同样也很重要。在其他因素保持不变的情况下，固定成本总额越高，实现目标利润的销售量越大。

根据【例3-7】中的资料，若企业目标利润为50 000元，当固定成本由50 000元增加到74 000元时，则

固定成本变动前目标销售量=(50000+50000)÷(50-30)=5000（件）

固定成本变动后目标销售量=(50000+74000)÷(50-30)=6200（件）

可见，当固定成本增加到74 000元时，企业实现目标利润所需的销售量从5 000件上升到6 200件。

4. 所得税税率变动的影响

如果企业的目标利润确定为税后目标利润，所得税税率提高，实现目标利润的销售量

将增加；相反，如果所得税税率降低，实现目标利润的销售量将减少。

根据【例 3-7】中的资料，若所得税税率为 33%，税后目标利润为 33 500[50000×(1−33%)]元，当计划年度的所得税税率由 33%降低到 25%时，则

$$\text{所得税税率变动前目标销售量} = \frac{\frac{33500}{1-33\%} + 50000}{50-30} = 5000 \text{（件）}$$

$$\text{所得税税率变动后目标销售量} = \frac{\frac{33500}{1-25\%} + 50000}{50-30} = 4733 \text{（件）}$$

由计算可知，所得税税率由 33%降低到 25%时，只要销售量能达到 4 734 件，就能实现税后目标利润 33 500{[4734×(50−30)−50000]×(1−25%)}元，比所得税税率为 33%时的 5 000 件降低了 266(5000−4734)件。

5. 多种因素共同变动对利润的影响

在现实经济生活中，以上各个因素往往不是孤立存在的，而是相互关联、相互影响的。这要求管理人员在做出某项决策时，综合考虑各因素之间的关联性。企业可以通过多因素的共同变动来实现目标利润，消除一些因素对企业利润的不利影响。

下面根据【例 3-7】中的资料，分析多种因素共同变动对利润的影响。

（1）提高产品售价，同时增加固定成本

在【例 3-7】中，若企业预期利润为 50 000 元，计划年度准备将产品售价由 50 元提高到 55 元，同时增加 10 000 元的广告宣传费用，以实现企业预期的销售量 5 000 件，则企业利润为

$$5000×(55-30)-(50000+10000)=65000 \text{（元）}$$

计算表明，提高售价的同时增加广告宣传费用，能使企业利润比预期增加 15000(65000−50000)元，说明企业可以采取这项措施，提高利润额。

（2）增加固定成本，同时降低单位变动成本

在【例 3-7】中，若企业预期利润为 50 000 元，企业预期的销售量为 5 000 件。计划年度，企业准备引进新生产设备，估计需要投入 17 500 元，新设备投产后，产品单位变动成本可由原来的 30 元降低到 25 元，则企业的利润为

$$5000×(50-25)-(50000+17500)=57500 \text{（元）}$$

可见，通过引进新设备降低单位变动成本，能使企业利润增加 7500(57500−50000)元，说明企业采取这项措施提高利润额是可行的。

（3）降低售价，同时增加销售量

在【例 3-7】中，企业预期利润 50 000 元时的销售量预计为 5 000 件。若目前企业还有

剩余的生产能力，能使产量增加到 6 000 件。但计划年度为了使增加的产品能够顺利销售出去，企业需要将价格降低 5%，即产品售价由原来的 50 元降低到 47.5 元，则企业的利润为

$$6000×(47.5-30)-50000=55000（元）$$

可以看出，降价 10%来增加销售量，能使企业利润增加 5000(55000-50000)元。若销售量计划能够实现，这些措施是可行的。

上述分析过程并不是分析多种因素共同变动对利润影响的唯一思路。企业应结合自身的实际经营状况，从对实现目标利润影响较大的因素入手，即从主要因素入手按照从主到次、从大到小的顺序分析，并且往往要经过多次分析，才能找到最佳措施，实现最大利润。

第三节 多种产品本量利分析

一、多种产品保本分析的基本方法

第二节中讨论的保本分析和保利分析，都是在假定企业只销售单一产品的条件下进行的。但是在实际经济生活中，绝大多数企业都不止生产经营一种产品。所以，当企业生产销售多种产品时，企业就没有统一的实物量保本点，而只能以保本销售额来反映企业所处的保本状态。因此，在计算多品种保本点时，就不适宜采用实物单位进行分析，而只能用金额来反映，即计算保本点的销售额。

多种产品的保本点分析有多种方法，主要包括加权平均法、联合单位法、分算法和历史数据平均法。

二、多种产品保本分析具体方法的应用

（一）加权平均法

加权平均法就是用企业固定成本总额除以各种产品的加权平均贡献毛益率，计算求得企业综合保本销售额的方法。

企业生产销售的每一种产品都有自己的贡献毛益率。因此，若要计算出整个企业的保本销售额，则需要首先计算整个企业的加权平均贡献毛益率。根据保本点分析公式，企业多产品的综合保本销售额的计算公式为

$$综合保本销售额=\frac{固定成本总额}{加权平均贡献毛益率} \qquad (3-25)$$

具体计算步骤如下。

第一，计算全部产品的销售收入总额。

第二，计算各产品的销售收入占总销售收入的比重。

第三，计算各种产品的加权平均贡献毛益率 CMR′。

$$\text{CMR}' = \sum_{i=1}^{n} \text{CMR}_i \tag{3-26}$$

第四，计算整个企业在盈亏平衡点下的保本销售额。

$$\text{综合保本销售额} = \frac{\text{固定成本总额}}{\text{加权平均贡献毛益率}} = \frac{a}{\text{CMR}'} \tag{3-27}$$

第五，计算各产品的保本销售额及其保本销售量。

$$\text{第} i \text{种产品的保本销售额} = \text{综合保本销售额} \times \text{各产品销售比重} \tag{3-28}$$

【例 3-8】ABC 公司生产销售甲、乙、丙三种产品，固定成本为 108 000 元，各产品的销售量、单价和单位变动成本如表 3-2 所示。

表 3-2 ABC 公司生产销售产品表

项目	甲产品	乙产品	丙产品
预计销售量（件）	20 000	40 000	50 000
销售单价（元/件）	100	30	16
单位变动成本（元/件）	80	18	12

要求：计算该企业计划期内的综合保本销售额，以及各种产品的保本销售额和销售量。

解：根据以上资料，计算各种产品的加权平均贡献毛益率，计算过程如表 3-3 所示。

表 3-3 计算过程

项目	甲产品	乙产品	丙产品	合计
预计销售量（件）	20 000	40 000	50 000	
销售单价（元/件）	100	30	16	
单位变动成本（元/件）	80	18	12	
单位贡献毛益	20	12	4	
贡献毛益率	20%	40%	25%	
销售收入	2 000 000	1 200 000	800 000	4 000 000
各产品的销售比重	50%	30%	20%	100%
综合贡献毛益率		27%		

综合保本销售额=108000÷27%=400000（元）

各种产品保本销售额：

　　甲产品保本销售额=400000×50%=200000（元）

乙产品保本销售额=400000×30%=120000（元）

丙产品保本销售额=400000×20%=80000（元）

各种产品保本销售量：

甲产品保本销售量=400000÷100=4000（件）

乙产品保本销售量=120000÷30=4000（件）

丙产品保本销售量=80000÷16=5000（件）

（二）联合单位法

联合单位是指由各产品按其销售比重形成的组合。如果企业生产的多种产品的实物量之间存在着较稳定的数量关系，那么就可以用联合单位代表按实物量比例构成的一组产品。联合单位法是指在事先掌握多品种之间客观存在的相对稳定产销实物量比例的基础上，确定每一联合单位的单价和单位变动成本，进行多品种本量利分析的一种方法。其计算步骤如下。

第一，确定用销售量表示的销售组合。

第二，计算联合单位的贡献毛益。

联合单位的贡献毛益=∑(每联合单位包含某产品数×该产品单位贡献毛益) （3-29）

第三，计算保本点联合单位数。

$$保本点联合单位数=\frac{固定成本}{联合单位的贡献毛益}$$ （3-30）

第四，计算各种产品在保本点的销售量。

某产品的保本销售量=保本点联合单位数×联合单位包含该产品数量 （3-31）

【例3-9】依据【例3-8】提供的资料，用联合单位法计算该企业计划期内的综合保本销售额，以及各种产品的保本销售额和销售量。

解：甲、乙、丙三种产品的销售组合比例为20 000∶40 000∶50 000，可简化为2∶4∶5。

联合单位的贡献毛益=2×(100−80)+4×(30−18)+5×(16−12)=108（元）

保本点联合单位数=108000÷108=1000

各种产品保本销售量：

甲产品保本销售量=2×1000=2000（件）

乙产品保本销售量=4×1000=4000（件）

丙产品保本销售量=5×1000=5000（件）

各种产品保本销售额：

甲产品保本销售额=2000×100=200000（元）

乙产品保本销售额=4000×30=120000（元）

丙产品保本销售额=5000×16=80000（元）

（三）分算法

分算法是将企业的固定总成本按一定的方法分摊给每种产品，然后针对每种产品分别运用保本分析法计算每一产品的保本销售量、保本销售额，并进行相关的定量分析。若企业生产销售的产品品种太多，可先将产品分成几大类，然后按大类分摊企业的固定成本总额，再计算每类产品的保本销售量和保本销售额。

【例3-10】 ABC公司每月的固定成本总额为1 000万元。ABC公司将销售的几千种商品分成食品、服装、家具、家电、化妆品、体育用品、贵金属商品7类。该公司要对每个销售部门进行每月经营业绩考核。该公司决定将每类产品占用的商场营业面积作为分摊固定成本的标准，公司根据经验对每类商品规定了贡献毛益率。有关数据如表3-4所示。

表3-4　ABC公司各类产品营业面积与贡献毛益率

项目	食品	服装	家具	家电	化妆品	体育用品	贵金属商品
占用面积（平方米）	1 000	1 000	600	600	200	400	200
贡献毛益率	10%	20%	40%	10%	40%	20%	50%

要求：计算该公司每月的保本销售额。

解：公司总营业面积=1000+1000+600+6000+200+400+200=4000（平方米）
每平方米分摊固定成本=1000÷4000=0.25（万元/平方米）
食品分摊固定成本=1000×0.25=250（万元）
食品的保本销售额=250÷10%=2500（万元）

ABC公司每月的保本销售额如表3-5所示。

表3-5　ABC公司每月的保本销售额

项目	食品	服装	家具	家电	化妆品	体育用品	贵金属商品
占用面积（平方米）	1 000	1 000	600	600	200	400	200
分摊的固定成本（万元）	250	250	150	150	50	100	50
贡献毛益率	10%	20%	40%	10%	40%	20%	50%
保本销售额（万元）	2 500	1 250	375	1 500	125	500	100
保本销售额合计（万元）	6 350							

（四）历史数据平均法

对生产销售多种产品的企业而言，由于管理信息系统的缘故，往往只有总销售收入、总成本的信息。在此情况下，可用过去的平均数据来预测计划期的保本销售额。

三、品种结构变化对保本点及保利点的影响分析

同时生产经营多种产品的企业，产品的品种结构如何，对企业赢利或亏损影响较大。一旦产销结构发生了变化，即销售比重扩大或缩小，整个企业实现保本所需要的业务量就会随之发生相应变动。具体来说，当贡献毛益率较低的产品的销售额占全部产品的总销售额的比重上升时，企业的加权平均贡献毛益率会下降，从而导致保本点综合销售额增大，在同样的销售收入总额情况下，企业的利润就会减少。

【例3-11】ABC公司生产甲、乙两种产品，有关资料如表3-6所示。

表3-6 ABC公司甲、乙产品资料

项 目	甲产品	乙产品
销售价格（元）	40	60
单位变动成本（元）	26	30
贡献毛益率	35%	50%
销售比重	40%	60%

若固定成本为16 500元，则

加权平均贡献毛益率=35%×40%+50%×60%=44%

保本点销售额=16500÷44%=37500（元）

若甲、乙产品销售比重由目前的4∶6变为6∶4，则：

加权平均贡献毛益率=35%×60%+50%×40%=41%

保本点销售额=16500÷41%=40240.39（元）

从上述计算可以看出，尽管各种产品的贡献毛益率保持不变，固定成本总额保持不变，但只要改变产品的销售比重，企业保本点销售额就将发生变化。可见，当贡献毛益率较低的产品的销售比重上升时，保本点就会上升；当贡献毛益率较低的产品的销售比重下降时，保本点就会下降。

【例3-12】依据【例3-11】中的资料，若ABC公司目标利润为5 500元，则：

销售比重变动前的目标销售额=(16500+5500)÷44%=50000（元）

销售比重变动后的目标销售额=(16500+5500)÷41%=53658.54（元）

从以上计算可以看出，增加贡献毛益率低的产品的比重，意味着相同的销售额下企业的利润低于预期值；相反，减少贡献毛益率低的产品的比重，意味着相同的销售额下企业的利润高于预期值。

第四节 敏感性分析

一、敏感性分析的基本意义

敏感性分析是指从定量分析的角度研究有关因素发生某种变化对某一个或某一组关键指标影响程度的一种不确定分析技术。利润的敏感性分析是指专门研究影响利润的有关因素,在特定条件下发生变化时对利润所产生影响的一种敏感性分析方法。

从前面保本点分析和实现目标利润分析中可以看出,销售量、单价、单位变动成本和固定成本等因素中的某个或者某几个因素的变动,都会对保本点和目标利润产生影响。但由于各因素在计算保本点和目标利润过程中所起的作用不同,影响程度当然也就不一样,或者说保本点和目标利润对不同因素变动所做出的反应在敏感性上存在着差异,所以需要找出关键因素进行分析。企业管理人员所关心的是,当变量变化值达到多大时,会对企业决策的结论产生影响,或者应该重点控制哪些变量的变化,这就需要借助敏感性分析来完成。

二、利润敏感性分析原理

(一) 有关因素临界值的确定

临界值是在不使目标值发生质的变化的情况下,允许有关变量值达到的最大或最小值。对于本量利分析而言,销售量、单价、单位变动成本和固定成本的变化都会对利润产生影响。当这种影响是消极的且达到一定程度时,就会使企业的利润为零而进入保本状态;如这种变化超过上述程度,企业就转入了亏损状态,发生了质的变化。敏感性分析的目的就是确定能引起这种质变的各因素变化的临界值。超过该临界值,企业就会由赢利转为亏损。

根据利润的基本公式 $P=px-(a+bx)$,分别对该式进行处理便可求得各个变量的临界值。对于单位变动成本和固定成本是最大值,对于单位售价和销售量是最小值。

1. 销售量的最小值

$$销售量的最小值=保本点=固定成本 \div 单位贡献毛益 \quad (3\text{-}32)$$
$$=固定成本 \div (单价-单位变动成本)$$

2. 单价的最小值

$$单价的最小值=(固定成本+变动成本总额) \div 目标销售量 \quad (3\text{-}33)$$

3. 单位变动成本的最大值

$$单位变动成本的最大值=(目标销售收入-固定成本) \div 目标销售量$$

4. 固定成本的最大值

$$固定成本的最大值 = 目标销售收入 - 变动成本总额 \quad (3\text{-}34)$$
$$= 目标销售量 \times (单价 - 单位变动成本)$$

【例 3-13】 设 ABC 公司为生产和销售单一产品的企业。计划年度内预计有关数据如下。销售量为 5 000 件，单价为 100 元，单位变动成本为 60 元，固定成本为 80 000 元，则目标利润为

$$P = 5000 \times (100 - 60) - 80000 = 120000（元）$$

销售量、单价、单位变动成本和固定成本的临界值计算如下。

（1）销售量的最小值 = 80000 ÷ (100 − 60) = 2000（件）

这表明企业销售量必须保持在 2 000 件之上，企业才能赢利；如果实际销售量低于 2 000 件，企业将出现亏损。

（2）单价的最小值 = (80000 + 60 × 5000) ÷ 5000 = 76（元）

这一结果表明，在其他条件不变的情况下，产品的单价不能低于 76 元这个最小值，否则企业便会发生亏损。

（3）单位变动成本的最大值 = (5000 × 100 − 80000) ÷ 5000 = 84（元）

如果企业单位变动成本上升（如原料价格上涨或者提高工人工资等），则最多允许增加到 84 元，此时企业的利润将由 120 000 元变为零；如再进一步上升，企业将遭受亏损。

（4）固定成本的最大值 = 5000 × (100 − 60) = 200000（元）

如果企业固定成本增加，则固定成本增加到 200 000 元时，企业的利润将由 120 000 元变为零。因此，固定成本允许变动的最大值为 200 000 元。

影响企业利润水平的因素除了上述 4 项因素之外，还有产品的品种结构等其他因素，这要求企业管理人员结合企业实际经营情况，分析各有关因素的临界值，确定各变量的控制标准，以更好地实现经营目标。

（二）利润敏感系数

1. 利润敏感系数的计算

通过前面的计算与分析可知，销售量、单价、单位变动成本和固定成本的变化，都会对利润产生影响，但在影响程度上存在差别。有的因素虽然只发生了较小的变化，却导致利润发生了很大变动，这些因素也因此被称为影响利润的敏感因素。与此相反，有的因素虽然变化幅度并不算小，但引起的利润的变化却不大，这些因素被称为影响利润的非敏感因素。企业的管理决策人员需要知道利润对哪些因素的变化比较敏感，抓住重点和关键，采取必要措施，确保目标利润的实现。反映敏感程度的指标称为敏感系数，其计算公式为

$$敏感系数 = 目标值变动百分比 \div 因素值变动百分比 \quad (3\text{-}35)$$

式中,敏感系数为正数,表明它与利润同向增减;敏感系数为负数,表明它与利润反向增减。在本量利分析中,目标值就是指利润,因素值就是指销售量、单价、单位变动成本和固定成本等因素。

【例3-14】依据【例3-13】中的资料,ABC公司目标销售量为5 000件,单价为100元,单位变动成本为60元,固定成本为80 000元。则目标利润为

$$P=5000×(100-60)-80000=120000(元)$$

当各个变量分别在原来的基础上增加10%时,分别计算销售量、单价、单位变动成本和固定成本的敏感系数。

(1)销售量的敏感系数

销售量增长10%,则有:

$$销售量=5000×(1+10\%)=5500(件)$$

$$利润=5500×(100-60)-80\,000=140000(元)$$

$$利润变动百分比=(140000-120000)÷120000=16.67\%$$

$$销售量的敏感系数=16.67\%÷10\%=1.67$$

这表明当销售量变动10%时,利润变动16.67%,利润变动率是销售量变动率的1.67倍,并且是同向变动。

(2)单价的敏感系数

单价增长10%,则有:

$$单价=100×(1+10\%)=110(元)$$

$$利润=5000×(110-60)-80000=170000(元)$$

$$利润变动百分比=(170000-120000)÷120000=41.67\%$$

$$单价的敏感系数=41.67\%÷10\%=4.17$$

这一计算结果表明,当单价变动10%时,利润变动41.67%,利润变动率是单价变动率的4.17倍,并且是同向变动。

(3)单位变动成本的敏感系数

单位变动成本增长10%,则有:

$$单位变动成本=60×(1+10\%)=66(元)$$

$$利润=5000×(100-66)-80000=90000(元)$$

$$利润变动百分比=(90000-120000)÷120000=-25\%$$

$$单位变动成本的敏感系数=-25\%÷10\%=-2.5$$

这一计算结果表明,当单位变动成本增长10%时,利润减少25%,即利润以2.5倍于单位变动成本变动率的幅度反向变动。

(4)固定成本的敏感系数

固定成本增长10%,则有:

$$固定成本=80000×(1+10\%)=88000(元)$$

$$利润=5000×(100-60)-88000=112000(元)$$

$$利润变动百分比=(112000-120000)÷120000=-6.7\%$$

$$固定成本的敏感系数=-6.7\%÷10\%=-0.67$$

这一计算结果表明,当固定成本增长10%时,利润减少6.7%。

上述计算结果中,将敏感系数按绝对值的大小进行排列,其顺序依次为产品单价(4.17)、单位变动成本(-2.5)、销售量(1.67)和固定成本(-0.67)。这表明,对利润影响最大的因素是单位售价,其次是单位变动成本和销售量,最后是固定成本。敏感系数的正负符号,代表变量变化与利润变化的方向是否一致。在进行敏感程度分析时,敏感系数是正值或负值无关紧要,关键是数的大小,数值越大,则敏感程度越高。

如果上例中的变量不是增加10%而是下降10%,敏感系数保持不变,敏感系数的排列顺序依然不变。但必须说明的是,上述各因素敏感系数的排序是在【例3-13】所设定的条件下得到的,如果条件发生了变化,则各因素敏感系数的排列顺序也可能发生变化。

2. 敏感系数的排列规律

由以上分析可见,各因素敏感系数的排列顺序并不是唯一的。在企业正常赢利的条件下,利润的各因素敏感系数排列有如下规律。

1)敏感系数的符号。敏感系数的大小与符号没有关系,仅仅与数值有关,符号仅表示因素值与目标值的变动方向关系。若某一因素的敏感系数为正值,则表明该因素的变动与利润的变动为同向关系;为负值,则表明是反向关系。

2)单价的敏感系数最大。这是由于在正常赢利情况下,px 大于 $(a+bx)$。

3)销售量的敏感系数不可能最小。这是因为销售量的敏感系数等于单价的敏感系数与变动成本的敏感系数之差。

显然,产品的单价是对利润影响最大的因素,这就提醒企业经营者与决策管理人员要慎重对待产品售价的变化,因为它可能会引起利润较大的变化。销售量的敏感性虽然较低,但却是最容易发生变动的一个因素,并且只有把产品销售出去才能真正实现企业的目标利润。单位变动成本的变动对企业目标利润的实现也有较大的影响,管理人员也应予以重视。尽管固定成本的敏感性差一些,但一般认为企业成本管理是企业生存与发展的基础。在实务操作中,具有不同经营目标的企业应采用不同经营策略,以实现企业的目标利润,进一步增加企业的利润。

案例分析

ABC 公司生产家用小电器，公司的固定资产与闲置生产能力有关。假定公司经理在改变市场战略之前，不打算使用闲置生产能力。为了增加产量从而增加贡献毛益，公司指示销售部门向客户宣传公司将使现有产品多样化。这一策略实施后，许多订单（但其中大多数订单订购的是数量相对少的产品）是针对多样化产品的。一年以后，产品销量只是略有增加，而利润实际上减少了。通过深入分析发现：

1) 一些针对新产品的订单实际上只是原有客户订购新产品代替老产品。
2) 市场战略的变化增加了辅助部门的成本（特别是订单处理和设备调整准备部门），这些部门需要增加人手来处理大量的小批量特殊产品的订单，从而带来工作量的增加。

案例思考：ABC 公司改变了市场战略，产品销量略有增加，而为什么利润实际上却减少了？

课后复习题

一、简答题

1. 本量利分析是研究哪几个因素之间的关系？它的基本假设有哪些？
2. 贡献毛益指标有几种形式？如何计算？它与销售利润指标有何不同？
3. 什么是保本点？影响保本点的主要因素有哪些？它们如何影响保本点？
4. 什么是安全边际？什么是安全边际率？计算这两种指标的作用是什么？如何计算？
5. 企业产销多种产品时，有哪几种保本点分析方法？各种方法分别如何计算？
6. 品种结构变动如何对保本点产生影响？如何计量这一影响？

二、综合题

1. ABC 公司只生产一种产品，单位变动成本为 30 元，固定性制造费用为 5 000 元，销售及管理费用为 3 000 元，销售单价为 60 元，销售量为 600 件。要求：

（1）计算公司的保本点；
（2）计算公司的安全边际并评论；
（3）计算公司在目前状况下的利润。

2. ABC 公司生产销售一种产品，产品销售价格为 40 元，该产品的贡献毛益率为 30%，该公司的年固定成本为 210 000 元。要求：

（1）计算产品的单位变动成本；
（2）计算保本销售量；

（3）若公司今年预计销售产品 21 000 个，其实现利润多少？

（4）若公司期望今年获利 90 000 元，则销售量是多少时才能实现目标？

3．ABC 公司生产销售甲产品，单位销售价格为 50 元，单位变动成本为 32 元。该公司每月固定成本为 108 000 元。求：

（1）保本销售量、保本销售额；

（2）目前公司每月销售量为 11 000 个，则公司的安全边际为多少？

（3）若公司期望每月赢利 40 000 元，则每月的销售量应达到什么水平？

（4）在目前的状态下，若产品的单位变动成本下降 10%，销售价格调低 8%，产品销售量增加 6%，则公司可以获利多少？

4．ABC 公司生产销售甲、乙两种产品，其产品贡献毛益率分别为 20%、30%。两种产品的销售额预计为 150 000 元、250 000 元。公司每月固定成本为 180 000 元。求：

（1）公司的综合保本销售额；

（2）两种产品各自的保本销售额。

5．ABC 公司只生产一种产品，单位变动成本为 30 元，固定性制造费用 5 000 元，销售及管理费用 3 000 元，销售单价为 60 元，销售量 600 件。公司经过市场调查，决定降低价格 6 元。问题：

（1）公司要想保持原有的利润水平，销售量应为多大？

（2）计算新的销售量下公司的保本点、安全边际和利润。

（3）如果公司降价之后仍然保持原有的销售水平，那么公司的利润下降多少？

（4）降价之后如果公司想将利润提高 10%，那么公司的销售量应为多少？

（5）如果公司想通过降价占有更大的市场份额，按销售量为 1 200 件，为此每年增加广告费 2 000 元，这时公司的利润是多少？保本点的销售量是多少？

第四章
经营预测

学习目标

1. 理解经营预测的基本原理；
2. 掌握销售预测的方法；
3. 理解目标利润预测的方法；
4. 掌握成本变动趋势分析方法；
5. 掌握资金需求量预测。

随着市场经济的不断发展，企业之间的竞争愈演愈烈。企业要在激烈的市场竞争中立于不败之地，就必须对市场的过去和现状及未来经济形势进行深入的分析研究，做出科学的预计和推测。

第一节 经营预测的基本原理

一、经营预测的意义和种类

预测是指用科学的方法预计、推断事物发展的必然性或可能性的行为，即根据过去和现在预计未来、由已知推断未知的过程。经营预测是人们对未来经济活动可能产生的经济效益及其发展趋势事先提出的一种科学预见。

(一) 经营预测的意义

在现代市场经济条件下,经营预测比以往任何时候都更为重要。但由于现实形势异常复杂、瞬息万变,又使得预测未来十分困难。经营成败的关键是决策,而决策的基础是科学预测。科学的经营预测是企业做出正确决策的基础,是企业编制计划、进行科学决策的重要组成部分。企业的管理当局深知,在复杂多变的经济社会里,如果事先没有科学的预测和周密的规划,工作必然处处被动,缺乏应变能力和竞争能力,这样就很难实现预期的经营目标,更谈不上提高经济效益了。

预测直接为决策服务,是决策的先导与前提。没有准确的预测,要做出符合客观发展规律的科学决策是难以想象的。预测也要为规划服务,它所提供的许多数据最终被纳入预算,成为编制预算的基础。

总之,经营预测是企业管理的必要职能,缺乏科学预测的管理是盲目的和不健全的。

(二) 经营预测的种类

1. 按经营预测的期限划分,可分为长期预测、中期预测和短期预测

长期预测是指 5 年或更长时间的预测,为编制长期计划和长期预算提供依据。中期预测是指 1 年以上、5 年以下的预测,目的是检验长期计划的执行情况和长期决策的经济效果,保证长期计划的实现。短期预测是指一年或一年以内的预测,主要目的是编制年度计划、季度计划和月度计划,掌握短期计划的执行情况提供信息。

2. 按经营预测的性质划分,可分为定性预测和定量预测

定性预测也称判断预测,它是在缺乏定量数据时,凭借预测者的直觉和经验,根据预测对象的性质、特点,过去和现在的延续性状况及最新信息等,对预测对象进行非数量化的分析,预测其未来的发展趋势和可能达到的程度。定量预测也称数学预测,它是在历史数据的基础上,运用数学方法对未来各项经济业务的发展趋势进行的测算。

3. 按经营预测的内容划分,可分为销售预测、成本预测、利润预测和资金预测

销售预测是指企业根据所处的市场经营环境和一定的营销目标,预计和测算某种产品在未来一定时期的销售量或销售额。成本预测是根据企业未来的发展目标和现实条件,对企业未来成本水平及其发展趋势所进行的推测与估算。利润预测是指企业在销售预测的基础上,根据企业的经营目标预计和测算在未来一定时期所获取的利润额。资金预测是指以预测期企业生产经营规模的发展和资金利用率的提高等为依据,对预测期资金需要量进行科学的预计和推测。

二、经营预测的原则

经营预测的基本原则有以下几点。

（一）连续性原则

连续性原则是指在企业经营过程中，过去和现在的某种发展规律将会延续下去，并假设决定过去和现在发展的条件，同样适用于未来。在经营预测中，可以根据连续性原则，依据预测对象的过去和现在，推断它们的未来发展趋势。

（二）相关性原则

企业经营过程中的各种经营活动的变化也不是孤立的，而是相互联系和相互影响的，这种相互影响常常表现为各影响因素之间的因果关系。在经营预测中，可以根据预测对象与相关经营活动的相互关系及其影响程度来预测企业未来的发展状况。

（三）相似性原则

相似性原则是指在企业经营过程中，不同的（一般是无关的）经济变量所遵循的发展规律有时会出现相似的情况。

（四）统计规律性原则

统计规律性原则是指企业在经营过程中对某个经济变量做出的一次观测结果，往往是随机的，但多次观测的结果却会出现具有某种统计规律性的情况。

（五）灵活性原则

预测分析有多种方法，在实际应用中不存在一种能适应任何情况，并且绝对成功的预测方法。选择预测方法应当具体问题具体分析，要选择简便易行、成本低、效率高的方法。

三、经营预测的基本步骤

经营预测是一项既复杂又细致的工作，大体可分为以下五个步骤。

（一）确定预测目标

确定预测目标是做好预测的基本前提，首先要弄清预测内容，是预测利润还是预测销售量，或者预测成本等。然后才能根据预测的具体对象和内容，选择预测方法，确定有关人员等。

（二）收集和处理信息资料

应根据预测目标，确定信息资料来源。在获取大量信息资料的基础上，必须对收集来的大量经济信息进行加工、整理、归纳、鉴别，去伪存真，找出各因素之间相互依存、相互制约的关系，并从中发现事物发展的规律，作为预测的依据。

（三）选择预测方法

根据预测目标选择预测分析的专门方法，建立预测的数学模型。对于不同的预测对象、内容和所掌握的信息资料，应采用不同的预测方法。对于定量预测，要选择预测的专门方法，建立数学模型；对于定性预测，应建立设想的逻辑思维模型，并拟订预测的调查提纲。

（四）提出实现预测目标的各种备选方案

为了实现预测的目标，根据已经选定的预测模型及掌握的未来信息，会提出多个预测备选方案，在若干个备选方案中要进行科学的、具有预见性的分析论证，做出定量与定性、财务与非财务的综合分析，权衡各方面因素，通过反复比较，选择最满意的方案。

（五）对预测结果分析判断、验证评价

经过一定期间，对过去所做出的预测结论必须进行验证，将实际数与预测数进行比较，计算预测中产生的误差并找出误差原因，用以验证选用的预测方法是否恰当有效，检查过去的预测结论是否准确，以便及时修订根据原来预测所做出的决策或编制的计划。

四、经营预测的方法

预测分析所采用的方法种类繁多，基本方法大体上可归纳为定性分析法和定量分析法。

（一）定性分析法

定性分析法又称非数量分析法，主要是依靠预测者的主观判断和分析能力，结合预测对象的特点进行综合分析，以推断事物的性质和发展趋势的分析方法。这种方法的特点是：计算量较少，主要根据人们积累的实际经验和科学知识进行判断，因此常常称为判断分析法或集合意见法。

（二）定量分析法

定量分析法又称数量分析法，主要是运用现代数学方法和各种计算工具对预测所依据的各种经济信息进行科学的加工处理，并建立经济预测的数学模型，充分揭示各有关变量之间的规律性联系，最终对计算结果做出分析说明的一种方法体系。定量分析法又可分为趋势预测分析法和因果预测分析法。

1. 趋势预测分析法

趋势预测分析法是指将预测对象过去的、按时间顺序排列的一系列数据，应用一定的数学方法进行加工处理，以时间作为制约预测对象变化的自变量，借以预测其未来发展趋

势的一种方法。

这种方法的基本原理是：立足于连续性原则，企业过去和现在存在的某种发展趋势将会延续下去，而且过去和现在发展的条件同样适用于未来。常用的趋势预测分析法有算术平均法、加权平均法、平滑指数法等。

2. 因果预测分析法

因果预测分析法是指根据预测对象与相关指标之间相互依存、相互制约的规律性联系，建立相应的因果数学模型，以推测预测对象未来水平的一种预测方法。

这种方法的基本原理是：立足于相关性原则，分析预测对象受到多种因素的影响，这些因素之间存在着复杂的关系，通过对这些变量的内在规律性的研究可建立数学模型，在已知自变量的条件下，可利用模型直接推测预测对象的未来水平。因果预测分析法主要有回归分析法、经济计量法等。

应该指出，经营预测的定性分析法与定量分析法是相辅相成、相互补充的。通常情况下，定性分析法与定量分析法结合在一起使用，两种方法的结合应用会使预测结果更加接近客观现实。

第二节　销售预测

销售预测是在对市场进行充分调查的基础上，根据市场供需情况的发展趋势，以及结合本企业的销售状况和生产能力等实际情况，对该项商品在计划期间的销售量或销售额所做的预计和推测。

一、销售预测的定性分析法

销售预测的定性分析法又称非数量分析法，从广义上可以分为两大类：一类是市场调查法，另一类是判断分析法。

（一）市场调查法

市场调查法是指通过调查市场对某产品需求的变化或消费者购买的意向来预测该产品的销售量。市场调查主要分为以下 4 个方面。

1. 对产品的调查

主要摸清产品的寿命周期达到什么阶段。一般产品的营销都会经历发明投入、迅速成长、成熟饱和、下降衰落等几个阶段。

2. 对用户的调查

主要是了解用户的心理、爱好和对产品的要求，以及有多少用户将在下一年购买新商品等，确定最终结果。

3. 对经济发展趋势的调查

主要是了解本地区及国内、国际的经济发展趋势，以掌握产品市场需求的变化，做出正确的评价。

4. 对同行业的调查

主要是对竞争对手的调查，了解对手企业生产和销售方面的动向，并与自己企业的前景规划加以对比，分析双方优势，扬长避短，增强竞争能力。

最后将以上 4 个方面的调查分析资料进行综合、整理、加工、计算，就可以对产品的销售做出预测。

（二）判断分析法

判断分析法是通过一些具有丰富经验的经营管理人员或专家对企业一定期间特定产品的销售业务量情况做出判断和预计的一种方法。判断分析法具体又包括以下 3 种方法。

1. 个人判断分析法

个人判断分析法是由企业的推销人员，根据他们所拥有的知识和长期销售工作的经验，结合市场调查的情况，对有关产品未来一定期间的销售变动趋势做出预测结论的预测方法。

采用个人判断分析法进行销售预测所需的时间短、费用低、比较实用，具有较高的实用价值。由于每个人拥有的知识、经验和占有的资料不同，理解问题的深度和广度往往会受到一定的影响，因此其预测结果难免存在一定的不足。

2. 综合判断法

综合判断法是由企业召集有关经营管理人员，特别是销售主管人员，以及各地经销商负责人集中开会，由他们根据多年的实践经验和判断能力对特定产品未来销售量进行判断和预测的一种方法。

综合判断法的特点是快捷、实用，能够集思广益，但预测结果会受到有关人员主观判断能力的影响。因此，应用此法时，相关人员应了解近期有关经济形势以及市场情况，并在预测的基础上进行讨论、分析、综合平衡，最终得出结论。

3. 专家判断法

专家判断法是由知识和经验丰富的经济专家根据他们多年的实践经验和判断能力对特定产品的未来销售量进行判断和预测的一种方法。

(1) 专家个人意见集合法

专家个人意见集合法首先向各个专家征求意见,要求他们对本企业产品销售的未来趋势和当前的状况做出独立的个人判断,然后对此加以综合,确定预测值。采用这种方法可以集中各方面专家从不同角度反映的意见,所以此法比推销员判断法更准确,但由于每个专家占有的资料有限,因此也不可避免地带有片面性。

(2) 专家小组法

专家小组法是由若干个专家组成几个预测小组,分别以小组为单位判断预测,再进行综合论证的一种方法。此法能够在预测过程中发挥集体智慧,相互启发,在一定程度上可弥补上述方法的片面性,但小组的预测结论常常会受到一两个权威人士意见的左右。所以有时把以上两种方法归为一种,统称专家集合意见法。

(3) 德尔菲法

德尔菲法是一种专家调查法。它是指采用函询方式,通过向见识广、学有专长的各有关专家发出预测问题调查表的方式来收集和征询专家们的意见,并经过多次反复、综合、整理、归纳各专家的意见以后,最终做出预测判断。

采用德尔菲法在征询意见时,各专家之间应尽量互不通气,以使各人能根据自己的经验、观点和方法进行预测,避免专家之间因为观点不同、地位不同等原因而产生干扰和影响。

二、销售预测的定量分析法

产品销售量(额)及变化趋势预测常见的技术方法是趋势预测分析法和因果预测分析法。

(一) 趋势预测分析法

趋势预测分析法也称时间序列预测分析法,是指应用事物发展的延续性原理来预测事物发展的趋势。其具体应用形式包括算术平均法、加权平均法和指数平滑法。

1. 算术平均法

算术平均法又称简单平均法,它是直接将若干时期实际销售业务量的算术平均值作为销售量预测值的一种预测方法。其计算公式为

$$\text{预测期销售量(销售额)} = \frac{\text{各期销售量(销售额)之和}}{\text{期数}} \quad (4-1)$$

算术平均法的优点是计算过程简单;缺点是没有考虑远近期销售业务量的变动对预测期销售状况的不同影响程度,从而使不同时期资料的差异简单平均化。所以,该法只适用于各期销售业务量比较稳定、没有季节性变动的食品、文具和日常用品等的预测。

【例 4-1】ABC 公司 2011 年上半年销售甲产品资料如表 4-1 所示。

表 4-1　ABC 公司甲产品销售量　　　　　　　　　　　　　　单位：万台

月　份	1	2	3	4	5	6	7	8	9	10	11	12
销售量	100	92	104	116	96	112	118	110	102	115	124	132

要求：预测 2012 年 1 月销售量。

解：2012 年 1 月销售量
=(100+92+104+116+96+112+118+110+102+115+124+132)÷12
=110.08（万台）

2. 加权平均法

采用加权平均法进行预测，同样是将若干历史时期的销售量或销售额作为观察值，按其距计划期的远近分别进行加权，然后计算其加权平均数，据以作为计划期的销售预测数。

按照各个观察值与预测值不同的相关程度分别规定适当的权数，是运用加权平均法的关键。近期确定的权数大，远期确定的权数小，使预测值更接近观察值。其计算公式为

$$\text{预测期销售量} = \sum_{i=1}^{n} w_i x_i \tag{4-2}$$

式中，x_i 为第 i 个观测值；w_i 为第 i 个观测值的权数；n 为观测值的个数。

权数 w_i 应满足以下两个条件：

（1）$\sum_{i=1}^{n} w_i = 1$

（2）$w_1 \leq w_2 \leq w_3 \leq \cdots \leq w_n$

加权平均法的优点既可以利用 n 期全部历史数据，又充分考虑了远近期间对未来的不同影响。缺点是不能按统一的方法确定各期的权数值。

【例 4-2】依据【例 4-1】中的资料，若期数为 5，且 w_i 分别为 0.1、0.1、0.2、0.3、0.3，要求用加权平均法预测 2012 年 1 月销售量。

解：2012 年 1 月销售量 = 0.1×110+0.1×102+0.2×115+0.3×124+0.3×132
= 121（万台）

3. 指数平滑法

指数平滑法实质上也是一种加权平均法，在综合考虑有关前期预测销售量和实际销售量信息的基础上，以事先确定的平滑系数预测未来的销售量。考虑到近期信息对预测值的影响程度比远期大，通过导入平滑系数 α，强化近期信息对预测值的影响，弱化远期信息对预测值的影响。平滑系数 α 通常取值为 0.3～0.7。

指数平滑法计算公式为

计划期销售量（销售额）=α×上期实际销售量（销售额）+(1−α)

×上期预测销售量（销售额)   （4-3）

该法比较灵活，适用范围广；但在选择平滑系数时，存在一定的随意性。

【例4-3】依据【例4-1】中的资料，若ABC公司2011年1月的预测销售量为100万台，平滑系数采用0.4。要求：

1）用指数平滑法预测ABC公司2011年1~12月甲产品销售量；

2）预测ABC公司2012年1月甲产品销售量。

解：1）依题意，编制指数平滑法计算表如表4-2所示。

表4-2 指数平滑法计算表

月份	销售量观测值（万台）	平滑系数 α	上期实际销售量（万台）	1−平滑系数（1−α）	上期预测销售量（万台）	预测销售量（万台）
1	100	0.4	—	—	—	100
2	92	0.4	100	0.6	100.00	100
3	104	0.4	92	0.6	100.00	96.80
4	116	0.4	104	0.6	96.80	99.68
5	96	0.4	116	0.6	99.68	106.21
6	112	0.4	96	0.6	106.21	102.12
7	118	0.4	112	0.6	102.12	106.07
8	110	0.4	118	0.6	106.07	110.84
9	102	0.4	110	0.6	110.84	110.50
10	115	0.4	102	0.6	110.50	107.10
11	124	0.4	115	0.6	107.10	110.26
12	132	0.4	124	0.6	110.26	115.77

2）2012年1月甲产品销售量预测如下。

2012年1月甲产品销售量=0.4×132+(1−0.4)×115.77=122.26（万台）

（二）因果预测分析法

因果预测分析法是指根据变量之间存在的因果关系和历史资料，建立相应的因果关系的数学模型，通过数学模型来确定预测计划期的销售量。因果预测分析法的基本原理是：预测对象受许多因素的影响，它们之间存在着复杂的关系，通过对这些变量内在规律性的研究可建立一定的数学模型，在已知自变量的条件下，可利用模型直接推测预测对象的水平。

因果预测分析法的种类很多,但最常用的是回归分析法。回归分析法是对过去若干期销售资料进行加工,求出回归预测模型,用以预测未来销售量的预测方法。根据 $y=a+bx$ 直线方程式,按照最小平方法原理,确定具有最小误差平方和的直线方程,这条直线即为回归直线。

常数项 a 与系数 b 的值可按下列公式计算:

$$a=\frac{\sum y-b\sum x}{n} \quad (4-4)$$

$$b=\frac{n\sum xy-\sum x\sum y}{n\sum x^2-(\sum x)^2} \quad (4-5)$$

回归分析法用于销售预测,可用 y 代表销售量(销售额),x 代表间隔期(观察期)。

求出 a 与 b 的值后,结合自变量 x 的预计销售量(销售额)情况,代入公式 $y=a+bx$,即可求得预测对象 y 的预计销售量(销售额)。

【例 4-4】ABC 公司专门生产电视机显像管,而决定电视机显像管销售量的重要因素是电视机的销售量。近 5 年全国电视机的实际销售量的统计资料和 ABC 公司电视机显像管的实际销售量资料如表 4-3 所示。

表 4-3 实际销售量资料

年 份	2007	2008	2009	2010	2011
显像管销售量(万个)	20	25	30	36	40
电视机销售量(万台)	100	120	140	150	165

假设预测期 2012 年全国电视机的销售量预测为 170 万台,采用回归分析法预测 2012 年 ABC 公司显像管销售量。

解:1)根据已知资料,列表计算如表 4-4 所示。

表 4-4 计算表

年 份	电视机销售量(万台)x	显像管销售量(万个)y	xy	x^2
2007	100	20	2 000	10 000
2008	120	25	3 000	14 400
2009	140	30	4 200	19 600
2010	150	36	5 400	22 500
2011	165	40	6 600	27 225
$n=5$	$\sum X=675$	$\sum Y=151$	$\sum XY=21\ 200$	$\sum X^2=93\ 725$

2）根据计算表中的数值，代入公式计算 a 和 b 的值。

$$b=\frac{n\sum xy-\sum x\sum y}{n\sum x^2-(\sum x)^2}=\frac{5\times 21200-675\times 151}{5\times 93725-(675)^2}$$

$$=\frac{4075}{13000}=0.313$$

$$a=\frac{\sum y-b\sum x}{n}=\frac{151-0.313\times 675}{5}=-12.055$$

3）将 a 与 b 的值代入公式 $y=a+bx$，得出预测结果，2012年ABC公司电视机显像管预计销售量为

$$y=a+bx=-12.055+0.313\times 170=41.155（万个）$$

第三节　成本预测

一、成本预测的意义和要求

（一）成本预测的意义

成本作为衡量企业经济效益的重要指标，必然是会计管理的主要对象之一。成本预测是成本管理的重要环节，它是在编制成本预算之前，根据企业经营总目标和预测期可能发生的各个影响因素，采用定量和定性分析方法，确定目标成本、预计成本水平和变动趋势的一种管理活动。

通过成本预测，掌握未来的成本水平和变动趋势，将有助于提高经营管理工作中的预见性，减少盲目性，为编制成本计划，进行成本控制、成本分析和成本考核提供依据，为提高企业生产经营的经济效益提供切实的有力保证。

（二）成本预测的要求

成本预测是成本管理的重要环节，也是企业全面生产经营管理的重要组成部分。进行成本预测固然要努力挖掘降低成本的潜力，但是也不能孤立地、片面地追求降低成本，而不顾及周围和全社会的利益。

成本预测需要运用一系列的科学方法、占有大量的材料。为此，预测前要充分研究和考察本企业的实际情况，选取适宜的方法；在此基础之上，针对方法的需要，广泛收集材料，进行科学的预测。初步预测之后，还应将预测结果尽可能提交广大职工群众征询、了解，对初步测算结果进行必要的调整。经过如此几次的反复，一个切合实际的、可靠的预测方案即可形成。

二、成本变动趋势预测

成本变动趋势预测是按照成本性态的原理,根据本企业的历史成本数据运用数理统计的方法来估计和推测成本的发展趋势。具体做法如下:$y=a+bx$ 的直线方程式用来反映成本的发展趋势,只要求出 $y=a+bx$ 中的 a 值与 b 值,就可以从 $y=a+bx$ 这个直线方程中预测在任何产量下的产品总成本。成本变动趋势预测最常用的有以下三种方法。

(一)高低点法

高低点法是选用一定期间历史资料中最高业务量和最低业务量的总成本之差除以最高业务量和最低业务量之差,求出单位变动成本(b),然后再求出固定成本(a)。

计算公式为

$$y_{高}=a+bx_{高} \tag{4-6}$$

$$y_{低}=a+bx_{低} \tag{4-7}$$

$$y_{高}-y_{低}=b(x_{高}-x_{低}) \tag{4-8}$$

$$b=\frac{y_{高}-y_{低}}{x_{高}-x_{低}} \tag{4-9}$$

再将 b 的值代入高点或低点业务量的总成本方程式,即可求得 a 的值:

$$a=y_{高}-bx_{高}$$

或

$$a=y_{低}-bx_{低}$$

b 值与 a 值求得后,再代入计划期的总成本方程式,即可预测出计划期的产品总成本与单位成本:

$$\text{预测计划期产品总成本 } y=a+bx \tag{4-10}$$

$$\text{预测计划期产品单位成本 } \overline{y}=\frac{y}{x} \tag{4-11}$$

式中,x 为业务量;y 为总成本。

高低点法是一种简便易行的预测分析方法,在产品成本变动趋势比较稳定的情况下,采用此法比较适宜。如果企业各期成本变动幅度较大,采用此法则会造成较大的误差。

【例4-5】ABC 公司生产销售乙产品,最近 5 年乙产品的产销情况和成本数据如表 4-5 所示。

表 4-5 ABC 公司乙产品销售情况

年 份	产量(件)	单位变动成本 b(元/件)	固定成本 a(元)
2007	150	390	2 600

续表

年 份	产量（件）	单位变动成本 b（元/件）	固定成本 a（元）
2008	500	200	3 400
2009	400	300	3 500
2010	250	355	3 100
2011	650	260	3 900

假设 ABC 公司 2012 年乙产品的预计产量为 600 件，则 ABC 公司 2012 年乙产品成本预测计算如下。

确定高低点，2007 年为最低点，2011 年为最高点。

$$b=\frac{(3900+650\times260)-(2600+150\times390)}{650-150}=223.6（元/件）$$

将 b 的值代入高点或低点业务量的总成本方程式，即可求得 a 的值。

$$a=(3900+650\times260)-223.6\times650$$
$$=27560（元）$$

或

$$a=(260+150\times390)-223.6\times150$$
$$=27560（元）$$

b 值与 a 值求得后，再代入计划期的总成本方程式 $y=a+bx$ 得出：

$$y=27560+223.6x$$

这样即可预测出计划期的产品总成本和产品单位成本。

预测计划期（2012 年）产品总成本 $=27560+223.6\times600$
$$=161720（元）$$

预测计划期（2012 年）产品单位成本 $=161720\div600=269.53$（元/件）

（二）加权平均法

加权平均法是根据过去若干时期的固定成本总额和单位变动成本的历史资料，按其距计划期的远近分别进行加权的方法。距预测期越近，对预测期的影响越大，所选取的权数应越大；距预测期越远，对预测期的影响越小，所选取的权数应越小；并且进行加权时，令 $\sum w_i=1$。

根据计算公式

$$y=a+bx \qquad (4\text{-}12)$$

求出

$$\bar{a}=\sum aw$$
$$\bar{b}=\sum bw$$

预测计划期产品总成本 $(y) = \bar{a} + \bar{b}x$

预测计划期产品单位成本 $(\bar{y}) = \dfrac{y}{x}$

加权平均法适用于具有详细的固定成本总额和单位变动成本的历史数据的企业。

【例4-6】依据【例4-5】中的资料,若2007—2011年的权数分别为 $w_1=0.04$, $w_2=0.06$, $w_3=0.1$, $w_4=0.3$, $w_5=0.5$。要求用加权平均法预测2012年生产乙产品600件的成本总额及其单位成本。

解:$\bar{a} = \sum aw = 2600×0.04+3400×0.06+3500×0.1+3100×0.3+3900×0.5$

  $= 3538$

  $\bar{b} = \sum bw = 390×0.04+200×0.06+300×0.1+355×0.3+260×0.5$

  $= 164.1$

所以,成本的模型为

$$y = 3538 + 164.1x$$

预测2012年乙产品总成本 $(y) = 3538+164.1×600 = 101998$(元)

预测2012年乙产品单位成本 $= \dfrac{y}{x} = \dfrac{101998}{600} = 170.00$(元/件)

(三)回归分析法

回归分析法适用于企业历史成本资料中,产品成本变动幅度较大的情况。这种方法应用数学中最小平方法的原理,确定 $y=a+bx$ 直线方程式中 x(自变量)与 y(因变量)之间具有最小误差平方和的一条直线。这条直线称为回归线,a 与 b 的值可按下列公式计算:

$$a = \dfrac{\sum y - b\sum x}{n} \qquad (4\text{-}13)$$

$$b = \dfrac{n\sum xy - \sum x \sum y}{n\sum x^2 - (\sum x)^2} \qquad (4\text{-}14)$$

【例4-7】依据【例4-5】中的资料,要求用回归分析法预测2012年生产乙产品600件的成本总额及其单位成本。

解:根据已知资料,列表计算如表4-6所示。

表4-6 计算表

年 份	产量 x	总成本 $y=a+bx$	xy	x^2
2007	150	61 100	9 165 000	22 500
2008	500	103 400	51 700 000	250 000
2009	400	123 500	49 400 000	160 000

续表

年 份	产量 x	总成本 y=a+bx	xy	x^2
2010	250	91 850	22 962 500	62 500
2011	650	172 900	112 385 000	422 500
n=5	∑x=1950	∑y=552750	∑xy=245612500	∑x^2=917500

将表 4-6 中的数值代入公式：

$$b=\frac{n\sum xy-\sum x\sum y}{n\sum x^2-(\sum x)^2}=191.34$$

$$a=\frac{\sum y-b\sum x}{n}=35928$$

计划年度（2012 年）600 件的预计总成本为

$$y=a+bx=35928+191.34\times600=150732（元）$$

计划年度（2012 年）预计单位成本 $=\frac{y}{x}=\frac{150\,732}{600}=251.22$（元/件）

第四节 利润预测

一、目标利润预测的意义

利润预测是按照企业经营目标的要求，通过对影响利润变化的各因素进行综合分析，对未来一定时间内可达到的利润水平和变化趋势所进行的预计和推测。

目标利润是企业在未来一定期间必须经过努力才能够达到的利润水平，它是企业经营目标的重要组成部分。企业的经营活动从某种意义上讲都是围绕实现最大利润展开的，利润预测是企业财务预测的关键，而利润预测的关键又在于确定利润目标。因此，做好目标利润预测具有十分重要的意义。

二、目标利润预测的方法

（一）本量利分析预测法

本量利分析预测法利用本量利分析的基本公式预测目标利润，即

$$P=(p-b)x-a \qquad (4-15)$$

式中，P 为利润额；p 为产品销售单价；b 为单位变动成本；x 为销售量；a 为固定成本。

这是目标利润预测的基本方程。

【例 4-8】 ABC 公司生产和销售 A 产品，预计下年度的销售量达 1 000 件，如果产品单价为 50 元，单位变动成本为 30 元，固定成本总额为 6 500 元，则该企业下年度的目标利润为
$$P=(p-b)x - a=(50-30)\times 1000-6500=13500（元）$$

（二）销售收入增长率预测法

销售收入增长率预测法以销售收入的增长率作为利润的增长率对未来时期的目标利润做出预测。这种预测方法的基本思路是认为利润与销售收入是同比率增长的。因此，如果已知未来时期的销售收入的增长率，也就是已知了该时期的利润增长率。在实际工作中，通过销售预测确定销售收入增长率是容易的，因此依据基期的利润额就可预测未来时期的目标利润额。销售收入增长率法的计算公式为

目标利润总额=某期实际销售利润额×(1+下一期间销售收入预计增长率)　　　（4-16）

（三）平均利润增长百分率法

平均利润增长百分率法首先要根据利润增长率的历史数据经分析后确定平均利润增长率，以此作为未来时期的预计平均利润增长率，然后结合某一时期实现的实际利润额预测目标利润额。计算公式为

目标利润总额=某期实际利润额×(1+预计平均利润增长率)

（四）资金利润率法

资金利润率法是根据上年度的实际资金占用量、下一期间的计划投资额和预定资金利润率，确定企业目标利润的一种方法。用资金利润率法确定目标利润的计算公式如下：

$$\text{目标利润总额} = \text{预定资金利润率} \times \left(\text{上一期间实际资金占用量} + \text{下一期间预计投资额} \right) \quad (4\text{-}17)$$

在实际工作中，企业可根据自身的基本条件和管理要求选择上述方法中的一种开展目标利润的预测工作。不过，在具体应用上述方法测算未来一定期间的目标利润时，必须充分考虑并力求避免有关方法的不足之处或不合理成分的影响，以使目标利润预测值尽可能地接近实际。

三、概率分析法及其在利润预测中的应用

（一）概率分析法

概率分析法是指以现代概率论原理为基础的针对那些有多种可能后果的不确定因素而采取的一种定量分析的方法。

许多经济要素的未来发展水平是不确定的，会出现不同的结果，用概率论的术语讲就是发生多个事件或出现多个随机变量。出现某一随机变量的可能性相对于所有事件的集合

用比率表现就是该随机变量的概率。概率分析法不仅要充分考虑各种可能事件，而且要用概率来反映各种可能，进而估计特定研究对象未来最有可能达到的水平。这种方法能够运用于管理会计事前分析的许多方面，如进行利润的预测与决策分析等。

在管理会计中，概率分析法包括期望值分析法和联合概率分析法两种具体方法。

（二）期望值分析法

期望值分析法是指在事先估计概率的基础上，通过计算有关指标期望值预测期望利润的一种概率分析方法。

期望值分析法的程序如下。

1. 估计事件的概率

针对具体分析对象确定其未来可能出现的每一种事件（即随机变量），并为每一事件的发生估计一个概率。所估计的概率必须符合以下两条规则：

1) 各个随机变量的概率的取值范围为 $0 \leq P_i \leq 1$；

2) 全部概率之和等于1，即 $\sum P_i = 1$。

2. 计算期望值

根据因素的各个随机变量及其估计概率，编制概率分析表，按下式计算其数学期望值：

$$期望值（E）= \sum(随机变量 \times 概率) = \sum x_i P_i \tag{4-18}$$

式（4-18）中的 x 随着分析的内容不同而不同。因此，期望值实质上是一种以随机变量为基础、以相应概率为权数而计算的加权平均数。

3. 根据因素的期望值求得期望利润，进行分析并得出结论

【例4-9】已知ABC公司现有设备可安排A产品或B产品的生产。相关的固定成本总额为300元。A产品的单价为20元/件，单位变动成本为16元/件；B产品的单价为18元/件，单位变动成本为14元/件。两种产品的销售量均为离散型随机变量，各种销售水平及有关概率分布资料如表4-7所示。

表4-7　A、B两种产品的预测销售量及概率分布资料

销售量（件）	A 产品		B 产品	
	概率分布	累计概率	概率分布	累计概率
25	—	—	0.1	0.1
50	0.1	0.1	0.1	0.2
75	0.2	0.3	0.1	0.3
100	0.4	0.7	0.2	0.5
150	0.2	0.9	0.4	0.9
180	0.1	1.0	0.1	1.0

要求：1）用概率分析法分别计算 A、B 产品的销售量的期望值。

2）分别计算 A、B 产品期望销售量下的期望利润，并做出决策。

解：1）A 产品销售量的期望值为

$$E(x_A)=50×0.1+75×0.2+100×0.4+150×0.2+180×0.1$$
$$=108（件）$$

B 产品销售量期望值为

$$E(x_B)=25×0.1+50×0.1+75×0.1+100×0.2+150×0.4+180×0.1$$
$$=113（件）$$

2）A 产品达到期望销售量时的期望利润=(20−16)×108−300=132（元）

B 产品达到期望销售量时的期望利润=(18−14)×113−300=152（元）

A 产品的期望利润小于 B 产品的期望利润，所以 ABC 公司应进行 B 产品的生产。

以上分析的是销售量这一个因素为不确定因素时期望利润的预测，在现实市场中往往存在多个因素同时为不确定因素的情况，因此有必要对多个因素为不确定因素时的期望利润进行分析。

【例 4-10】已知：ABC 公司 A 产品的单价、单位变动成本与固定成本均为不确定因素。上述因素未来可能达到的水平及有关的概率情况如表 4-8 所示。

表 4-8 各因素未来水平及概率

因素 可能	单价（元/件）		单位变动成本（元/件）		固定成本（元）	
	水平	概率	水平	概率	水平	概率
1	42	0.3	30	0.2	3 120	0.4
2	40	0.6	32	0.8	3 000	0.6
3	38	0.1	—	—	—	—

要求：1）分别计算单价、单位变动成本和固定成本的期望值；

2）按上述因素的期望值计算销售量为 1 000 件时的期望利润。

解：1） 单价的期望值=42×0.3+40×0.6+38×0.1=40.4（元/件）

单位变动成本的期望值=30×0.2+32×0.8=31.6（元/件）

固定成本的期望值=3120×0.4+3000×0.6=3048（元）

2）销售量为 1 000 件时的期望利润

$$=(40.4−31.6)×1000−3048$$
$$=5752（元）$$

（三）联合概率分析法

联合概率分析法是指在事先估计概率的基础上，通过计算相关因素各种组合下的有关指标及其联合概率预测期望利润的一种概率分析方法。

联合概率分析法的优点是能够考虑所有因素变动的各种可能组合，并提供不同情况下的相关指标及其概率；缺点是组合情况过多，计算比较麻烦。下面举例说明如何用联合概率分析法进行期望利润预测。

【例4-11】已知 ABC 公司在进行销售利润决策时，对 A 产品的销售量、单位变动成本、固定成本进行综合预测：A 产品预计单位售价为 1 000 元/件，预计销售量为 60 件、80 件和 100 件，其概率分别为 20%、60%和 20%；预计单位变动成本分别为 100 元/件、200 元/件和 300 元/件，其概率分别为 20%、30%和 50%；预计固定成本总额分别为 8 000 元和 10 000 元，其概率分别为 80%和 20%。用联合概率分析法计算 ABC 公司销售 A 产品的期望利润。

解：分析时，应分别就不同销售单价、销售量、单位变动成本、固定成本的组合计算销售利润的预期值。

下面以售价 1 000 元/件、销售量 600 件/件、单位变动成本 100 元/件，固定成本 8 000 元这一组合为例，计算可实现的利润如下：

利润=(1000−100)×60−8000=46000（元）

已知这种情况下的联合概率为 0.2×0.2×0.8=0.032，则在此情况下利润的预期值为 46000×0.032=1472 元。

同理，用以上方法对其他各种组合可依次进行计算，求出每种组合条件下的利润预期值，然后将所有利润预期值汇总，计算出利润预测值，其汇总表如表 4-9 所示。

表 4-9　ABC 公司销售 A 产品的利润预期值汇总

销售量（件）	单位变动成本（元/件）	固定成本（元）	事项组合	利润（元）	联合概率	利润预期值（元）
1	2	3	4	5	6	7
60 P=0.2	100 P=0.2	8 000 P=0.8	1	46 000	0.032	1 472
		10 000 P=0.2	2	44 000	0.008	352
	200 P=0.3	8 000 P=0.8	3	40 000	0.048	1 920
		10 000 P=0.2	4	38 000	0.012	456

续表

销售量（件）	单位变动成本（元/件）	固定成本（元）	事项组合	利润（元）	联合概率	利润预期值（元）
60 $P=0.2$	300 $P=0.5$	8 000 $P=0.8$	5	34 000	0.08	2 720
		10 000 $P=0.2$	6	32 000	0.02	640
80 $P=0.6$	100 $P=0.2$	8 000 $P=0.8$	7	64 000	0.096	6 144
		10 000 $P=0.2$	8	62 000	0.024	1 488
	200 $P=0.3$	8 000 $P=0.8$	9	56 000	0.144	8 064
		10 000 $P=0.2$	10	54 000	0.036	1 944
	300 $P=0.5$	8 000 $P=0.8$	11	48 000	0.24	11 520
		10 000 $P=0.2$	12	46 000	0.06	2 760
100 $P=0.2$	100 $P=0.2$	8 000 $P=0.8$	13	82 000	0.032	2 624
		10 000 $P=0.2$	14	80 000	0.008	640
	200 $P=0.3$	8 000 $P=0.8$	15	72 000	0.048	3 456
		10 000 $P=0.2$	16	70 000	0.012	840
	300 $P=0.5$	8 000 $P=0.8$	17	62 000	0.08	4 960
		10 000 $P=0.2$	18	60 000	0.02	1 200
期望利润						53 200

从表 4-9 中得知 ABC 公司销售 A 产品期望利润的预测值为 53 200 元。

第五节 资金预测

一、资金需求量预测的意义

资金预测是指以预测期企业生产经营规模的发展和资金利用率的提高等为依据,在分析相关的历史资料、技术经济条件和发展规划的基础上,运用一些专门的方法,对预测期资金需要量进行科学的预计和推测。

资金预测是企业生产经营预测中不可缺少的组成部分。首先,资金预测是进行经营决策的主要依据;其次,资金预测是保证企业资金供应、合理组织资金运用、不断提升资金利用效果的重要手段;最后,资金预测是编制资金预算的必要步骤。

二、资金需求量预测的方法

在资金需要求预测中,常用的方法有定性预测法和定量预测法。

(一)定性预测法

定性预测法是指利用直观的资料,依靠个人的经验和主观分析、判断能力,预测未来资金需求量的方法。

定性预测法的预测过程如下:首先由熟悉财务情况和生产经营情况的专家,根据过去所积累的经验,进行分析判断,提出预测的初步意见;然后,通过召开座谈会或其他方式,对上述预测的初步意见进行补充修正;这样经过一次或几次修正以后,确定最终的资金预测量。

定性预测法往往带有较强的主观性,一般适用于缺乏完备、准确的历史资料情况下的资金需求量预测,在实际工作中通常将它与其他方法结合使用。

(二)定量预测法

定量预测法又包括资金增长趋势预测法和预计资产负债表法。

1. 资金增长趋势预测法

资金增长趋势预测法,就是运用回归分析法(最小二乘法)原理对过去若干期间销售收入(或销售量)及资金需求量的历史资料进行分析、计量后,确定反映销售收入与资金需求量之间关系的回归直线($y=a+bx$),并据以推算未来期间资金需求量的一种方法。

影响资金需求量的因素很多,但从短期经营决策角度看,引起资金发生增减变动的最直接、最重要的因素是销售量。在其他因素不变的情况下,销售量增加,往往意味着企业生产规模扩大,从而需要更多的资金;相反,销售量减少,往往意味着企业生产规模缩小,所需要的资金也就随之减少。因此，资金需求量与销售量之间存在着内在的相互联系，利用这种相互联系可以建立数学模型，预测未来期间销售量达一定水平时的资金需求量。

资金需求量与销售量之间的关系可用下式表示：

$$y=a+bx \tag{4-19}$$

式中，y 为资金需求量；a 为资金需求量中不受销售量变动影响的部分；bx 为资金需求量中随着销售量变动呈正比例变动的部分；x 为预测期一定水平的销售量。

运用最小二乘法求得 a、b 的值如下：

$$a=\frac{\sum y - b\sum x}{n}$$

$$b=\frac{n\sum xy - \sum x \sum y}{n\sum x^2 - (\sum x)^2}$$

将 a 与 b 的值代入资金需求量预测趋势直线方程，即可得出预测期的资金需求量。

下面举例说明资金增长趋势预测法的一般应用。

【例 4-12】ABC 公司 2006—2011 年销售量与资金需求量的资料如表 4-10 所示，经预测 2012 年公司销售量为 320 万件，试用资金增长趋势预测法预测 2012 年的资金需求量。

表 4-10　ABC 公司 2006—2011 年销售量与资金需求量

年　　度	销售量（万件）	资金占用（万元）
2006	240	10.8
2007	220	10.4
2008	200	10.0
2009	250	11.0
2010	300	12.5
2011	260	11.0

解：设 $y=a+bx$，根据回归分析法原理，对表 4-10 中的数据进行加工整理，如表 4-11 所示。

表 4-11　数据整理

年　　度	销售量 x（万件）	资金占用 y（万元）	xy	x^2
2006	240	10.8	2 592	57 600
2007	220	10.4	2 288	48 400
2008	200	10.0	2 000	40 000
2009	250	11.0	2 750	62 500

续表

年　　度	销售量 x（万件）	资金占用 y（万元）	xy	x^2
2010	300	12.5	3 750	90 000
2011	260	11.0	2 860	67 600
n=6	$\sum x=1470$	$\sum y=65.7$	$\sum xy=16240$	$\sum x^2=366100$

将表 4-11 中的数据代入公式，计算回归系数如下：

$$b=\frac{n\sum xy-\sum x\sum y}{n\sum x^2-(\sum x)^2}=\frac{6\times 16240-1470\times 65.7}{6\times 366100-1470^2}=0.024$$

$$a=\frac{\sum y-b\sum x}{n}=\frac{65.7-0.024\times 1470}{6}=5.03$$

$$y=5.03+0.024x$$

当 2012 年销售量达到 320 万件时，预计资金需求量为 5.03+0.024×320=12.71（万元）。

2. 预计资产负债表法

预计资产负债表法是通过编制预计资产负债表来预计预测期资产、负债和留存收益，从而测算外部资金需求量的一种方法。

资产负债表是反映企业某一时点资金占用（资产）和资金来源（负债和所有者权益之和）平衡状况的会计报表。企业增加的资产，必然是通过增加负债或所有者权益的途径予以解决的。因此，通过预计资产的增减，可以确定需要从外部筹措的资金数额。

资产、负债的许多项目随销售量的增加而增加，随其减少而减少，呈现一定的比例关系。因此，可以利用基年资产、负债各项目与销售量的比例关系预计预测期资产、负债各项目的数额。这种分析方法的基本步骤如下。

（1）确定资产负债表中的敏感项目

第一，资产类项目。在该类项目中，企业中的流动资产各项目，如货币资金、应收票据、应收账款、其他应收款和存货等，通常会随着销售量的增加而增加，属于敏感资产。对于固定资产项目，如果企业现有的生产经营能力能够满足预测期生产经营规模的需要，就不需要增加固定资产上的资金投入，就属于非敏感项目；反之，如果企业未来的产销业务量超过现有的生产能力，则必须追加资金投入，扩大生产经营规模，以满足需要，此时固定资产就属于非敏感项目。至于无形资产、长期投资等项目，通常与产销业务量的增减没有直接的联系，因此属于非敏感项目，不予考虑。

第二，负债和所有者权益类项目。在该类项目中，应付票据、应付账款、应交税金和其他应付款等流动负债项目，其金额通常会随着产销业务量的增加而增加，属敏感项目。长期借款、应付债券等长期负债项目和所有者权益类各项目，通常与产销业务量无关，因此不予考虑。

（2）确定基期各敏感项目的销售百分比

将随销售额增减变动的各项目基期的金额，除以基期的销售额，取得相应的百分比，其计算公式如下：

$$某敏感项目销售百分比 = \frac{基期该项目金额}{基期销售额} \quad (4-20)$$

（3）计算企业预测期的留存收益

按照预计销售额和基期销售净利率计算预测期的净利润，减去按预测期股利发放率测算的预计发放股利，其余额可确定为预测期增加的留存收益数额。

（4）编制预测期的预计资产负债表

测算资产负债表中随着销售收入变动的各项资产、负债及所有者权益项目的预测期数额，编制预计资产负债表。

（5）确定预测期的外部资金需求额

根据预计资产负债表中的资产总额确定预计资金需求额，根据预计负债与预计所有者权益总额确定企业预测期可用资金总额，二者之差即为企业的外部资金需求额。

【例4-13】ABC公司2011年12月31日的资产负债表如表4-12所示。已知ABC公司2011年的销售收入为1 000万元，现在还有剩余生产能力，即增加收入不需要进行固定资产方面的投资。假定销售净利率为10%，如果2012年的销售收入提高到1 300万元，公司的利润预计有55%向投资者分配，那么要筹集多少资金？

表4-12　ABC公司简要资产负债表　　　　　　　　　　　　　　　　单位：万元

资产		负债与所有者权益	
现　　金	60	应交税金	50
应收账款	200	应付账款	100
存　　货	300	短期借款	250
固定资产	600	应付债券	100
		股　　本	500
		留存收益	160
资产合计	1 160	负债与所有者权益合计	1 160

解： 首先，将资产负债表中预计随销售量变动的项目分离出来。在ABC公司的实例中，资产项目除固定资产外都随销售量的增加而增加，因为较大的销售量需要占用较多的存货，发生较多的应收账款，导致资金需求增加。在负债与所有者权益项目中，应付账款和应交税金也会随销售量的增加而增加，但股本、应付债券、短期借款不会自动增加。预计随销

售量增加而增加的项目如表 4-13 所示。

表 4-13 ABC 公司销售百分比

资产	占销售收入	负债与所有者权益	占销售收入
现金	6%	应交税金	5%
应收账款	20%	应付账款	10%
存货	30%	短期借款	不变动
固定资产	不变动	应付债券	不变动
		股本	不变动
		留存收益	不成比例变动
合计	56%	合计	15%（不包括留存收益）

在表 4-13 中，不变动是指该项目不随销售收入的变化而成比例变化。

其次，确定需要增加（或减少）的外部筹资额。

现金项目：(1300−1000)×6%=18（万元）

应收账款项目：(1300−1000)×20%=60（万元）

存货项目：(1300−1000)×30%=90（万元）

应交税金项目：(1300−1000)×5%=15（万元）

应付账款项目：(1300−1000)×10%=30（万元）

留存收益项目：1300×10%×(1−55%)=58.5（万元）

即 18+60+90−15−30−58.5=64.5 万元。说明企业此时需要筹集资金 64.5 万元。ABC 公司 2012 年预计资产负债表各项目测算值如表 4-14 所示。

表 4-14 预计资产负债表各项目测算值

项目	2011 年年末资产负债表（万元）	2011 年销售百分比	2012 年预计资产负债表（万元）
资产			
现金	60	6%	78
应收账款	200	20%	260
		30%	390
		不变动	600
		56%	1 328
存货	300		
固定资产	600		
资产总额	1 160		

续表

项目	2011年年末资产负债表（万元）	2011年销售百分比	2012年预计资产负债表（万元）
负债与所有者权益			
应交税金	50	5%	65
应付账款	100	10%	130
短期借款	250	不变动	250
应付债券	100	不变动	100
负债总额	500	15%	545
股本	500	不变动	500
留存收益	160	不成比例变动	218.5
负债与所有者权益总额	1 160	15%（不包括留存收益）	1 263.5
可用资金总额			1 263.5
需要筹措的资金数额			64.5
合计			1 328

上述预测过程可用下列公式表示：

$$F=(Q-R)(S_1-S_0)-PES_1+M-Dep \quad (4-21)$$

式中，F 为资金追加需求量；Q 为同销售收入增减变动关系密切的资产数额占上期实际销售收入的百分比；R 为同销售收入增减变动关系密切的负债数额占上期实际销售收入的百分比；S_0 为上期实际销售收入；S_1 为计划期预计销售收入；P 为销售净利率；E 为留存收益比率；M 为计划期零星资金需求量；

Dep 为计划期预定提取的固定资产折旧。

资金追加需求量=(56%-15%)×(1300-1000)-1300×10%×(1-55%)
=64.5（万元）

如果该公司现有剩余生产能力不能完全满足业务量增长的需要，需要追加设备一台，价值 5 万元，则该公司需要筹集资金 64.5+5=69.5（万元）。

案例分析

ABC 公司是一家销售家用小电器的公司，2011 年实现利润总额 5 880 000 元，2011 年产品售量较 2010 年有所提高，达到 500 000 件，销售单价为 24.5 元/件，产品的单位变动成本为 12.5 元/件，固定成本为 120 000 元。该公司销售部有关人员通过对市场上产品供需情况的调查，会同财务部对公司 2012 年销售情况进行了预测，预计 2012 年产品销售量可达 580 000 件；另外，公司全年因改进了产品的工艺设计，预计单位变动成本可降至 10.3 元/件，但同时固定成本会增加到 135 000 元；公司拟通过降低价格、增加销售量来提高产品的市场占有率，价格拟降为 22.5 元/件。

要求：依据上述资料，试采用因素测算法测算各因素变化对 2012 年利润的影响，并根据各项因素的变化预测公司 2012 年的利润。

课后复习题

一、简答题

1. 什么是经营预测？经营预测的种类、原则、基本程序和方法分别有哪些？
2. 销售量（额）及变化趋势预测分析方法有哪些？
3. 如何预测利润总额？利润变动趋势预测的方法有哪些？
4. 资金预测的含义和意义是什么？
5. 成本水平及变化趋势预测的含义是什么？

二、综合题

1. ABC 公司 1～6 月电冰箱的销售情况如表 4-15 所示。要求运用加权平均法做出 7 月电冰箱的销售量预测（各期权数分别如下：1 月为 0.1，2 月为 0.1，3 月为 0.1，4 月为 0.2，5 月为 0.2，6 月为 0.3）

表 4-15　ABC 公司 1～6 月电冰箱的情况

月　份	1	2	3	4	5	6
销售量（台）	650	660	680	700	710	730

2. ABC 公司 1～6 月洗衣机的销售情况如表 4-16 所示。令 $a=0.3$，1 月销售量的预测值为 1 250 台，要求运用指数平滑法分别做出 2～7 月洗衣机的销售量预测。

表 4-16　ABC 公司 1～6 月洗衣机销售情况

月　份	1	2	3	4	5	6
实际销售量（台）	1 200	1 000	1 300	1 200	1 170	1 350

3. ABC 公司 2007—2011 年的销售收入与利润额如表 4-17 所示。

表 4-17　ABC 公司销售收入与利润额　　　　　　　　　　　　　　单位：万元

年　　份	2007	2008	2009	2010	2011
利润额	30	32.5	31.5	33	35
销售收入	475	516	505	535	560

假设利润额与销售收入的变化呈线性关系。当 2012 年预计销售收入为 600 万元时，用一元线性回归分析法预测 2012 年该企业的利润额。

4．ABC 公司近三年生产甲产品的年平均成本数据如表 4-18 所示。根据资料按距离计划期的远近分别进行加权，令第一年权数为 0.2，第二年权数为 0.3，第三年权数为 0.5。

表 4-18　甲产品的年平均成本数据

年　　份	固定成本总额	单位变动成本
第一年	800 元	6 元/件
第二年	850 元	5 元/件
第三年	900 元	5 元/件

要求预测第四年生产甲产品 10 000 件的成本总额及其单位成本。

5．ABC 公司生产丙产品，该公司产量最高的月份为 6 月，共生产丙产品 20 000 件，总成本为 740 000 元；产量最低的月份为 11 月，共生产丙产品 12 000 件，总成本为 500 000 元。如果计划年度 1 月准备生产丙产品 20 000 件，要求预测其总成本与单位成本各为多少。

6．ABC 公司最近几年的销售量和资金需求量的资料如表 4-19 所示。

表 4-19　ABC 公司资金需求情况

年　　度	销售量（万件）	资金需求量（万元）
2007	80	125
2008	86	135
2009	84	130
2010	89	138
2011	100	145

如果 ABC 公司 2012 年预计销售量为 110 万件，用资金增长趋势预测法预测该公司 2012 年的资金需求量。

7．ABC 公司 2011 年实际销售额为 360 000 元，税后净利为 14 400 元，发放普通股股利 7 200 元，并且该公司生产能力已经充分利用，该公司 2011 年 12 月 31 日的资产负债表如表 4-20 所示。

表 4-20 ABC 公司资产负债表   单位：元

资产		负债和所有者权益	
货币资金	18 000	应付账款	36 000
应收账款	36 000	应交税金	36 000
存货	108 000	长期借款	108 000
固定资产	86 400	股本	74 400
无形资产	42 000	未分配利润	36 000
合　计	290 400	合　计	290 400

如果该公司预计 2012 年销售额将增加到 480 000 元，并仍按 2011 年的股利发放率支付股利，计划期 2012 年零星资金需要量将增加 2 000 元，要求预测 2012 年需要追加的资金量。

第五章
短期经营决策

学习目标

1. 了解决策分析的含义、分类和程序;
2. 区分短期决策中涉及的相关成本和无关成本等概念;
3. 掌握短期经营决策分析的常用方法和具体应用;
4. 能正确进行生产决策分析、定价决策分析及存货决策分析。

第一节 决策分析概述

一、决策分析的含义与分类

所谓决策就是人们为了实现一定的预期目标,根据现实的主客观条件和所占有的数据资料,提出两个或两个以上的备选方案,借助于科学的理论与方法,进行必要的计算、分析和判断,从中选出一个最优方案的过程。

决策分析是企业经营管理的核心内容,贯穿于生产经营活动的始终,涉及的内容广泛,各种不同类型的决策所需要的信息、考虑的重点及分析的方法都有很大的差别。为了加深认识,决策分析可以按照不同的条件进行分类。

(一)按决策时间长短分类

按决策的时间长短不同,可将决策分为短期决策与长期决策两类。短期决策是指企业在确定一定时期经营目标的基础上,通过对有关可行性方案的计算、分析、比较,选择最佳行动方案。长期决策，则是为改变或提高企业生产能力或服务能力而进行的决策，它是指在较长时期内（超过一年）才能实现的决策。

（二）按决策的层次分类

按决策的层次不同，可将决策分为高层决策、中层次策和基层决策三类。

高层决策，是指企业的最高管理层领导所做的决策。它涉及的主要是企业全局性、长远性的重大问题。

中层决策，是指由企业中级管理层领导所做的决策。其基本内容是将高层决策具体化，并制定最优利用资源、保证高层决策得以顺利实现的实施方案。

基层决策，是指由企业基层领导所做的决策。基层领导的基本职责是将上一层次做出的决策具体付诸实施。

（三）按决策条件的肯定程度分类

按决策条件的肯定程度不同，可将决策分为确定型决策、风险型决策和不确定型决策三类。

确定型决策，是指各种备选方案所需的条件都是肯定的、明确的，且方案结果都是确定的决策。

风险型决策，是指各种备选方案所需的条件不完全确定，表现出若干种变动趋势，决策者可通过估算掌握其发生概率的决策。

不确定型决策，是指各种备选方案所需的条件不能完全确定，而且出现这种可能结果的概率也无法进行确切的测算，只能靠主观判断才能确定的决策。

（四）按决策的基本职能分类

按决策的基本职能不同，可将决策分为规划决策和控制决策两类。

规划决策，是指为规划未来的经济活动所进行的决策。这类决策主要是在预测的基础上，对整体经济活动的多种筹划、安排等进行的决策。

控制决策，是指为控制企业的日常经济活动所进行的决策。这类决策主要是为了保证企业的日常经济活动，对按原定规划实施所采取的各项控制措施等进行的决策。

二、决策分析的基本原则

决策分析的原则是指进行决策必须遵循的指导规则和行为准则，它是科学决策指导思想的反映，也是决策实践经验的总结。为了保证决策的科学性，使之达到预期的目标，必须遵循以下几项原则。

(一）合法性原则

企业在进行决策分析时，必须自觉遵守国家的有关法律、法规和政策，决不允许损人利己、损害国家或他人利益及违背市场规律，使决策方案在法律、法规、政策允许的范围内进行。

(二）责任性原则

决策分析直接关系到企业的经济效益、未来生存与发展，事关重大，它应该与决策者的切身利益相联系。因此，决策者应该按其所处的地位及决策内容的性质对其所做的决策承担相应的责任。由于决策是对未来活动进行规划的一个重要组成部分，存在着很多意想不到的因素，因此决策出现一些失误是在所难免的，应当区分不可抗力因素与人为因素的影响界限，以及不负责任的瞎指挥与偶然失误的领导责任。

(三）满意性原则

按照传统决策的理论，决策分析就是要选出未来活动的最优方案。要寻找最优方案，必须同时满足以下条件：第一，决策者对实现决策目标的所有可行方案及其执行结果都完全掌握；第二，决策目标单一化或完全有序；第三，约束条件不变或有规律地同步变动；第四，时间是决策事件的常数；第五，所需成本完全满足。显然，任何实际决策问题都不可能同时满足上述条件。因此，决策分析只能找到"基本令人满意的"或者"过得去的"相对优化的方案，而不可能找到绝对最优的方案。

(四）科学性原则

科学性原则就是要从系统的观点出发，在决策过程中，综合考虑各要素，统筹兼顾，相互协调，使决策结果更符合客观实际。

(五）效益性原则

决策分析面向经营，本身也要讲效益。决策分析不仅要以提高经济效益为目的，而且要注意提高决策分析的工作效率，要节约时间、降低开支，以较小的代价组织好科学的决策。

三、决策分析的基本程序

为了达到决策的目的，必须尽力实现决策过程的科学化，严格遵照决策的科学程序进行。决策分析的科学程序，一般应包括以下几个基本步骤。

（一）提出决策问题，确定决策目标

因为决策是为了实现某项预期目标，所以首先要弄清楚一项决策究竟要解决什么问题，

达到什么目的。

（二）设计达到目标的各种可能的行动方案

在决策目标确定后，应充分考虑现实和可能，设计出各种可能实现决策目标的备选方案。备选方案的提出，一般要经过形成基本设想、做出初步方案、形成备选方案的反复、补充、修改的过程。备选方案太少，则缺乏选择余地，往往失之偏颇；太多，则又易于鱼目混珠，使决策者无所适从。

（三）评价方案

评价方案应以决策目标为出发点，运用科学的决策分析方法，对形成的各种备选方案进行可行性研究、论证。在评价过程中，既要采用定量的分析方法，也要采用定性的分析方法；既要考虑可计量的因素，也要考虑不可计量的因素。论证要充分、可靠，而且要考虑到各种不确定性因素可能的干扰，切忌偏颇和盲目。

（四）选择未来行动的方案

选择未来行动的方案，是整个决策过程中最关键的环节。在对各个备选方案综合评价的基础上，全面权衡利弊得失，按照一定原则和要求确定择优的标准及方法，不断比较、筛选，最终选出较为满意的行动方案。

（五）组织和监督决策方案的实施，进行反馈控制

行动方案选定后，就应纳入计划，组织力量，全力以赴地加以实施。在实施过程中，要对方案的执行情况进行跟踪、检查、监督，并且要将实施结果与决策目标的要求不断地进行比较，找出偏离目标的差异及其原因，做好信息反馈，及时采取有效措施，保证方案的实施，在不断修正、调整、补充的过程中，使决策的结果更加符合客观实际。

第二节 短期决策分析的相关因素与基本方法

生产经营决策是短期决策的一项重要内容，指短期内（通常为一年），在生产领域中，围绕着是否生产、生产什么、生产多少及怎样生产等方面的问题所进行的决策。

一、短期决策分析的相关因素

生产经营决策必须统筹考虑以下因素，即相关收入、相关成本和相关业务量。

（一）相关收入

相关收入是指与特定决策方案相联系的、能对决策产生重大影响的、在生产经营决策

中必须予以考虑的收入。如果某项收入只属于某个生产决策方案（即若该方案存在，就会发生这项收入；若该方案不存在，就不会发生这项收入），那么这项收入便是相关收入。相关收入的计量，要以特定决策方案的单价和相关销售量为依据。

（二）相关成本

相关成本是指与特定决策方案相联系的、能对决策产生重大影响的、在短期经营决策中必须予以考虑的成本。如果某项成本只属于某个生产经营决策方案（即若该方案存在，就会发生这项成本；若该方案不存在，就不会发生这项成本），那么这项成本就是相关成本。

（三）相关业务量

相关业务量是指在生产经营决策中必须认真考虑的、与特定决策方案相联系的生产量或销售量。相关业务量对生产经营决策方案的影响一般是通过对相关收入和相关成本的影响而实现的，它是生产经营决策中又一个不容忽视的重要因素。

二、短期决策分析的基本方法

在实践中，经常使用的方法有单位资源贡献毛益分析法、贡献毛益总额分析法、差别损益分析法、相关损益分析法、相关成本分析法和成本无差别点法等。

（一）单位资源贡献毛益分析法

贡献毛益是产品销售收入或销售净收入在扣除其自身的变动成本之后，对企业赢利所作的贡献，又称"贡献毛益"。单位资源贡献毛益法是指以有关方案的单位资源贡献毛益作为决策评价指标的一种方法。在企业生产只受到某一项资源（如某种原材料、人工工时或机器台时等）的约束时，并且备选方案中各种产品的单位贡献毛益和单位资源消耗定额（如材料消耗定额、工时定额）均为已知的条件下，可按下式计算单位资源所能创造的贡献毛益，并以此作为决策评价的依据：

$$单位资源贡献毛益=单位贡献毛益/单位资源消耗定额 \qquad (5-1)$$

单位资源贡献毛益是一个正指标，哪个方案的该项指标大，则哪个方案为优。这种方法比较简单，经常用于生产经营决策中的互斥方案决策，如新产品开发的品种决策。

（二）贡献毛益总额分析法

在生产经营决策中，当有关决策方案的相关收入均不相等，全部相关成本均为变动成本时，可以使用贡献毛益总额分析法。所谓贡献毛益总额分析法是指以有关方案的贡献毛益总额作为决策评价指标的一种方法。

$$贡献毛益总额=销售收入总额-变动成本总额 \qquad (5-2)$$

贡献毛益总额也是一个正指标，哪个决策方案的该项指标大，则哪个方案较优。贡献毛益总额分析法经常被用于生产经营决策中不涉及专属成本和机会成本的单一方案决策或多方案决策中的互斥方案决策，如亏损产品决策。

（三）差别损益分析法

差别损益分析法也称差量分析法，是指在进行两个相互排斥的方案的评价时，以差别损益作为方案评价取舍标准的一种决策方法。

这里的差别损益等于差别收入与差别成本之差，表示企业多得的利润或少发生的损失；差别收入等于两方案相关收入之差；差别成本等于两方案相关成本之差。

在决策时，若差别损益大于零，则前一个方案较优；若差别损益小于零，则后一个方案较优；若差别损益等于零，则前后两个方案效益相同。

该方法比较科学、简单、实用。应该注意的是，计算差别收入和差别成本的方案排列顺序必须保持一致；而且，对于两个以上互斥方案只能逐次应用此法，两两比较分析，筛选择优，故应用起来比较麻烦。

（四）相关损益分析法

相关损益分析法，是指在进行生产经营决策时，以相关损益作为决策评价指标的一种决策方法。某方案的相关损益是指该方案的相关收入与相关成本之差。该评价指标也是一个正指标，在对多个备选方案的评价中，哪个方案的相关损益大，则哪个方案为优。

（五）相关成本分析法

相关成本分析法是指在生产经营决策中，当各备选方案的相关收入相等时，通过直接比较各方案的相关成本做出方案选择的一种决策方法。它实质上是相关损益分析法的特殊形式。

相关成本是个反指标，在决策分析时，哪个决策方案的成本最低，则哪个方案最优。

（六）成本无差别点法

成本无差别点法是指在各个备选方案的相关收入均相等，相关业务量为不确定因素时，通过判断处于不同水平上的业务量与成本无差别点业务量之间的关系，做出相互排斥方案选择的一种决策方法。这里的成本无差别点业务量是指能使两个方案总成本相等的业务量，又称成本分界点业务量或成本平衡点业务量。其计算公式如下：

$$成本分界点业务量 = 两方案固定成本之差 / 两方案单位变动成本之差 \quad (5-3)$$

该方法要求各方案的收入必须相同，方案之间的相关固定成本与单位变动成本的大小正好相互矛盾，即如果甲方案的相关固定成本大于乙方案的相关固定成本，则甲方案的单位变动成本必须小于乙方案的单位变动成本，否则，便无法应用该方法。

若令甲方案的固定成本为 a_1，单位变动成本为 b_1；乙方案的固定成本为 a_2，单位变动

成本为 b_2，且当 $a_1>a_2$ 且 $b_1<b_2$，则甲、乙两方案的成本无差别点业务量 x_0 计算如下：

成本无差别点业务量是指能使两方案总成本相等的业务量，即

$$b_1x_0+ a_1= b_2x_0+ a_2$$

则

$$x_0=(a_1-a_2)/(b_2-b_1) \tag{5-4}$$

当预计业务量在 $0\sim x_0$ 范围内变化时，固定成本较低的乙方案优于甲方案；当业务量大于 x_0 时，则固定成本较高的甲方案优于乙方案；当业务量等于 x_0 时，甲、乙两方案的成本相等，效益无差别。

因为在相关范围内，甲、乙方案的成本性态皆可表示为直线方程 $y=a+bx$ 的形式，所以也可通过作图的方法求得成本无差别点的位置，如图 5-1 所示。

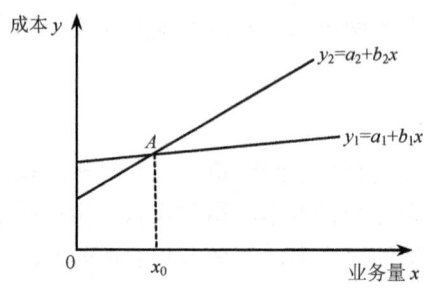

图 5-1 成本无差别点示意

第三节 生产决策

在生产领域中，围绕是否生产、生产什么、怎样生产以及生产多少等问题需要做出一系列的决策，生产决策是企业短期经营决策的重要内容。

一、开发新产品的决策

新产品开发的品种决策，是指可以利用企业现有剩余生产能力开发某种在市场上有销路的新产品，并且已经掌握可供选择的多个新品种开发方案的有关资料，但不涉及大量投资追加技术装备的问题。

新产品开发的品种决策可以按照是否涉及追加专属成本分两种情况讨论。

（一）不追加专属成本的决策

在新产品开发的品种决策中，如果有关方案均不涉及追加专属成本，就可以应用单位资源贡献毛益分析法直接进行决策。

【例 5-1】单位资源贡献毛益分析法在新产品开发品种决策中的应用。

已知：光明企业拟开发投产一种新产品，有关的经营能力成本（即约束性固定成本）为 12 000 元，现有 A、B 两个新品种可供选择。两种产品的销售单价、单位变动成本和定额工时的预测资料如表 5-1 表示，不需要追加专属成本。

表 5-1　A、B 两种产品的有关预测资料

项　目	A 产品	B 产品
销售单价（元）	90	80
单位变动成本（元）	50	41
单位产品定额工时（小时）	5	3

要求：根据上述资料，做出该企业开发投产哪种产品更为有利的决策分析。

解：根据已知资料，可以选用单位资源贡献毛益分析法进行决策分析，如表 5-2 所示。有关经营能力成本 12 000 元，对 A、B 两种产品的最终选择没有影响。无论开发投产 A 产品还是 B 产品，在未来一定时期内它都将如数发生，与本决策无关。因此，在开发投产何种新产品的决策分析中，它属于无关成本。

表 5-2　单位资源贡献毛益表　　　　　　　　　　　　　单位：元

项　目	开发 A 产品	开发 B 产品
单位贡献毛益（元）	90−50=40	80−41=39
单位产品定额工时（小时）	5	3
单位工时贡献毛益（元）	8	13

从表 5-2 可以看出，应当开发 B 产品，因为该产品的单位工时贡献毛益大于 A 产品。

从计算过程中可以看出，在新产品开发品种的多方案决策中，不能以新产品的单位售价或单位贡献毛益的大小作为取舍决策方案的依据。

（二）追加专属成本的决策

当新产品开发的品种决策方案中涉及追加专属成本时，就无法继续使用单位资源贡献毛益分析法，而应当使用其他方法进行决策。下面选用贡献毛益总额分析法进行决策分析。

【例 5-2】贡献毛益总额分析法在新产品开发品种决策中的应用。

已知：仍使用【例 5-1】中的资料，假定该企业的剩余生产经营能力为 12 000 工时。开发新产品 A 和 B 都需要装备不同的专用模具，相应分别需要追加专属成本 20 000 元和 50 000 元，生产能力分别为 2 500 件和 3 000 件。

要求：利用贡献毛益总额分析法，做出开发投产哪种新产品对企业更为有利的决策

分析。

解: 由于是利用剩余生产能力开发投产新产品 A 或 B,所以原生产能力成本在决策分析中仍是无关成本,不必加以考虑。但分别需要投入的专用模具成本 20 000 元和 50 000 元,在决策分析中属于相关成本,应该加以考虑。

根据所给资料,相关分析计算过程如表 5-3 所示。

表 5-3 贡献毛益总额分析法计算表

项 目 \ 方案	开发投产 A 产品	开发投产 B 产品
剩余生产经营能力	12 000 小时	12 000 小时
每件定额工时(小时)	5	3
生产能力(件)	2 500	3 000
销售单价(元)	90	80
单位变动成本(元)	50	41
单位贡献毛益(元)	40	39
贡献毛益总额(元)	100 000	117 000
专属成本(元)	20 000	50 000
剩余贡献毛益总额(元)	80 000	67 000

根据计算结果,该企业应该开发投产 A 产品,因为开发投产 A 产品,比开发投产 B 产品可以多获得 13 000 元的贡献毛益总额。显然这样决策对企业更为有利。

二、零部件是自制还是外购的决策

在具有加工能力的条件下,零部件是自制还是外购,这是企业管理者时常面临的一个需要及时做出决策的问题。这类问题可根据零部件年需求量是否确定,分别采用相关成本分析法和成本无差别点法进行决策。

(一) 零部件需求量确定时的决策

当零部件的需求量确定时,通常可采用相关成本分析法进行决策。

1. 企业有剩余生产能力且无法转移,自制零部件不需要追加专属成本

在这种情况下,只需要将外购零部件的相关成本,即购买零部件的价格,与自制时的相关成本进行对比,相关成本低的即为最优方案。由于剩余生产能力无法转移,又不需要追加专属成本,所以自制时的相关成本就是自制时的单位变动成本。因此,当自制零部件的单位变动成本大于外购单价时,应该外购;当自制零部件的单位变动成本小于外购单价

时,应该自制;当自制零部件的单位变动成本等于外购单价时,零部件的两种取得方式均可。

【例 5-3】 相关成本分析法的应用。

已知:光明企业生产甲产品,每年需要 A 零件 2 000 件,其市场售价为每件 90 元;企业有剩余生产能力进行加工,预计单位变动成本为 70 元,单位固定成本为 25 元;另外,企业如不制造加工 A 零件,其剩余生产能力无法转移。

要求:做出 A 零件是应自制还是应外购的决策分析。

解:因为企业的剩余生产能力无法转移,所以其固定成本属于决策中的无关成本。又因自制 A 零件的单位变动成本 70 元小于 A 零件的外购单价 90 元,所以对于 A 零件,企业应该自行制造。这样每年可以节约的成本开支为(90-70)×2000=40000 元。

2. 企业尚不具备自制零部件的生产能力,若自制需要增加专属成本

在这种情况下,自制方案的相关成本不仅包括单位变动成本,还包括单位专属成本。

【例 5-4】 相关成本分析法的应用。

已知:光明企业生产甲产品所需的 A 零件数量、市场售价、成本等仍使用例 5-3 给出的资料。又假设企业尚不具备自行生产 A 零件的能力,若自制,需要租入一套专用设备,年租金为 50 000 元。

要求:做出 A 零件是应自制还是应外购的决策分析。

解:依据题目所给资料,进行相关成本分析,其结果如表 5-4 所示。

表 5-4 相关成本分析　　　　　　　　　　单位:元

	自　制	外　购
变动成本	70×2000=140000	90×2000=180000
专属成本	50 000	0
相关成本合计	190 000	180 000

由表 5-4 可知,外购成本低于自制成本,所以对于 A 零件,企业应该采用外购的方式取得。

3. 企业有剩余生产能力,其不仅可以用于自制零件,也可转做他用(如可将其用于生产另外一种产品,或将其出租)

在企业具备生产能力自制零部件,且其剩余生产能力可以转做他用的情况下(如转产其他产品或出租),由于转产其他产品能够提供贡献毛益,出租剩余生产能力能获得租金收入,所以自制方案的相关成本就必须把转产产品的贡献毛益或租金收入作为机会成本纳入。这时,将自制方案的变动成本与其机会成本之和,与外购的相关成本进行比较,以较小者

所对应的方案作为最优方案。

【例 5-5】 相关成本分析法的应用。

已知：光明企业生产甲产品所需的 A 零件数量、市场供给、成本等仍使用【例 5-3】给出的资料。又假设企业已具备生产 A 零件的能力，如不自制，剩余生产能力可用于加工 B 零件，每年可节约 B 零件的外购成本 22 000 元。

要求：做出 A 零件是应自制还是应外购的决策分析。

解：依据所给资料，进行相关成本分析，其结果如表 5-5 所示。

表 5-5 相关成本分析　　　　　　　　　　　　单位：元

	自　制	外　购
变动成本	70×2000=140000	90×2000=180000
机会成本	22 000	0
相关成本合计	162 000	180 000

由表 5-5 可知，自制的相关成本低于外购成本，所以企业应安排自制 A 零件。

（二）零部件需求量不确定时的决策

当企业所需要的零部件数量不能确定时，可采用成本无差别点法进行决策。首先求出自制方案和外购方案的成本无差别点业务量，然后根据零部件的不同需求量，确定相应的最优决策方案。

【例 5-6】 成本无差别点法的应用。

已知：光明企业生产需要的 C 部件，可以自制，也可以从市场上购买，购买价为每件 19 元。若自制，经测算，单位变动成本为 16 元，相关固定成本为 4 500 元，假定自制 C 部件的生产能力不能移做他用。

要求：做出企业取得 C 部件的最佳方式决策。

解：依据题目所给资料，采用成本无差别点法进行决策分析如下。

因为 a_1=4500 元，a_2=0 元，b_1=16 元/件，b_2=19 元/件，根据式（5-4），两方案的成本无差别点业务量为

$$x_0=(a_1-a_2)/(b_2-b_1)=(4500-0)\div(19-16)=1500（件）$$

当 C 部件全年需求量在 0～1 500 件变动时，应采取外购的方式；当需求量超过 1 500 件时，应采取自制方式；当需求量为 1 500 件时，两个方案都可以。

当企业向外购买生产经营中所需要的某种零部件时，其供应商往往会采用优惠的方法，如价格折扣或折让，以增加其销售量。这时，管理者在进行零部件自制或外购的决策时，就应充分考虑外购价格的变动，充分利用这种机会，以便做出对企业更为有利的决策。

【例5-7】成本无差别法的应用。

已知：光明企业生产甲产品所需要的A零件可以自制，也可以外购。若自制，每件零件的变动制造成本为5元，另需专用设备一台，价值为3 000元。若外购，购买量不足1 000件时，购买单价为9元；购买量超过1 000件时，购买单价为7.5元。

要求：做出A零件是应该自制还是应该外购的决策。

解：设 x_1 为A零件在1 000件以内时自制与外购方式的成本无差别点业务量，x_2 为零件超过1 000件时两方案的成本无差别点业务量。根据已知条件，利用式（5-4）可得两方案的成本无差别点业务量分别如下：

$x_1=(a_1-a_2)/(b_2-b_1)=(3000-0)\div(9-5)=750$（件）

$x_2=(3000-0)\div(7.5-5)=1200$（件）

于是，整个零部件需求量被划分为4个区域：750件以内、750～1 000件、1 000～1 200件和1 200件以上，如图5-2所示。

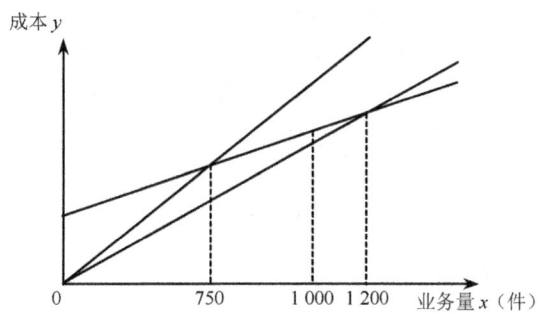

图5-2　成本无差别点法示意

当A零件需求量在750件以内时，企业应该采用外购方式；当需求量为750～1 000件时，应采用自制方式；当需求量为1 000～1 200件时，应采用外购方式；当需求量在1 200件以上时，应采用自制方式。

三、产品生产工艺选择的决策

生产工艺是指加工制造产品或零部件所使用的机器、设备及加工方法的总称。企业在生产过程中，对同一种产品，在保证满足有关技术、质量要求的前提下，往往可以采用不同的工艺技术进行加工。采用先进工艺生产时，固定成本较高，但单位变动成本相对较低；而采用普通工艺生产时情况则相反。在进行此类决策时，应充分考虑市场变化、未来销量的变动趋势，根据生产规模选择合适的工艺技术方案。此类决策可以采用成本无差别点法。

【例 5-8】 成本无差别点法的应用。

已知：假设光明企业在生产甲产品时，可采用两种工艺技术方案。采用自动化方式生产时，每件的单位变动成本为 30 元，年固定成本为 60 000 元；采用机械化方式生产时，每件的单位变动成本为 45 元，年固定成本为 42 000 元。

要求：做出采用何种工艺技术方案生产甲产品的决策分析。

解：根据题目所给出的条件，采用成本无差别点法进行决策，过程如下。

因为 a_1=60000 元，b_1=30 元/件，a_2=42000 元，b_2=45 元/件，设 x 为企业的预期产量，则：

$$甲方案的预期成本=30x+60000$$
$$乙方案的预期成本=45x+42000$$

上述两方案预期成本相等时的预期产量，即为甲、乙两种方案的成本无差别点业务量 x_0，则有：

$$30x_0+60000=45x_0+42000$$
$$x_0=(60000-42000)\div(45-30)=1200（件）$$

当产品产量为 1 200 件时，甲、乙两种方案的成本总额相等，均为 96 000 元；当该产品产量小于 1 200 件时，乙方案的总成本小于甲方案的总成本，应选择乙方案；当该产品产量大于 1 200 件时，甲方案的总成本小于乙方案的总成本，此时应选择甲方案。

在实务中，对于生产工艺技术方案的决策，还必须密切注意市场供求条件的变化、产品的销售状态及变动趋势，以及产品所处的寿命周期阶段等信息。

四、亏损产品是否生产的决策

在企业组织多品种生产时，往往由于某种原因而导致一些产品的收入低于按照完全成本法计算的产品成本，出现亏损。对已经发生亏损的产品，是按照原有规模继续组织生产，还是停止生产或转产，抑或扩大原有规模继续生产？企业管理者需要及时为亏损产品问题做出正确的决策。

（一）是否继续生产亏损产品的决策

1. 相关剩余生产能力不能转移

当亏损产品停产以后，由此而闲置下来的生产能力，既不能转产，也不能将有关设备对外进行出租。在这种情况下，只要亏损产品的单价大于其单位变动成本，即满足贡献毛益（单位贡献毛益）大于零，就不应当停产。

如果简单地停止生产满足贡献毛益（单位贡献毛益）大于零的亏损产品，则不但不能使企业增加利润，反而会使企业多损失相当于该亏损产品所能提供的贡献毛益那么多的利润。这是因为，如果亏损产品能够提供正的贡献毛益的话，这些贡献毛益便可以为企业补偿一部分固定成本。

如果该亏损产品不能满足贡献毛益（单位贡献毛益）大于零，其本身又不属于国计民生必需的产品，一般就可以考虑停止生产。

【例 5-9】 贡献毛益总额法的应用。

已知：如表 5-6 所示，光明企业 2010 年生产 A，B，C 三种产品，其中 C 产品发生亏损。

表 5-6　损益计算表　　　　　单位：元

	A 产品	B 产品	C 产品	合　计
销售收入	180 000	190 000	260 000	630 000
销售成本				
变动成本	40 000	48 000	120 000	208 000
固定成本	30 000	32 000	98 000	160 000
合　计	70 000	80 000	218 000	368 000
销售与管理费用				
变动费用	10 000	12 000	30 000	52 000
固定费用	20 000	13 000	20 000	53 000
合　计	30 000	25 000	50 000	105 000
利润或亏损	80 000	85 000	(8 000)	157 000

要求： 假定 2011 年一切条件均不变，做出该企业 2011 年是否应该继续生产 C 产品的决策。

解： 依据题意，计算如下项目。

C 产品的销售收入 = 260000（元）

C 产品的变动成本 = 120000 + 30000 = 150000（元）

C 产品的贡献毛益总额 = 260000 - 150000 = 110000（元）

由于 C 产品的贡献毛益总额大于零，所以应当继续生产 C 产品。否则，企业将多损失 110 000 元的利润。

2. 相关剩余生产能力能够转移

如果亏损产品停产以后，闲置下来的生产能力可以转移，如用于承揽零星加工业务，或者将有关设备对外出租，或者转产其他产品，那么就不能按上述方法进行决策，而必须考虑有关机会成本因素，进行相关损益分析。

如果亏损产品创造的贡献毛益大于与闲置下来的生产能力转移有关的机会成本，则应当继续生产。

如果亏损产品创造的贡献毛益小于与闲置下来的生产能力转移有关的机会成本，则应当停产。

如果亏损产品创造的贡献毛益等于与闲置下来的生产能力转移有关的机会成本，那么继续生产或停产亏损产品均可。

【例5-10】相关损益分析法的应用。

已知：仍以【例5-9】中的资料为准。假设该企业在C产品停产后，可以转产D产品，D产品的销售单价为500元，单位变动成本为250元。通过市场预测，预计D产品可以售出600件。

要求：做出是否转产D产品的决策。

解：依据题目给出的资料，编制相关损益分析表如表5-7所示。

表5-7 相关损益分析表　　　　　　　　　　　　　　　　单位：元

	继续生产C产品	转产D产品
相关收入	260 000	500×600=300000
相关成本	120000+30000=150000	250×600=150000
相关损益	110 000	150 000

从表5-7可知，转产D产品以后，可使企业的利润总额比继续生产C产品多出40000(150000−110000)元，所以企业应该做出停产C产品、转产D产品的决策。

（二）亏损产品是否增产的决策

对于亏损产品，既然不能轻易地停止生产，那么是否可以考虑适当增产呢？对此，可以分为以下几种情况进行分析。

1) 当企业具备增产亏损产品的能力，且增产能力无法转移时，应当增产该亏损产品，因为这样可使企业多获得相当于增产该亏损产品创造的贡献毛益那么多的利润。

2) 当企业具备增产亏损产品的能力，但增产能力也可以转移时，则需要比较增产该亏损产品创造的贡献毛益和与增产能力转移有关的机会成本。如果增产该亏损产品创造的贡献毛益大于与增产能力转移有关的机会成本，那么就应当增产该亏损产品；反之，就不应当增产该亏损产品。

3) 当企业尚不具备增产亏损产品的能力时，要达到增产亏损产品的目标，必须追加投入一定的专属成本。在这种情况下，如果该亏损产品能提供正的贡献毛益，通过比较增产亏损产品方案与停产方案的相关损益进行决策。

【例 5-11】光明企业组织多种经营。2009 年甲产品的销量为 1 000 件，单位变动成本为 80 元/件，发生亏损 10 000 元，其完全成本为 110 000 元。假定 2010 年企业已具备增产 30%甲产品的能力，且无法转移，市场上有可以接受增产产品的容量，其他条件均不变。已知继续按原有规模生产甲产品的收入为 100 000 元，变动成本为 80 000 元。

要求：用贡献毛益总额法做出是否增产甲产品的决策。

解：计算并比较增产甲产品与维持原有生产规模两种情况下的贡献毛益总额，如表 5-8 所示。

表 5-8　贡献毛益总额计算表　　　　　　　　　　　　　　　单位：元

项　目	增产甲产品	继续按原有规模生产甲产品
相关成本	100000×(1+30%)=130000	100 000
变动成本	80000×(1+30%)=104000	80 000
贡献毛益	26 000	20 000

由表 5-8 可见，增产可使企业获得 26 000 元的贡献毛益，而继续按原有规模生产只能获得 20 000 元贡献毛益，因此应当增产甲产品。

五、最优产品组合决策

企业的生产往往受到各种条件的限制，如原材料供应、机器工时、市场容量等，一种产品生产量的增加，会引起其他产品生产量的减少。那么，如何把有限的经济资源加以充分利用，并在各产品之间做出最有利分配的优化决策？对于这类问题，通常需要采用线性规划的方法来实现不同产品生产的最优组合，以便实现利润最大化或成本最小化。

【例 5-12】光明公司有 A、B 两个车间，共同生产甲、乙两种产品，但生产甲、乙两种产品受到 A、B 两个车间的加工工时总数的限制。每种产品消耗工时及贡献毛益情况如表 5-9 所示。

表 5-9　单位产品消耗工时及单位贡献毛益表

项　目	单位产品消耗工时		车间每周最高工时
	甲产品	乙产品	
A 车间（工时）	3	4	72
B 车间（工时）	6	2	66
单位贡献毛益（元/件）	12	8	

要求：计算每种产品每周的生产量应为多大时才可以获得最大收益。

解：题目中的资源限制是指两个部门所能提供的用于生产甲、乙两种产品的总工时数，可用线性规划法中的图解法求解。

1）将资料以数学式表示。

设甲产品每周生产量为 X_1，乙产品每周生产量为 X_2，P 为企业贡献毛益总额，则企业的目标是使 P 最大：$\max P = 12X_1 + 8X_2$。

部门 A 对甲、乙生产量的限制用数学式表示为 $3X_1 + 4X_2 \leqslant 72$。

部门 B 对甲、乙生产量的限制用数学式表示为 $6X_1 + 2X_2 \leqslant 66$。

同时，X_1 和 X_2 必须是大于等于零的整数，否则题目将失去意义：$X_1 \geqslant 0$，$X_2 \geqslant 0$。

以上各数学式表达为在 $\max P = 12X_1 + 8X_2$ 的要求下，使 X_1 和 X_2 的生产满足下列限制条件：

$$\begin{cases} 3X_1 + 4X_2 \leqslant 72 \\ 6X_1 + 2X_2 \leqslant 66 \\ X_1 \geqslant 0 \\ X_2 \geqslant 0 \end{cases}$$

2）将限制条件按等式绘于二维坐标图上，如图 5-3 所示。

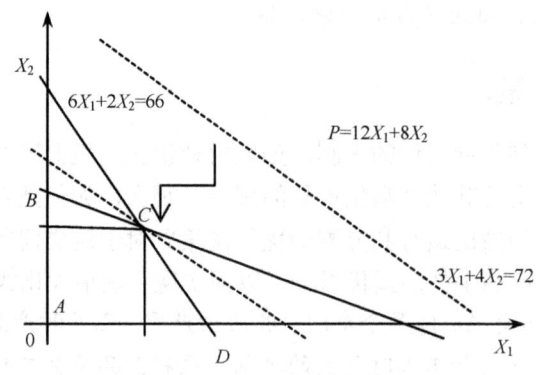

图 5-3　线性规划图解法

3）寻求最优解。最优解不仅要满足约束条件的要求，而且要使目标函数值最大。线性规划的定理表明，目标函数的最大值或最小值必在一个极点上。因此，只要比较各极点的目标函数值，就能找到最优解。本例中，极点是 A、B、C、D，其坐标分别为 A（0，0）、B（0，18）、D（11，0），联立方程组 $3X_1 + 4X_2 = 72$ 和 $6X_1 + 2X_2 = 66$，并结合前面的限制条件求得 C（6，13）。将各极点坐标值代入目标函数表达式，进行比较。

A 点：$P = 12X_1 + 8X_2 = 0$

B 点：$P = 12X_1 + 8X_2 = 12 \times 0 + 8 \times 18 = 144$

C 点：$P = 12X_1 + 8X_2 = 12 \times 6 + 8 \times 13 = 176$

D 点：$P=12X_1+8X_2=12\times11+8\times0=132$

可见，当 $X_1=6$，$X_2=13$ 时，目标函数 P 值最大。

结论：企业产品生产的最优组合是甲产品生产 6 件，乙产品生产 13 件。此时，企业现有资源得到充分利用，且贡献毛益最大。

六、产品是否进一步深加工的决策

半成品立即出售，价格一般偏低；进一步深加工后再出售，价格一般较高，但需要支付一定的深加工成本。究竟如何决策对企业更有利，这就要看对半成品进行深加工能否为企业带来一定的追加利润。由于深加工总是在已经完成的半成品的基础上进行的，所以半成品阶段的加工成本和是否深加工的决策无关，属于决策的无关成本，应不予考虑。在决策分析时只要直接比较深加工阶段所要追加的成本和加工完成后所能增加的收入，即可判断出对半成品进行深加工是否对企业更为有利。

【例 5-13】差量损益分析法的应用。

已知：光明企业生产的甲半成品，年产量为 10 000 件，单位变动成本为 15 元，单位固定成本为 5 元，单位售价为 30 元。若将其进一步深加工为乙产品再出售，预计单位售价可增加到 45 元，但需要追加直接材料 6 元、直接人工 3 元。

要求：就以下三种各不相关的情况，分别做出甲半成品是应该直接出售还是应该深加工后再出售的决策分析。

1）企业现已具备深加工 10 000 件甲半成品的能力，不需要追加专属成本，且深加工能力无法转移。

2）企业深加工需要租用一台专用设备，年租金为 70 000 元。

3）企业只具备深加工 8 000 件甲半成品的能力，该能力可用于对外承揽加工业务，预计一年可获得贡献毛益 35 000 元。

解：1）编制差量损益分析表，如表 5-10 所示。

表 5-10　差量损益分析表　　　　　　　　　　单位：元

方　案	深加工为乙产品	直接出售甲半成品	差　额
相关收入	45×10000=450000	30×10000=300000	150 000
相关成本	90 000	0	90 000
其中：加工成本	(6+3)×10000=90000	0	
差量损益			60 000

分析可知，应继续对甲半成品进行深加工，企业可多获得利润 60 000 元。

2）编制差量损益分析表，如表 5-11 所示。

表 5-11　差量损益分析表　　　　　　　　　　　　　　单位：元

方　案	深加工为乙产品	直接出售甲半成品	差　额
相关收入	450 000	300 000	150 000
相关成本	160 000	0	160 000
其中：加工成本	90 000	0	
专属成本	70 000	0	
差量损益			−10 000

由于深加工后再出售乙产品比直接出售甲半成品少得利润 10 000 元，因此直接出售甲半成品对企业更为有利。

3）编制差量损益分析表，如表 5-12 所示。

表 5-12　差量损益分析表　　　　　　　　　　　　　　单位：元

方　案	深加工为乙产品	直接出售甲半成品	差　额
相关收入	45×8000=360000	30×8000=240000	120 000
相关成本	107 000	0	107 000
其中：加工成本	9×8000=72000	0	
机会成本	35 000	0	
差量损益			13 000

由于深加工后再出售乙产品比直接出售甲半成品的利润多 13 000 元，所以企业应进行深加工，而不应该出售甲半成品。

七、产品生产批量决策

生产批量决策是指在企业的生产工序可以正常中断的情况下，在期间生产总量和结构水平均已确定时，研究如何组织生产（表现为期间生产的批次和每一批次的生产批量），既能保证生产经营目标的实现，又能使相关成本总额水平处于最低状态。

（一）相关成本决策

企业生产组织形式所能影响和改变的相关成本，主要包括以下两类。

1. 调整准备成本

调整准备成本是指在每批投产前进行一些调整工作而发生的成本。例如，调整机器、准备工卡模具、布置生产线、下达派工单、领取原材料、准备生产作业记录与成本记录等。这类成本发生与企业生产组织形式中的生产批次相关，对每一生产批次而言，其具有固定成本的性质，但和每次组织生产的批量没有直接关系。

假定企业全年对某产品的生产计划总量为 A，每次生产批量为 Q，每次调整准备成本为 K，那么全年与生产批次相关的调整准备成本总额应为 $\dfrac{A}{Q}K$。

2. 存货储备成本

存货储备成本是指用于生产及销售或领用而形成存货储备所发生的各种变动性储备费用和固定性储备费用。前者如仓储费、搬运费、保险费、占有资金支付的利息等，后者如仓库房屋租金、机械设备的折旧费、维修费、通风照明费等。变动性储备费用与企业存货平均储备量相关，而平均储备量又取决于生产批量的大小，故其与生产组织相关。固定性储备费用与企业生产储备量无关，对生产批量决策而言，是非决策相关成本。

假定企业生产中日产量为 p，日销售量或领用量为 d，单位存货年平均储备费用为 K_c，那么全年与生产批量决策相关的储备成本总额就应为 $\dfrac{Q}{2p}(p-d)K_c$。

（二）最优生产批量确定

从企业生产组织形式所涉及的相关成本内容来看，调整准备成本和储备成本本身是一对相互矛盾、互为消长的关系体。为了降低全年相关的调整准备成本总额，必然会增加每次生产批量，但这种降低是以储备成本的增加为代价的；反之，为了降低全年相关变动性储备成本总额，必然会增加全年生产的批次，这种降低同样也是以调整准备成本的增加为代价的。最优生产批量是指使全年相关储备成本和调整准备成本总和达到最低的生产批次和生产批量。依极值的基本原理，其确定过程如下。

$$\text{TC} = \dfrac{A}{Q}K + \dfrac{Q}{2p}(p-d)K_c \tag{5-5}$$

令 $\dfrac{\mathrm{d}Tc}{\mathrm{d}Q}=0$，则可得

$$Q = \sqrt{\dfrac{2AK}{K_c(1-\dfrac{d}{p})}} \tag{5-6}$$

在已知最优生产批量 Q 的前提下，全年最优批次为

$$\dfrac{A}{Q} = \sqrt{\dfrac{AK_c(1-\dfrac{d}{p})}{2K}} \tag{5-7}$$

将 Q 代入式（5-5）中，全年按 Q 批量组织生产时，其相关调整准备成本和储备成本总额的最优水平为

$$TC = \sqrt{2AKK_c(1-\frac{d}{p})} \tag{5-8}$$

【例5-14】假定光明机械厂全年需要甲产品36 000件，其生产能力为150件/天，每天领用或销售105件，每批调整准备成本为300元/次，单位产品平均变动性储备费用为2元/件。

要求：为该厂全年最优生产批量进行决策分析，并算出全年最优生产批次。

解：1）全年最优生产批量为 $\sqrt{\dfrac{2\times 36000\times 300}{2\times(1-\dfrac{105}{150})}}$ =6000件。

2）最优生产批次为 $\dfrac{36000}{6000}$ =6次。

（三）多种产品生产下的最优生产批量

企业如果使用同一设备生产多种产品，由于每种产品的最优批量在性质上各不相同，因此，首先应依据各种产品的全年需求总量及其相关调整准备成本、储备成本总额之和最小的要求，确定各种产成品共同的最优生产批次。计算公式如下：

$$共同最优生产批次=\sqrt{\dfrac{\sum AK_{ci}(1-\dfrac{d_i}{p_i})}{2\sum K_i}} \tag{5-9}$$

式中，i 代表产品的品种，K_i 代表产品品种生产转化每次所需调整准备成本。

其次确定各种产品最优生产批量，用各产品全年需求总量分别去除共同最优生产批次，公式如下：

$$各产品最优生产批量=\dfrac{各产品全年需求总量}{共同最优生产批次} \tag{5-10}$$

【例5-15】光明企业现有一台设备，分批轮换加工甲、乙两种产品，有关资料如表5-13所示。

表5-13 产品基础资料

项 目	甲产品	乙产品
全年需求量 A（件）	2 400	4 800
每批调整准备成本 K（元）	240	250
单位产品年平均储备成本 K_c（元）	3	4
每日生产量 p（件）	60	30
每日销售量 d（件）	54	24

要求：分别确定甲、乙两种产品的最优生产批量。

解：1）计算共同最优生产批次。

$$最优共同生产批次=\sqrt{\frac{2400\times3\times(1-\frac{54}{60})+4800\times4\times(1-\frac{24}{30})}{2\times(240+250)}}=2.2（批）$$

2）计算各产品最优生产批量。

$$甲产品全年最优生产批量=\frac{甲产品全年需求总量}{共同最优生产批次}=\frac{2400}{2.2}=1091（件）$$

$$乙产品全年最优生产批量=\frac{乙产品全年需求总量}{共同最优生产批次}=\frac{4800}{2.2}=2182（件）$$

第四节 定价决策

一、产品定价的意义

企业的一切生产经营活动，都会直接或间接地受到价格的影响。因此，定价决策是企业生产经营中一个极为重要的问题。定价决策就是为企业生产的产品确定一个合适的价格，使之能够销售出去，以争取最佳预期经营效益的过程。价格定得合理，才能增强产品在市场上的竞争力，以提高企业的赢利水平。价格过高，将会减少销售量，降低市场占有率；价格过低，则应得的经济利益也无法收回，企业便无以自立。因此，定价决策对企业的生存与发展有着重要影响，必须认真地分析与研究，以保证企业的长远利益和最佳经济效益的实现。

二、影响产品定价的因素

（一）商品的价值

商品价格是商品价值的货币表现，商品价值是商品价格的基础。商品价值的大小在很大程度上决定着商品价格的高低，它是影响商品价格变动的最主要因素。

（二）成本的消耗水平

一般而言，成本的消耗水平是影响定价的最基本因素。商品的价格应等于总成本加上合理的利润，否则企业便无利可图。从企业管理和控制的角度来看，企业应根据成本的消耗结构来确定商品的价格，以掌握其赢利状况，避免经营风险。

（三）商品的质量水平

商品的质量水平和商品的价格及企业的销售收入之间存在着密切的关系。商品的质量水平提高后，价格一般就会提高，而且也容易销售。商品的质量水平与价格之间存在着一个理想点，在定价决策中，应该使价格处在其最佳结合点上。

（四）供求关系和价格弹性

供求关系是指一定期间市场上商品供应与商品需求的关系。市场供求关系的变化直接导致产品价格的变动。一般来说，当某产品市场需求量大于供给量时，价格会提高；当市场需求量小于供给量时，价格会下降。

所谓需求价格弹性是指在其他条件不变的情况下，某种商品的需求量随其价格的升降而变动的规律。需求价格弹性大的商品，其价格稍有变动则将引起需求量的大幅度变动；需求价格弹性小的商品，其价格的变动不会引起需求量的明显变动。需求价格弹性的大小是企业管理者制定和调整商品价格的主要依据之一。

（五）国家的价格政策

价格政策是国家管理价格的有关措施和法规，是国家经济政策的重要组成部分。按照价格政策的基本要求，价格和价值应该相符，但在一定时期内，也可以使其相偏离。国家可以通过使价格与价值相偏离的办法，从经济上鼓励或限制某种商品的生产与消费，以调节市场需求状况及其产品结构。同时，国家还会利用生产资料市场、货币市场和关税等，间接地调节和影响价格。因此，企业应全面地了解国家的价格政策，并将其作为制定商品价格的依据。

影响商品定价的因素除上述各点外，还有其他一些，也需要在进行定价决策时予以密切注意。

三、产品定价方法

合理选择定价决策方法，就是为了保证企业有足够的收入补偿已消耗掉的成本并能获得尽可能多的利润，以适应企业生存与发展的需要。但作为定价的基础，则主要有两点。一是以成本作为定价的基础，即企业给有关商品制定价格，主要是以其成本作为客观依据的。这里的成本，既可以是完全成本，也可以是变动成本，还可以是标准成本。二是以市场需求作为定价的基础，即企业给有关商品制定价格，主要是以市场和消费者对特定价格水平的接受程度作为客观依据的。

（一）以市场为导向的理论定价方法

在市场经济中，由于供需规律的作用，企业要想增加销售量，就要降低价格；要想提高价格,就只能减少销售量,提高产品质量。理论上的最优销售价格,既不是水平最高的价格,也不是水平最低的价格,而是能够使销售总收入和销售总成本的差额达到最大值的价格,此时企业获得最大利润。

以市场为导向的定价方法主要包括用于最优售价决策的边际分析法、用于调价决策的利润无差别点法。

1. 边际分析法在最优售价决策中的应用

边际成本,是指在一定业务量基础上增加(或减少)一个单位的业务量所增加(或减少)的成本;边际收入,是指在一定销售量基础上增加(或减少)一个单位的销售量所增加(或减少)的销售收入。

边际收入和边际成本之间存在着一个重要的关系:当边际收入等于边际成本,或边际利润等于零时,企业的总利润最大,这时的销售单价和销售数量就是产品的最优售价和最优销售量。这是因为,当边际收入大于边际成本时,边际利润是正数,企业的总利润就会增加,其增加额等于边际利润的数额;当边际收入小于边际成本时,边际利润是负数,说明增加一个单位产品的成本比其所增加的收入还大,企业的总利润会减少,其减少额等于边际利润的数额(负数)。因此,当边际收入等于边际成本时,也就是边际利润为零时,企业的总利润达到最大。运用边际分析法来确定最优售价的方法有列表法和公式法两种。

(1)列表法

【例5-16】光明企业生产A产品,最大生产能力为400台,该产品原销售单价为9.25万元,可销售180台,其单位变动成本为6万元,固定成本总额为200万元。如果销售单价逐步下降,预计其在不同价格下的销售量、单位变动成本和固定成本总额如表5-14所示。

表5-14 销售单价、销售量、单位变动成本和固定成本总额表　　单位:万元

销售单价(p)	销售量(X)	单位变动成本(b)	固定成本总额(a)
9.25	180	6	200
9	200	6	200
8.75	220	6	200
8.5	240	6	200
8.25	260	6	200
8	280	6	200
7.75	300	6	200
7.5	320	6	200

要求:做出能使企业获得最高利润的最优售价的决策。

解：根据上述资料，可编制边际利润计算表，如表 5-15 所示。

表 5-15　边际利润计算　　　　　　　　　　　　　　单位：万元

销售单价（p）	销售量（X）	销售收入（TR）	边际收入（MR）	总成本（TC）	边际成本（MC）	边际利润（MP）	总利润（P）
9.25	180	1 665	0	1 080	0	0	585
9	200	1 800	135	1 200	120	15	600
8.75	220	1 925	125	1 320	120	5	605
8.5	240	2 040	115	1 440	120	−5	600
8.25	260	2 145	105	1 560	120	−15	585
8	280	2 240	95	1 680	120	−25	560
7.75	300	2 325	85	1 800	120	−35	525
7.5	320	2 400	75	1 920	120	−45	480

本例中，销售单价为 8.75 万元是企业的最优售价，此时企业的最优销售量为 220 台，企业可获利 605 万元。

（2）公式法

公式法是指根据某种产品销售数量和单位销售价格预计或历史数据所建立的产品价格同产销量之间的函数式。公式法以微分极值原理为理论依据，可直接对收入与成本函数求导，计算结果比较准确。但是缺点在于函数关系不容易确定，而且只有微函数才能求导数，对于非连续函数则只能借助于列表法才能求得最优售价。

依据表 5-15 中单位售价与销售量之间的数据关系，建立售价与销量的关系式如下：

$$p=11.5-0.0125X$$

则销售收入如下：

$$TR=pX=(11.5-0.0125X)X=11.5X-0.0125X^2$$

边际收入如下：

$$MR=11.5-0.025X$$

总成本模型如下：

$$TC=a+bX=200+6X$$

边际成本 $MC=6$ 万元，令 $MR=MC$，则 $11.5-0.025X=6$。

可求得最优解，即最优销售量为 $X_0=220$，代入 $p=11.5-0.0125X$，可得最优售价为 $p=8.75$。

2. 利润无差别点法在调价决策中的应用

利润无差别点法是指利用调价后预计销量与利润无差别点销量之间的关系进行调价决

策的一种方法,也称价格无差别点法。

利润无差别点销量是指某种产品为确保原赢利能力,在调价后应至少达到的销售量。公式如下:

$$利润无差别点销售量 = \frac{固定成本 + 调价前可获利润}{拟调单价 - 单位变动成本} \quad (5-11)$$

应用利润无差别点法进行调价决策的判断原则如下:若调价后预计销售量大于利润无差别点销售量,则考虑调价;若调价后预计销售量小于利润无差别点销售量,则不能调价;若调价后预计销售量等于利润无差别点销售量,则调价与不调价的效益一样。

值得注意的是,在此类决策中,需要综合考虑最大生产能力、调价后预计销售量因素,以及是否追加专属成本投入、绝对剩余生产能力能否转移等条件。

【例5-17】光明公司A产品的售价为50元/件时,可销售20 000件,固定成本为200 000元,单位变动成本为30元/件,实现利润200 000元。假定企业现有最大生产能力为35 000件。

要求:利用利润无差别点法评价以下各不相关条件下的调价方案的可行性。

1)若将售价调低为42.5元/件,预计销量可达到34 000件左右;
2)若将售价调低为40元/件,预计销量可达到36 000件左右;
3)若将售价调低为40元/件,预计最大销量可达到45 000件左右,但企业必须追加20 000元固定成本才能具备生产45 000件产品的能力;
4)若调高售价为55元/件,只能争取到14 000件订货(剩余生产能力无法转移);
5)调价水平与销售量同(4),但剩余生产能力可以转移,可获收入75 000元。

解: 1)利润无差别点销售量 $= \frac{200000 + 200000}{42.5 - 30} = 32000$(件)

因为最大生产能力35 000件>预计销售量34 000件>利润无差别点销售量32 000件,所以应考虑调价。

2)利润无差别点销售量 $= \frac{200000 + 200000 + 20000}{40 - 23} = 42000$(件)

因为最大生产能力35 000件>预计销售量36 000件<利润无差别点销售量40 000件,所以不应予以调价。

3)利润无差别点销售量 $= \frac{200000 + 200000 + 200000}{40 - 30} = 42000$(件)

因为最大生产能力和预计最大销售量均为45 000件>利润无差别点销售量42 000件,所以应考虑调价。

4)利润无差别点销售量 $= \frac{200000 + 200000}{55 - 30} = 16000$(件)

因为预计销售量14 000件<利润无差别点销售量16 000件,所以不应予以调价。

5）利润无差别点销售量=$\dfrac{200000+200000-75000}{55-30}$=13000（件）

因为预计销售量 14 000 件>利润无差别点销售量 42 000 件，所以应考虑调价。

（二）以成本为导向的定价方法

如果企业管理者缺乏足够的资料去了解其面临的市场结构，那么在产品定价决策时，首先考虑的是能收回成本，其次是能够保证其投资的预期收益率，这种方法称为成本加成定价法。实务中，有时利用完全成本法提供的成本资料，有时利用变动成本法提供的成本资料，进行成本加成定价。

1. 以完全成本为定价基础

完全成本定价法是指在完全成本基础上，预计某种产品的总成本加上一定比例的目标利润，作为确定销售价格的依据。

完全成本定价法的基本公式如下：

$$\text{单位价格}=\dfrac{(\text{预计总成本}+\text{目标利润})}{\text{预计产销量}} \quad (5\text{-}12)$$

若企业追求的是投资报酬，则公式变为如下形式：

$$\text{单位价格}=\dfrac{(\text{预计总成本}+\text{投资额}\times\text{预期投资报酬率})}{\text{预计产销量}} \quad (5\text{-}13)$$

若企业追求的是成本利润率，则公式为如下形式：

$$\text{单位价格}=\dfrac{\text{预计总成本}\times(1+\text{预计成本利润率})}{\text{预计产销量}} \quad (5\text{-}14)$$

【例5-18】光明企业生产甲产品的单位变动成本为50元/件，2011年预计生产量为20 000件，目标利润为60 000元，固定成本为120 000元。

要求：据此确定甲产品的保利销售单价。

解：

$$\text{单位价格}=\dfrac{(\text{预计总成本}+\text{目标利润})}{\text{预计产销量}}$$

$$=\dfrac{(120000+20000\times 50+60000)}{20000}$$

$$=59（\text{元}/\text{件}）$$

以完全成本法为基础的定价方法具有以下优点：销售单价代表了企业产品生产对长期生产资源的消耗利用的补偿，符合长期经营利益；成本计量上强调固定成本合理分配，从而在价格政策制定、管理、协调上，能通过价格形成机制，以防止采用不正当价格政策来形成经营垄断，便于企业之间的公平竞争。

其不足之处是：未考虑企业产品生产对当前资源的充分利用，在销售单价制定上未能充分考虑闲置生产资源的利用,从而使企业丧失应得的短期经营收益。

2. 以变动成本为定价基础

变动成本定价法是指在变动成本基础上,预计某种产品的变动成本加上一定比例的贡献毛益,作为确定销售价格的依据。计算公式如下:

$$某产品销售单价 = \frac{预计单位变动成本}{变动成本率} = \frac{预计单位变动成本}{1-贡献毛益率} \quad (5-15)$$

用变动成本定价方法定价十分方便,临时接受订货时,常常采用这种方法。

四、特殊定价决策

企业在满足正常渠道的销售后,生产能力尚有剩余,有时会遇到一些出价特别低的订货。由于这些订单的价格一般低于正常生产产品的售价,有时甚至低于产品的制造成本,因此就需要运用一定的方法,根据具体情况做出正确的分析判断。

(一) 简单条件下的决策

如果接受订货不会影响正常的生产任务(正常订货),又不需要追加专属固定成本,而且剩余生产能力无法转移,那么只要特殊订货的价格高于产品的单位变动成本,就应该接受该特殊订货。因为此特殊订货是在利用企业的剩余生产能力。企业在正常销售中创造的贡献毛益已全部补偿了固定成本,特殊订货不再需要负担固定制造成本,在决策时可利用贡献毛益指标作为选择的标准。

【例 5-19】假定光明企业现有生产能力为 8 000 件,正常售价为 300 元/件,正常产销量为 6 500 件,有关成本资料如下:

直接材料	120 元
直接人工	75 元
制造费用	
变动制造费用	15 元
固定制造费用	30 元
单位制造成本	240 元

现有客户报价 225 元/件,订货 1 500 件。

要求:对是否接受这份特殊订单进行决策分析。

解:采用贡献毛益分析法分析如下。

单价	225 元
单位变动成本	210 元
单位贡献毛益	15 元

订货量　　　　　　　　1 500 件
贡献毛益总额　　　　　22 500 元

由于该批订货可产生 22 500 元贡献毛益，所以接受订货可使企业增加收益 22 500 元。

（二）复杂条件下的决策

1. 接受特殊订货冲击正常订货时

如果接受订货必须减少原来正常订货的产量，剩余生产能力无法转移，那么，应将由此而减少的正常贡献毛益作为接受特殊订货的机会成本。只要特殊订货的贡献毛益总额能补偿这部分机会成本，就可以接受订货，即接受订货的条件是：特殊订货的贡献毛益总额大于机会成本。

2. 接受订货需要增加专属成本时

如果接受订货需要增加专属成本，剩余生产能力无法转移，那么，只要特殊订货的贡献毛益总额大于专属固定成本就可接受订货，即接受订货的条件是：特殊订货的贡献毛益总额大于专属固定成本。

3. 接受订货既需要增加专属固定成本，又存在机会成本时

如果接受订货既需要增加专属成本，剩余生产能力又可以移做他用，那么，应综合考虑接受特殊订货带来的相关损益是否大于不接受订货的相关损益。如果接受订货的相关损益大于拒绝订货的相关损益，则接受订货；否则，不接受订货。

【例 5-20】光明企业本年根据正常订货确定产量为 1 000 件 A 产品，正常价格为 80 元/件。A 产品的有关成本资料如表 5-16 所示。

表 5-16　A 产品成本资料（产销量：1 000 件）

成本项目	总成本（元）	单位成本（元）
直接材料	24 000	24
直接人工	12 000	12
变动制造费用	4 000	4
固定制造费用	12 000	12
合计	52 000	52

现在有客户向该企业追加订货 200 件 A 产品，特殊订价为 50 元/件。

要求：就下面各种情况做出是否接受此项特殊订货的决策。

1）企业最大生产能力为 1 200 件，剩余生产能力无法转移，追加订货不需要增加专属固定成本；

2）企业最大生产能力为 1 160 件，剩余生产能力无法转移，也不需要增加专属固定成本；

3）企业最大生产能力为 1 180 件，剩余生产能力可以对外出租，可获得租金收入 500 元，接受追加订货需要增加专属固定成本 1 100 元。

解：决策过程及结果如下。

1）因为特殊订货价格为 50 元/件，大于单位变动成本 40(24+12+4)元/件，所以可以接受此项订货，可多获利 2000(50×200−40×200)元。

2）因为企业的最大生产能力为 1 160 件，如果接受订货，就必须将正常产量减少 40 件，因此接受订货存在机会成本 1600(40×40)元。接受订货带来的贡献毛益总额为 2000(10×200)元，大于机会成本 1 600 元，所以应该接受特殊订货，可多获利 400 元。

3）用相关损益分析法进行分析，如表 5-17 所示。

表 5-17 相关损益分析表　　　　　　　　　　　　单位：元

项　目	接受特殊订货	拒绝特殊订货并将设备出租
相关收入	50×200=10000	500
相关成本	9 100	0
其中：增量成本	40×180=7200	0
专属固定成本	1 100	0
机会成本	40×20=800	—
相关损益	900	500

由上述分析可知，接受订货相关损益大于拒绝订货并将设备出租的相关损益，所以应该接受订货，这样可以多获利 400 元。

五、产品定价策略决策

产品定价策略是指企业为实现总体目标，根据企业的经营战略方针和影响产品价格的因素变化情况，制定与价格水平及其浮动幅度相关的行动方针和方法。

（一）新产品定价策略

新产品是指市场上从未出现过或企业从未生产与销售过的产品。

企业管理者在为新产品定价时，除了借助于科学计算、采用各种最佳定价方法外，还应该根据市场和产品的情况，随机应变、灵活掌握、利用种种策略和技巧，扩大销售，以实现自己的预期定价目标。新产品定价常用的策略有两种：一种是撇脂定价策略，另一种是渗透定价策略。

1. 撇脂定价策略

撇脂定价策略是指将新产品投放市场初期的价格定得较高，以保证初期的高额利润，随着市场销售量的提高和竞争加剧,再逐步降低价格的方法。这种策略也称先高后低策略。

撇脂定价策略能保证企业在试销初期即可获得高额利润,在较短时期内收回成本,并可获得开拓市场所必需的资金。但新产品初期的丰厚利润会迅速引来竞争,加速产品生命周期的缩短,高价不能持久。所以,这是一种短期的定价策略,多适用于初期没有竞争对手、容易开辟市场且弹性较小、不易仿制的新产品。

2. 渗透定价策略

渗透定价策略是指将新产品投放市场初期的价格定得较低,以争取顾客,迅速打开市场销路,树立信誉,赢得竞争优势后,再逐步提高价格的方法。这种策略又称先低后高策略。

渗透定价策略尽管在试销初期利润不大,但它能有效地排除竞争,有利于企业长期占据市场,能持久地为企业带来日益增长的经济效益。这是一种着眼于长期利益的定价策略,多适用于那些同类产品差别不大但需求弹性较大、易于仿制、市场前景光明的新产品。

(二)心理定价策略

心理定价策略是指充分利用消费者的心理特点进行的产品定价。一般有以下几种。

1. 零数定价策略

零数定价策略是指利用人们的实惠心理和认为零数价格比整数价格便宜的心理错觉而采取的定价策略。例如,一件商品的价格可在 9.9 元至 10 元的范围内确定,则应尽量把价格确定在零数上(如 9.95 元),而不是 10 元的整数上。零数定价策略适用于价格低廉的商品。

2. 整数定价策略

整数定价与零数定价相反,是把价格定在整数上。它是利用人们认为物有所值或惜时心理而采取的定价策略。整数定价会使消费者产生质量高、性能可靠的感觉,因此高档、名牌、耐用商品宜采用整数定价。同时,在时间紧迫或休闲场所,如车站商店、影剧院等都可采用整数定价策略。

3. 声望定价策略

声望定价策略是利用人们的信誉心理和自尊心而采取的定价策略。企业的产品在市场竞争中获得一定的商业信誉后,即可利用人们对产品的信任感采用高价策略,维护产品的声望。此外,为满足消费者对声誉特别卓著的产品的炫耀消费心理,也应采用特殊高价策略。

(三)折扣定价策略

折扣定价策略是指在一定条件下,通过降低商品的销售价格来刺激购买者,从而达到扩大商品销量目的的定价策略。一般分为以下几种。

1. 数量折扣

数量折扣是指按购买数量的多少给予的价格折扣,购买数量越多,则折扣越大;反之则越小。它鼓励购买者大量或集中向本企业购买产品。

2. 现金折扣

现金折扣是指按购买者付款期限长短给予的价格折扣,其目的在于鼓励购买者经常向本企业采购且尽早付款,加快资金周转速度。

3. 交易折扣

交易折扣是指按各类中间商在商品流通中负担职能的大小所给予的折扣。交易折扣的多少,随行业与产品的不同而不同。对于同一行业或同一品种的产品,则又要依中间商所承担的责任多少而定。一般而言,给予批发商的折扣要比给予零售商的多。

4. 季节性折扣

季节性折扣是指对购买者在商品淡季购买产品时给予的价格折扣。这样做既可以鼓励购买者提早采购,从而减轻企业库存压力;又可以加速资金周转,充分发挥企业的生产能力。

第五节 存货决策

一、存货成本

存货是指企业在生产经营过程中为销售或者耗用而储备的物资,包括材料、燃料、低值易耗品、在产品、半成品、产成品、协作件、商品等。存货决策既要保证生产经营的连续性,又要保证尽可能少地占用经营资金,尽量在各种存货成本与存货效益之间做出权衡,使两者达到最佳结合。

存货成本是指存货所耗费的总成本,是企业为存货所发生的一切支出,主要包括订货成本、采购成本、储存成本、缺货成本等部分。

(一)订货成本

订货成本是指为订购存货而发生的各种成本。其中,一部分是为了维持一定期间的采购能力而发生的相对稳定的成本,称为固定订货成本,用 F_1 表示,如采购机构的管理费、办公费、采购人员工资等;另一部分是与订货次数成正比例变动的成本,称为变动订货成本,如差旅费、邮电费、商品检验费等。设 Q 为每次订货量,每次订货的变动订货成本为

K，则变动订货成本$=\dfrac{D}{Q}K$（若为自制存货，订货成本即指调整准备成本），即

$$\text{订货成本}=F_1+\dfrac{D}{Q}K \tag{5-16}$$

（二）采购成本

采购成本是指由购买存货而发生的买价和运杂费构成的成本。设年需求量为 D，单位采购成本为 U，采购成本$=D\cdot U$（若为自制存货，采购成本即指存货生产成本）。

通常，将存货的订货成本与采购成本之和称为取得成本，即

$$\text{取得成本}=F_1+\dfrac{D}{Q}K+DU \tag{5-17}$$

（三）储存成本

储存成本是指为储存存货而发生的各种成本。其中，一部分在一定时期内与存货储存数量无关、相对稳定的成本，称为固定储存成本，用 F_2 表示，如仓库及设备折旧费、仓库职工的固定工资、办公费等；另一部分是随存货数量成正比例变动的成本，称为变动储存成本，如仓储费、仓库内部搬运费、存货占用资金的利息费用等。设单位储存成本为 K_c，则平均变动储存成本$=\dfrac{Q}{2}\cdot K_c$。

$$\text{储存成本}=\text{固定储存成本}+\text{变动储存成本}$$

$$=F_2+\dfrac{Q}{2}K_c \tag{5-18}$$

（四）缺货成本

缺货成本是指由于存货数量不能及时满足生产和销售的需要而给企业带来的损失。例如，缺货引起的停工损失、产成品库存缺货造成的拖欠发货损失（包括支付的罚金、信誉损失）、失去销售机会损失、因临时采取紧急措施补足缺货而发生的超额费用等。缺货成本大多是机会成本，计量比较困难。缺货成本用 TC_s 表示。

如果用 TC 表示存货的总成本，则其计算公式如下：

$$TC=F_1+\dfrac{D}{Q}K+DU+F_2+\dfrac{Q}{2}K_c+TC_s \tag{5-19}$$

虽然与经济订货量有关的存货总成本等于采购成本、订货成本、储存成本与缺货成本之和，但影响上述成本的因素却很复杂，确定经济订货量绝非易事。企业进行存货决策，就是要在保证生产经营正常进行的情况下，使 TC 值最小。

二、存货决策

存货决策既要保证生产经营的连续性，又要保证尽可能少地占用经营资金，在存货成本与存货效益之间做出权衡。

按照存货管理的目的，需要通过确定合理的进货批量和进货时间，使存货的总成本最低，这个批量称为经济订货量或经济批量。有了经济订货量，就可以很容易地找出最适宜的进货时间。

（一）经济订货量基本模型

经济订货量基本模型需要设立的假设条件如下：
1）企业能够及时补充存货，即需要订货时便可立即取得存货。
2）能集中到货，而不是陆续入库。
3）不可以缺货，即无缺货成本。
4）需求量稳定，并且能预测，即 D 为已知常量。
5）存货单价不变，不考虑现金折扣，即 U 为已知常量。
6）企业现金充足，不会因现金短缺而影响进货。
7）所需存货市场供应充足，不会因买不到需要的存货而影响其他事项。

设立了上述假设后，存货总成本的公式可以简化为如下形式：

$$TC = F_1 + \frac{D}{Q}K + DU + F_2 + \frac{Q}{2}K_C \tag{5-20}$$

当 F_1、K、D、U、F_2、K_C 为常量时，TC 的大小取决于 Q。为了求出 TC 的极小值，对其进行求导，求得每次最优订货量如下：

$$Q^* = \sqrt{\frac{2KD}{K_C}} \tag{5-21}$$

这一公式就是经济订货量的基本模型。按照所求出的每次最优订货量订货，可使存货总成本达到最小值。

根据经济订货量的基本模型，还可推导出其他的一些相关计算公式。

每年最佳订货次数为

$$N^* = \frac{D}{Q} = \frac{D}{\sqrt{\frac{2KD}{K_C}}} = \sqrt{\frac{DK_C}{2K}} \tag{5-22}$$

与批量有关的存货总成本为

$$\text{TC}(Q^*) = \frac{KD}{\sqrt{\frac{2KD}{K_c}}} + \frac{\sqrt{\frac{2KD}{K_c}}}{2} K_c = \sqrt{2KDK_c} \qquad (5\text{-}23)$$

最佳订货周期公式为

$$T^* = \frac{1}{N^*} = \frac{1}{\sqrt{\frac{DK_c}{2K}}} = \sqrt{\frac{2K}{DK_c}} \qquad (5\text{-}24)$$

【例 5-21】 光明企业每年消耗甲材料 6 400 千克,该材料单位成本为 10 元,单位储存成本为 2 元,一次订货成本为 25 元,求该企业的最优订货量、年最优订货次数。

解: 根据已知条件,计算如下。

$$Q^* = \sqrt{\frac{2KD}{K_c}} = \sqrt{\frac{2 \times 6400 \times 25}{2}} = 400 \text{(千克)}$$

$$N^* = \frac{D}{Q} = \frac{6400}{400} = 16 \text{(次)}$$

(二)基本订货模型的扩展

(1)订货提前期

一般情况下,企业的存货不能做到随时补充。因此,不能等到存货用完再去订货,而需要在没有用完时提前订货。在提前订货的情况下,企业再次发出订货单时,尚有存货的库存量,称为再订货点,用 R 表示。再订货点等于交货时间(L)和每日平均需要量(d)的乘积。

$$R = 交货时间 \times 每日平均需要量 = Ld$$

在【例 5-21】中,假设企业订货日至到货日的时间为 8 天,每日存货需 25 千克,那么:

$$R = Ld = 8 \times 25 = 200 \text{(千克)}$$

有关存货的每次订货批量、订货次数、订货间隔时间不变。

(2)陆续供货条件下的经济订货量模型

在基本模型中,假设存货一次全部入库,故存货增加时存量变化为一条垂直的直线。事实上,各批存货可能陆续入库,使存量陆续增加。尤其是产成品入库和在产品转移,几乎总是陆续供应和陆续耗用的。陆续供应条件下存货量波动情况如图 5-4 所示。

图 5-4 中,时间 $[0, t_1]$ 为供货时间,S 为最高存量,t 为一个存货周期。设每批订货数为 Q,每日供货量(供货率)为 p,每日耗用量(耗用率)为 d,则该批货的供货期为 Q/p,供货期内的全部耗用量为 $\frac{Q}{P}d$。由于零件边送边用,所以每批送完时,最高库存量为

$Q-\dfrac{Q}{p}d$,一个订货期内平均存货量为 $\dfrac{1}{2}Q(1-\dfrac{d}{p})$。

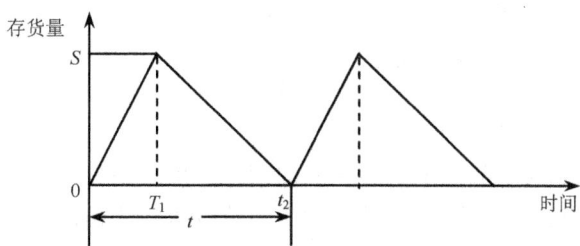

图 5-4　存货量波动

因此,与批量订货有关的总成本如下:

$$TC=\dfrac{D}{Q}K+\dfrac{1}{2}Q(1-\dfrac{d}{p})K_c \quad (5-25)$$

在订货变动成本与储存变动成本相等时,TC（Q）有最小值,故存货陆续供应和使用的经济订货量公式如下:

$$Q^*=\sqrt{\dfrac{2KD}{K_c}\cdot\dfrac{p}{p-d}} \quad (5-26)$$

将式（5-26）代入式（5-25）中,可得存货陆续供应时的最优成本:

$$TC(Q^*)=\sqrt{2KDK_c(1-\dfrac{d}{p})} \quad (5-27)$$

陆续供应条件下的经济订货量模型,可以用于生产批次决策。当企业生产总量确定时,便要解决每年一共生产多少批、每批生产多少的问题。企业生产批次的多少,受两大因素的影响：一是准备成本,即在每批产品生产开始前,通常会发生如清理场地、装置模板、准备生产计划等成本；二是仓储成本,因为生产的产品首先以存货形态存储,这样便会发生仓储成本,如仓储设备、保管人员薪资、存货占用的流动资金利息等。一般而言,每次生产的准备成本是固定的,不以每批产量的多少为转移,亦即年准备成本随生产批数的增加呈直线增加；年仓储成本则随生产批数的变化呈反比例非线性变化。

【例 5-22】光明公司全年需要生产甲产品 18 000 个,每生产一批的准备成本为 60 元,单位产品年仓储成本为 6 元,计划日产量 80 件,日发出量 60 件,计算其最佳生产批量及全年最低相关成本。

解：$Q^*=\sqrt{\dfrac{2KD}{K_c}\cdot\dfrac{p}{p-d}}=\sqrt{\dfrac{2\times 18000\times 60}{6}\times\dfrac{80}{80-60}}=1200$（件）

$$TC(Q^*) = \sqrt{2KDK_c(1-\frac{d}{p})} = \sqrt{2\times 18000 \times 60 \times 6 \times (1-\frac{60}{80})}$$
$$=1800（元）$$

$$生产批数为 \frac{N}{Q^*} = \frac{18000}{1200} = 15（批）$$

（3）有数量折扣的存货决策

为了鼓励购买者多购买商品，增加其产品的销量，供应商常常对大量购买商品的购买者实行数量折扣，即当购买者每次购买某种物资的数量达到或超过某一数量界限时，即可享受价格优惠。

对于购买方而言，实行数量折扣制度，可以获得商品降价方面的经济利益，但同时也存在着增加储存费用、积压资金和多支付利息等不利因素。因此，决策者应全面权衡接受数量折扣的利弊得失，制定正确的存货数量折扣决策。

在有数量折扣的存货决策中，订货成本、储存成本和采购成本都是订购批量决策中的相关成本。在决策中一般采用比较成本的方法，即对接受数量折扣条件下的存货总成本和不接受数量折扣、仅按经济订货量购货的存货总成本进行比较，从中选取存货总成本低的方案。

【例5-23】假设光明企业全年需要用 A 零件 5 500 个，每个零件的买价为 20 元，每次的订购成本为 40 元，每个零件的年储存成本为 4 元。零件供应商规定，若每次订货量达到 500 个，可获得 2% 的价格优惠。

要求：要使存货总成本最低，确定该企业是否应该接受数量折扣。

解：1）计算没有数量折扣时的经济订货量及此时的存货总成本。

$$Q^* = \sqrt{\frac{2KD}{K_c}} = \sqrt{\frac{2\times 5500 \times 40}{4}} \approx 332（个）$$

此时，零件的总成本应由采购成本、订货成本和储存成本构成。

$$采购成本 = 5500 \times 20 = 110000（元）$$
$$订货成本 = \frac{5500}{332} \times 40 \approx 662.65（元）$$
$$储存成本 = \frac{332}{2} \times 4 = 664（元）$$
$$存货的总成本 = 110000 + 662.65 + 664 = 111326.65（元）$$

2）计算接受数量折扣时的年存货总成本。

$$采购成本 = 5500 \times 20 \times (1-2\%) = 107800（元）$$

$$订货成本 = \frac{5500}{500} \times 40 = 440（元）$$

$$储存成本 = \frac{500}{2} \times 4 = 1000（元）$$

$$存货的总成本 = 107800 + 440 + 1000 = 109240（元）$$

计算结果表明，企业接受数量折扣时，购买零件的总成本比不接受数量折扣时购买零件的总成本要低 2086.65(111326.65-109240)元，所以企业应该接受数量折扣的方案。

在实际工作中，供货商常常就同种存货规定了若干种数量折扣。此时，购买者应通过对不同的"价格—订购数量"组合的存货总成本的比较，选择总成本最低的方案作为最优的数量折扣决策方案。

（4）建立保险储备

在实际的生产经营过程中，许多不确定因素的存在，会对经济订货量的计算带来不同的影响。一方面，在订购某种物资时，由于其实际订购期间大于预定订购期间，致使交货时间不确定；另一方面，在生产经营过程中，对某物资的实际消耗量大于预定消耗量，以致出现需求的不确定。这些不确定因素的存在，都有可能造成缺货和供货中断。为了防止由此造成的损失，必须根据不同情况多储备一些存货，以备应急之需，此即为保险储备或安全存量。这些存货在正常情况下一般不动用，只有当送货期推迟或过量消耗时才动用。保险储备可用图 5-5 来表示。

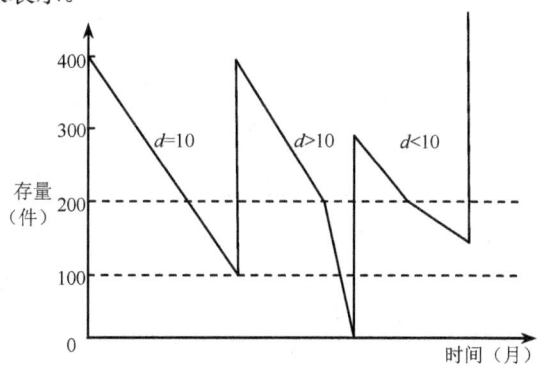

图 5-5　存货保险储备

在图 5-5 中，年需求量（D）为 3 600 件，已知算出的经济订货量为 300 件，每年订货 12 次。又知全年平均日需求量（d）为 10 件，平均每次交货时间（t）为 10 天。为防止需求变化引起缺货损失，保险储备量（B）为 100 件，再订货点 R 由此而相应提高为

R = 交货时间×平均日需求量+保险储备

$= t \times d + B = 10 \times 10 + 100 = 200（件）$

在第一个订货周期内，$d=10$，不需要动用保险储备；在第二个订货周期内，$d>10$，需求量大于供应量，需要动用保险储备；在第三个订货周期内，$d<10$，不仅不需要动用保险储备，正常储备尚未用完，下次订货即已送到。

建立保险储备，可以使企业避免因缺货或供应中断而造成的损失，但存货平均储备量的加大会使储备成本升高。因此，研究保险储备的目的，就是寻求一个使缺货或供应中断损失和储备成本之和最小的保险储备量。

保险储备量的具体计算，通常采用年存货总成本期望值法。具体程序如下：先计算出不同保险储备量的总成本，然后对总成本进行比较，以其中总成本最低的保险储备量为最优。

【例 5-24】 假设某存货的年需求量 $D=3600$ 件，每次订购成本 $K=80$ 元，每件的储存变动成本 $K_c=4$ 元，每件缺货成本 $K_s=8$ 元，正常订购期间每天的正常消耗量为 10 件，正常交货期为 10 天。经测算，该存货在过去一段时间内的实际消耗情况如表 5-18 所示。

表 5-18　存货消耗情况

订货期间实际耗用量（件）	出现次数	概　率	概率累计
40	2	0.04	0.04
50	4	0.08	0.12
60	5	0.10	0.22
70	8	0.16	0.38
80	25	0.50	0.88
90	6	0.12	1.00
合计	50	1.00	—

要求：为使存货成本最低，分析该企业应如何确定存货的最优保险储备量。

解： 第一步，确定该存货的经济订货量（Q^*）和全年可能缺货的次数（N）。

$$Q^* = \sqrt{\frac{2KD}{K_c}} = \sqrt{\frac{2 \times 3600 \times 80}{4}} \approx 379 \text{（件）}$$

该存货全年可能缺货的次数如下：

$$N = \frac{3600}{379} \approx 9 \text{（次）}$$

第二步，确定该存货订购期间的实际平均消耗量 $\bar{d}$。

$$\bar{d} = \frac{40 \times 2 + 50 \times 4 + 60 \times 5 + 70 \times 8 + 80 \times 25 + 90 \times 6}{2 + 4 + 5 + 8 + 25 + 6} \approx 74 \text{（件）}$$

第三步，计算不同保险储备条件下的年存货总成本。

根据有关资料，在建立不同的保险储备时，该存货的可能缺货数量和与之相联系的年存货总成本如表 5-19 所示。

表5-19　不同保险储备量下的年存货总成本

保险储备量（件）	可能缺货量（件）	缺货概率	年缺货成本（元）分项	年缺货成本（元）合计	年储存成本（元）	年存货总成本（元）
0	34	0.04	34×0.04×8×9=97.92	383.04	0	383.04
	24	0.08	24×0.08×8×9=138.24			
	14	0.1	14×0.1×8×9=100.8			
	4	0.16	4×0.16×8×9=46.08			
10	24	0.04	24×0.04×8×9=69.12	178.56	10×4=40	218.56
	14	0.08	14×0.08×8×9=80.64			
	4	0.1	4×0.1×8×9=28.8			
20	14	0.04	14×0.04×8×9=40.32	63.36	20×4=80	143.36
	4	0.08	4×0.08×8×9=23.04			
30	4	0.04	4×0.04×8×9=11.52	11.52	30×4=120	131.52
35	0	0	0	0	35×4=140	140

表 5-19 中的计算结果表明，当该存货的保险储备量为 30 件时，其年存货总成本最低，为 131.52 元。所以，企业应将该存货的保险储备量确定为 30 件。也就是说，在不确定条件下，为了将由缺货而引起的有关存货成本控制在最低限度内，企业管理者在制定存货决策时，必须预先建立合理的保险储备，即在可使年存货总成本保持最低水平的保险储备量的基础上，再确定有关存货的经济订购数量。

案例分析

安徽某厂生产三类产品：刨床、铣床和专用机床。2010 年该厂销售部门根据市场需求进行预测，计划部门初步平衡了生产能力，编制了 2010 年产品生产计划，财会部门打算据此进行产品生产的决策。

该厂多年生产的老产品刨床，由于造价高、定价低，长期亏损。尽管是亏损产品，但是市场上仍有其一定的需求量，为满足市场需要，仍继续生产。财会部门根据产品生产计划预测了成本和利润，如表 5-20 所示。

表 5-20　2010 年成本和利润预测表　　　　　　　　　　　　　　　　单位：万元

产　品	刨　床	铣　床	专用机床	合　计
销售收入	654.6	630.7	138.3	1 423.6
销售成本	681.9	564.5	106.8	1 353.2
销售利润	−27.3	66.2	31.5	70.4

厂长阅读了该表以后，对财会部门提出了这样几个问题：

1）2010 年本厂目标利润能否达到 100 万元？

2）刨床产品亏损 27.3 万元，影响企业利润，可否考虑停产？

带着这些问题，财会部门与销售、生产等部门一起，共同研究，寻找对策。若干天后，他们提出了以下 3 个方案，希望有关专家经过分析比较，确定其中的最优方案。

A 方案：停止生产刨床，按原计划生产铣床和专用机床。

B 方案：停止生产刨床后，根据生产能力的平衡条件，铣床最多增产 40%，专用机床 最多增产 10%。

C 方案：进一步平衡生产能力，调整产品生产计划。该厂铣床系列是最近几年开发的新产品，由于技术性能好、质量高，颇受用户欢迎，目前已是市场供不应求的产品。故根据市场预测，调整产品生产结构，压缩刨床产品生产计划 30%，铣床在原方案基础上可增产 36%。

另外，财会人员运用回归分析法，在计算出单位产品变动成本的基础上，计算出了变动成本占销售收入的比例。在 2009 年的成本资料基础上，考虑到原材料调价因素，其结果如表 5-21 所示。

表 5-21　各产品变动成本占销售收入的比例

产　品	刨　床	铣　床	专用机床
变动成本占销售收入的百分比	70%	60%	55%

要求：分析确定三个方案中哪个最优。

课后复习题

一、简答题

1. 什么是决策？决策可以按照哪些不同的条件进行分类？

2. "为改变企业的亏损状况，凡是亏损的产品均应停产"，这种认识对不对？为什么？

3. 举例说明差别损益分析法在半成品深加工和是否接受低价订货决策中的应用。
4. 定价决策的常用方法有哪些?简要说明其基本特点。
5. 存货决策相关成本及其确认原则是什么?

二、综合题

1. 某公司在产品生产过程中,每个月需要一种零件 12 000 个。该零件如果从外部购买,每件购买价格为 20 元。如果自制该零件,则每件生产成本为 28 元,成本的构成如下:

直接材料	10 元
直接人工	6 元
制造费用	12 元
合计	28 元

制造费用分配率为每小时 6 元,制造这种零件的生产部门每个月正常生产能力为 24 000 小时,每月制造费用预算总额为 144 000 元。其中:

变动制造费用	24 000 元
固定制造费用(专属)	12 000 元
固定制造费用(共同)	108 000 元

要求:

(1)根据上述资料,确定该零件是自制还是外购。

(2)如果外购,用于自制该零件的生产设备可用来加工另外一种产品,该产品每年能为公司提供 180 000 元的贡献毛益,请考虑该零件是自制还是外购。

2. 已知:某公司现具有开发一种新产品的生产经营能力,有关的生产经营能力成本为 20 000 元,现有甲、乙两个新品种可供选择,不需要追加专属成本。已知甲、乙两种产品的单价、单位变动成本和定额设备台时的预测资料如表 5-22 所示。

表 5-22 甲、乙两种产品的预测资料

产 品	甲产品	乙产品
单位售价(元)	120	60
单位变动成本(元)	100	45
单位产品定额台时(小时)	5	3

要求:根据上述资料,做出该公司开发哪种新产品较为有利的决策分析。

3. 某企业生产 A、B、C 三种产品。本年度 C 产品发生亏损,相关资料如表 5-23 所示。

表 5-23 三种产品相关资料

产　　品	A	B	C
销售量（件）	1 000	400	500
销售单价（元）	40	50	120
单位变动成本（元）	18	30	92
固定成本（元）	12 000	6 000	18 000

要求：

（1）假设 C 产品停产后，其生产设备无法移做他用，做出 C 产品的决策分析。

（2）假设 C 产品停产后，其设备可以对外出租，一年可获得租金净收益 18 000 元，C 产品这时是否应停产？

4. 某厂生产的 A 半成品单位售价为 12 元，单位变动成本为 5 元，年产量为 10 000 件。可以将其全部深加工为 B 产品。深加工为 B 产品后，每件售价可增长为 15 元，每件需加工成本 8 元。要求：就以下各不相关的情况，做出 A 半成品是应该直接出售还是应该进行深加工的决策分析。

（1）该厂现已具备深加工 10 000 件 A 半成品的能力，不需要追加专属成本，深加工能力无法转移。

（2）该厂深加工需要租入一台专用设备，年租金为 75 000 元。

（3）该厂只具有深加工 8 000 件 A 半成品的能力，该能力亦可用于对外承揽加工业务，预计一年可获得贡献毛益 50 000 元。

5. 光明公司原来制造甲产品，年设计生产能力为 10 000 件，销售单价为 68 元，其成本数据如下：

直接材料	20 元
直接人工	16 元
制造费用	20 元
其中：变动制造费用	8 元
固定制造费用	12 元
单位成本合计	56 元

该公司现在每年有 35% 的剩余生产能力未被利用。

要求：就以下各不相关的情况做出是否接受特殊价格追加订货的决策。

（1）现有一用户提出订货 3 000 件，每件定价 45 元，剩余能力无法转移，追加订货不需追加专属成本。

（2）现有一用户提出订货 3 500 件，每件定价 46 元，但该订货还有一些特殊要求，需要购置一台专用设备,增加固定成本 2 000 元。

(3) 现有一用户提出订货 4 000 件,每件定价 45 元,剩余能力无法转移。

(4) 现有一用户提出订货 5 000 件,每件定价 56 元,接受订货需要追加专属成本 3 800 元;若不接受订货可将设备出租,可获得租金 1 300 元。

6. 已知光明公司与库存有关的信息如下:年需求量为 30 000 单位(假设每年 360 天),购买价每单位 100 元,库存储存成本是商品买价的 30%,订货成本每次 60 元,公司希望的安全储备量为 750 单位,订货数量只能按 100 的倍数(四舍五入)确定,订货至到货的时间为 15 天。

要求:

(1) 最优经济订货量为多少?

(2) 存货水平为多少时应补充订货?

(3) 存货平均占用多少资金?

第六章
长期投资决策分析与评价

学习目标

1. 了解影响长期投资决策的相关因素；
2. 掌握资金时间价值的含义和计算；
3. 掌握投资方案现金流量的内容和估算；
4. 掌握长期投资决策各评价指标的计算；
5. 熟悉长期投资决策指标的运用。

长期投资决策，西方国家一般称之为资本支出决策。由于这类决策对象通常需要投入大量资金，且投资将在较长时期内持续影响企业的经营，而回收期又长，因而它比短期经营决策具有更大的风险。其决策适当与否，对整个企业能否正常生存与发展有重大而深远的影响。因此，对长期投资决策必须在认真做好分析研究的基础上，正确评价，选择最优方案。

第一节 长期投资决策概述

一、长期投资决策的含义及特点

（一）长期投资决策的含义

投资是企业的一项重要经济活动，直接关系到企业的生存和发展。所谓投资，是指期望在未来一定时期内实现预期收益而在现在进行的资源投入或支出。例如，购买企业债券和股票、购置固定资产、开发研制新产品、更新改造厂房和设备等均属投资行为。

长期投资，是指企业为特定的生产经营目的而进行的为期较长（一般在一年以上）的投资，如用于厂房和设备的新建、扩建和更新，新产品的研制等方面的投资。由于长期投资的支出通常不能用当年产品的销售收入补偿，而是由以后各期的销售收入补偿，因此长期投资又称"资本性支出"。它与那些能由当年产品销售收入补偿的支出完全不同，能由当期销售收入补偿的支出称为"收益性支出"。

长期投资决策，就是对企业长期投资活动所进行的决策。它与短期投资决策相对，是指对那些报酬期限超过一年，并对企业较长时期的收支盈亏产生影响的经济活动做出抉择的计算、比较、分析、判断和选优的过程。其内容一般包括以下几项。

1）固定资产增置与更新的决策，包括固定资产的购置、改建、扩建、更新改造、修理、自制或租赁等方面的决策。

2）产品开发决策，包括对现有产品的改造和开发新产品的决策。

3）资源的开发和利用决策。

4）技术引进决策。

长期投资决策一般包括两层含义。一是投资项目的选择。如果同时有几个投资项目可供选择，则要对不同项目进行比较，从中选出经济效益最佳的项目。二是投资方案的选择。如果所选定的投资项目有几个投资方案可供选择，则要对不同投资方案进行比较，从中选出经济效益最佳的投资方案。由此可以看出，正确地计算和评价投资项目或方案的经济效益，是长期投资决策的核心问题。

长期投资的项目一般以固定资产为主。在管理会计中，长期投资决策主要研究固定资产的投资决策问题。

（二）长期投资决策的特点

长期投资多涉及资金的大量投入，投资回收期长，并且在执行过程中变化的可能性大。由长期投资的特点所决定，这类决策具有较强的复杂性和风险性。正因如此，长期投资决策具有如下特点。

1）长期投资决策的投资数额大。长期投资通常需要投入大量的资金，小到几千元的设备，大到几十亿元、上百亿元的建设项目。这些对企业的财务结构、财务状况以及经营运作都有相当大的影响。

2）长期投资决策的影响时间长。长期投资的回收期长，其回收期都超过一年，有的甚至长达几十年，这样一般的投资就需要几年甚至十几年才能收回。所以，长期投资决策的好坏将影响项目全过程，甚至以后的经营活动。

3）长期投资决策的难度大。这是因为长期投资时间长，在整个投资期内，存在着许多不确定和不稳定因素，会对将来的经营活动产生巨大影响，这样就给长期投资决策增加了难度。在进行决策时，必须仔细论证和科学分析，才能保证决策成功。

4）长期投资决策的风险大。由于长期投资项目发挥作用的时间比较长，而且长期投资项目一旦完成，一般很难再改变，所以如果决策失误，其项目均不易改变用途，出售也困难，变现能力较差。即使决策正确，但由于长期投资往往具有投资额较大、回收期限长的特点，在未来投资报酬、企业经营情况、市场情况均存在许多不确定性因素的情况下，也要承担较大的风险。

二、长期投资决策的意义

长期投资决策对于保持和提高企业生产经营能力、长期获利能力具有决定性的作用。

长期投资决策主要用于规划企业未来发展方向与经营规模，其将对企业产生重大的影响。正确的长期投资决策，可以为企业带来大量的收入，有助于企业生产经营长远规划的实现，从而使企业在未来保持良好的经营状态和赢利能力。由于未来收益的不确定，长期投资决策的风险非常大。一旦项目决策错误，就会对企业的财务状况和未来生存发展产生严重的影响，甚至彻底毁灭一个企业，导致企业破产。

长期投资决策改变企业未来的成本结构，影响企业未来的经济效益。由于长期投资决策的效用是长期的，势必会影响企业未来的成本和效益。例如，投资购买一项先进的机器设备，必然会降低未来产品的加工成本。如果投资失败，企业将承担该项设备的购置成本。再如，若投资规模过大，会产生不必要的高额折旧和其他费用。此外，由于未来因素的不确定性，投资项目在未来较长的效用期间所承担的风险也比较大。

长期投资决策活动是企业、政府乃至国家进行各项长期投资、项目选定中所必不可少的工作。长期投资决策直接影响着企业未来的长期效益与发展。正确的投资决策将会对企业的经营产生长期、持续、积极的影响；反之，决策失误，轻者会使企业长期蒙受巨大损失，重者会将企业推向绝境。不仅如此，有些长期投资决策还会影响国民经济建设，甚至影响全社会的发展。

长期投资决策大多属于战略性决策，而战略上的决策失误，战术上（生产经营）无论怎样努力也是难以弥补的，因此必须十分重视决策的科学化，绝不能凭主观武断，轻率拍板。对长期投资决策必须更加审慎，要在认真调查研究的基础上，根据客观形势的变化，提出各种可行的备选方案，并要充分利用会计核算资料和有关信息资料，利用各种专门方法，对各备选方案进行科学的测算和缜密的分析比较，从中选出最优决策方案。

搞好长期投资决策，有助于提高管理者的管理水平以及科学的工作态度，能保证投资的效益最优，减少经济损失。

第二节 资金时间价值

一、资金时间价值的含义

资金时间价值，是指资金经历一定时间的投资和再投资所增加的价值，也称货币的时间价值。具体表现为同一数量的货币在不同的时点上有不同的价值。众所周知，在市场经济条件下，即使不存在通货膨胀，等量资金在不同时点上的价值也不相等，今天的 1 元钱和将来的 1 元钱不等值，前者要比后者的经济价值大。资金在使用过程中随时间的推移而发生的增值，即为资金的时间价值。例如，现在存入银行 100 元钱，假设存款利率是 2%，则一年后的本利和为 102 元。随着时间的延长，产生了 2 元的增值，这 2 元就是 100 元在一年时间里产生的时间价值。可见，资金时间价值所代表的是没有投资风险和通货膨胀情况下的货币随时间的增值。

资金的时间价值是其在周转使用中产生的，是资金的所有者让渡资金经营权而参与社会财富分配的一种形式。通常情况下，资金的时间价值被认为是在没有风险和通货膨胀条件下的社会平均资金利润率。资金的时间价值通常有两种表示方式：一种是用绝对数表示，即资金时间价值总额，指的是货币在生产经营过程中产生的增值额；另一种是用相对数表示，即资金时间价值率，是指不包括风险价值和通货膨胀因素的平均投资利润率或平均投资报酬率。实务中，常常用相对数即银行存款利率、贷款利率、各种债券利率、股票的股利率来表示，但值得注意的是这些利率与资金的时间价值是有区别的，因为这些利率除了包括资金时间价值外，还包含了通货膨胀因素和投资风险价值。因而，不能将资金时间价值与利率混为一谈。只有在购买国库券等政府债券时，由于几乎没有风险，如果通货膨胀率很低的话，则政府债券利率可视同资金的时间价值。

二、资金时间价值的计算

应用资金时间价值，首先要理解两个基本的财务术语：终值和现值。所谓终值，就是指现在的一定量货币在将来某一特定时间的价值，它包括本金和时间价值，既通常所说的"本利和"；而现值是指将来某一特定时间的一定量的货币相对于现在的价值是多少，即将来扣除时间价值后剩下的"本金"。

资金时间价值的大小取决于货币数量的多少、占用时间的长短、收益率的高低等因素。其中按利息部分是否计息，资金时间价值的计算分为单利和复利两种；按确定的可比基准日的不同，又分为现值、终值和年金三种。

(一) 单利终值和现值的计算

单利是指只按本金计算利息而利息部分不再计息,即每期计算利息时都以本金作为计算的基础,前期的利息不计入下期的本金的一种方法。

1. 单利终值的计算

单利终值指的是一定数量的货币在若干计息期后按单利计算利息的本利和。其计算公式如下:

$$F=P\times(1+i\times n) \qquad (6\text{-}1)$$

式中,F 为单利终值(本利和);P 为现值(本金);i 为利率;n 为计息期数。

式(6-1)中每期利息为 $P\times i$,则计息期后的利息总和为 $P\times i\times n$,因此 n 期后的单利终值(本利和)为 $P+P\times i\times n = P\times(1+i\times n)$。

【例 6-1】假设现值(本金)为 1 000 元,年利率为 5%,试分别计算第一、第二、第三年末的终值(本利和)。

解:计算如下。

一年后的终值(本利和)=1000×(1+5%×1)=1050(元)

二年后的终值(本利和)=1000×(1+5%×2)=1100(元)

三年后的终值(本利和)=1000×(1+5%×3)=1150(元)

2. 单利现值的计算

单利现值指的是针对未来某一时间收到或付出的货币,按单利法求出它的现在价值(本金)。由终值求现值称为贴现或折现。贴现利率称为贴现率。单利现值的计算公式可从单利终值的计算公式推导得出:

$$P=F\times[1\div(1+i\times n)] \qquad (6\text{-}2)$$

式中,P 为现值(本金);F 为单利终值(本利和);i 为利率;n 为计息期数。

【例 6-2】年利率为 4%,试分别计算第一、第二、第三年年末的 10 000 元的现值。

解:计算如下。

第一年年末 10 000 元的现值=10000×[1÷(1+4%×1)=9615(元)

第二年年末 10 000 元的现值=10000×[1÷(1+4%×2)=9259(元)

第三年年末 10 000 元的现值=10000×[1÷(1+4%×3)=8929(元)

(二) 复利终值和现值的计算

复利是指按本金计算利息,每期产生了利息并入本金一起参与计算下一期利息,即每期计算利息时都以前一时期的本利和作为计息的基础,前期的利息计入下期的本金的一种方法。按照这种方法,要将所生利息加入本金再计算利息,逐期滚利,俗称"利滚利"。根据国际惯例,现代财务管理中一般用复利方式计算终值和现值。

1. 复利终值的计算

复利终值是指现在一定数量的本金（现值）按复利计算将来若干期后的本利和（终值）。复利终值的计算公式如下：

$$F = P \times (1+i)^n \tag{6-3}$$

式中，F 为复利终值（本利和）；P 为现值（本金）；i 为利率；n 为计息期数。

$(1+i)^n$ 是利率为 i，计息期数为 n 的复利终值系数，或称为 1 元的复利终值，用 $(F/P, i, n)$ 表示。所以，复利终值的计算公式又可表示为如下形式：

$$F = P \times (F/P, i, n) \tag{6-4}$$

复利终值计算公式的推导过程如下。

第一期：$F_1 = P(1+i)$

第二期：$F_2 = P(1+i)(1+i) = P(1+i)^2$

第三期：$F_3 = P(1+i)^2(1+i) = P(1+i)^3$

……

第 n 期：$F_n = P(1+i)^n$

在实际工作中，复利终值系数并不需要每次都重新计算，而是可以利用事先编制好的复利终值系数表，根据利率和期数从表中直接查找使用。

【例 6-3】 某企业于 2010 年 1 月 1 日从银行获得贷款 50 万元，贷款年利率为 10%，按年计算复利，该贷款满 3 年后一次还本付息。要求计算三年后应偿还的本利和。

解： 计算复利制下的本利和就是求复利终值。已知本金 50 万元，年利率 10%，贷款期限为 3 年，即 $P=50$，$i=10\%$，$n=3$，可得

$$F_3 = 50 \times (1+10\%)^3$$

查利率为 10%、期数为 3 的复利终值系数，得到的结果为 1.331 0。

$$F_3 = 50 \times 1.331\ 0 = 66.55（万元）$$

通过计算可知，3 年后应偿还的本利和为 66.55 万元。

2. 复利现值的计算

复利现值与复利终值相对，它是指以后某一特定的时间收到或付出的一笔款项按复利贴现率计算的现在价值（本金）。或者是为取得将来某一时间特定的本利和所需要的现在价值（本金）。

复利现值的计算公式如下：

$$P = F \times [1 \div (1+i)^n] \tag{6-5}$$

式中，P 为复利现值；F 为 n 期后收到或付出的货币量（终值）；i 为贴现率；n 为贴现期数。

$1\div(1+i)^n$ 是复利现值系数，或称为 1 元的复利现值，用 $(P/F, i, n)$ 表示。因此，复利现值的计算公式又可表示为如下形式：

$$P=F\times(P/F, i, n) \tag{6-6}$$

同样，为了简化计算，可事先编制复利现值系数表以供查找相应的复利现值系数。

【例6-4】 某企业准备在 5 年后投资 1 000 万元建一条生产线，现在拟存入银行一笔钱，5 年后连本带利恰好能取出 1 000 万元，银行年利率为 15%，每年计一次复利。要求计算现在需要一次存入银行的本金。

解： 此例就是求复利现值，已知 F_n=1000，i=15%，n=5，则

$$P=1000\times\frac{1}{(1+15\%)^5}$$

查利率 15%、期数为 5 的复利现值系数为 0.497 2。

$$P=1000\times0.4972$$
$$=497.2（万元）$$

现在应一次存入银行的本金为 497.2 万元。

3. 名义利率与实际利率

复利的计息期不一定总是一年，有可能是季度、月度或日。当利息在一年内要复利几次时，给出的年利率叫做名义利率。将名义利率换算成复利计息的年利率，即为实际利率。

假设 i 表示名义利率，r 表示实际利率，N 表示每年复利次数，则名义利率和实际利率之间的关系可表示为

$$1+r=\left(1+\frac{i}{N}\right)^N$$

即

$$r=\left(1+\frac{i}{N}\right)^N-1 \tag{6-7}$$

【例6-5】 本金为 1 000 元，投资期为 5 年，年利率是 8%，每季度复利一次，则名义利率 i=8%，每年复利次数 N=4，实际利率 r=(1+8%/4)^4-1=8.24%，可得

$$F=1000\times(1+8.24\%)^5=1000\times1.486=1486（元）$$

（三）年金终值和现值的计算

在现实经济生活中，除上面介绍的一次性收付款项之外，还存在一定时期内多次收付的款项，即系列收付的款项。如果每次收付的间隔时间和金额相等，则这样的系列收付款项便称为年金。简言之，年金是指定期等额的系列收支，是每隔一定相同时期（一年、半年、一季等）收入或支出相等金额的款项，通常记为 A。

年金的年是指收到或付出款项的期次,并非一定是一年,也可以是一个月或一个季度。年金在企业生产经营和人们的日常生活中都很常见,如企业分期付款赊购、分期偿还贷款、发放养老金、零存整取或整存零取等都属于年金问题。

年金按其每次收付发生的时点不同,可分为普通年金、预付年金、永续年金和递延年金等几种形式。

1. 普通年金

普通年金又称后付年金,是指在一定时期内每期期末等额收付的系列款项。

（1）普通年金终值的计算

普通年金终值是指一定期间内每期期末等额的系列收付款项的复利终值之和,如零存整取的本利和。

假设每期等额收款或付款额为 A,利率为 i,年金终值为 F,则普通年金终值的计算公式为

$$F = A \times \frac{(1+i)^n - 1}{i} \qquad (6\text{-}8)$$

式中,F 为普通年金终值;A 为普通年金;i 为利率;n 为期数。

$\frac{(1+i)^n - 1}{i}$ 称为普通年金终值系数,记为 $(F/A, i, n)$。因此,普通年金终值的计算公式又可表示为

$$F = A \times (F/A, i, n) \qquad (6\text{-}9)$$

【例6-6】某人每年年末存入银行5 000元,年利率为8%,5年后一次性取出,问可得多少元?

解：

$$F = 5000 \times \left[\frac{(1+8\%)^5 - 1}{8\%} \right]$$

$$= 5000 \times (F/A, 8\%, 5)$$

$$= 5000 \times 5.8666 = 29333（元）$$

（2）偿债基金的计算

偿债基金是指为使年金终值达到既定金额,每年应支付的年金数额。

偿债基金的计算是已知年金终值求年金,它是年金终值计算的逆运算。

根据年金终值的计算公式,可推导出偿债基金的计算公式为

$$A = \frac{F}{\frac{(1+i)^n - 1}{i}} = F \times \frac{i}{(1+i)^n - 1} \qquad (6\text{-}10)$$

式中,$\frac{i}{(1+i)^n - 1}$ 是年金终值系数的倒数,称为偿债基金系数,记为 $(A/F, i, n)$。偿债基金

系数可以制成表格备查,也可根据年金终值系数求倒数确定。

【例6-7】某人准备五年后还清10 000元债务,打算从现在起每年末等额存入银行一笔资金。银行存款利率为10%,每年计一次复利。要求计算每年末应等额存入银行的资金。

解:此例是已知年金终值求年金,也就是求偿债基金。

已知 $F=10000$,$i=10\%$,$n=5$,则

$$A = \frac{10000}{\frac{(1+10\%)^5-1}{10\%}} = 10000 \times \frac{1}{(F/A, 10\%, 5)}$$

查年金终值系数表,可知利率10%、期数为5的年金终值系数为6.105。

$$A = 10000 \times \frac{1}{6.105}$$
$$\approx 1638 \text{（元）}$$

因此,每年年末存入1 638元,就能够保证在第五年年末一次取出10 000元,用来还清债务。

(3) 普通年金现值的计算

普通年金现值是指为在每期期末取得相等金额的款项,现在需要投入的金额。普通年金没有第一期期初的收付款,而有各期期末的收付款。普通年金现值的计算公式为

$$P = A \times \frac{1-(1+i)^{-n}}{i} \tag{6-11}$$

式中,P 为普通年金现值;A 为普通年金;i 为利率;n 为期数。

$\frac{1-(1+i)^{-n}}{i}$ 称为普通年金现值系数,记为 $(P/A, i, n)$。因此,普通年金现值的计算公式又可表示为

$$P = A \times (P/A, i, n) \tag{6-12}$$

为了简化计算,可事先编制年金现值系数表用以查找相应的年金现值系数。

【例6-8】某人出国四年,请你代付房租,每年租金65万元,假定银行存款利率为10%,每年计一次复利。问他应当现在给你在银行存入多少钱?

解:这是求年金现值问题。

已知 $A=65$,$i=10\%$,$n=4$,则

$$P = 65 \times \frac{1-(1+10\%)^{-4}}{10\%} = 65 \times (P/A, 10\%, 4)$$

查年金现值系数表,可知利率10%、期数为4的年金现值系数为3.17。

$$P = 65 \times 3.17$$
$$= 206.05 \text{（万元）}$$

（4）年资本回收额的计算

资本回收是指在给定的年限内等额回收初始投入的资本或等额清偿初始所欠的债务，这里的等额款项为年资本回收额。年资本回收额的计算是年金现值计算的逆运算。其计算公式如下：

$$A = P \times \frac{i}{1-(1+i)^{-n}} \quad (6\text{-}13)$$

式中，$\frac{i}{1-(1+i)^{-n}}$ 称为资本回收系数，记为 $(A/P,i,n)$，可直接查阅资本回收系数表或利用年金现值系数的倒数求得。式（6-13）也可写为

$$A = P \times (A/P,i,n) = P/(P/A,i,n) \quad (6\text{-}14)$$

【例 6-9】某公司投资 1 000 万元，款项全从银行借入，借款年利率为 10%，公司要在 5 年内还清贷款本息，每年投资回收额至少是多少？

解：
$$A = 1000 \times \frac{10\%}{1-(1+10\%)^{-5}}$$
$$= 1000 \times 0.2638$$
$$= 263.80（万元）$$

或

$$A = 1000 \times [1/(P/A,10\%,5)]$$
$$= 1000 \times (1/3.7908)$$
$$= 263.80（万元）$$

2. 预付年金

预付年金是指在每期期初支付的年金，又称即付年金或先付年金。预付年金与普通年金的区别仅在于收付时间的不同：前者在期初收付款项，而后者则在期末收付款项。因此，预付年金终值和现值的计算，是在普通年金终值和现值的基础上进行的。

（1）预付年金终值的计算

预付年金终值是指一定期间每期的期初等额的系列收付款项的复利终值之和。显然，预付年金与普通年金相差"一期"，即预付年金比普通年金提前了一期。

其计算公式为

$$F_{预} = A_{预} \times \left[\frac{(1+i)^{n+1}-1}{i} - 1\right] \quad (6\text{-}15)$$

式中，$F_{预}$ 为预付年金终值；$A_{预}$ 为预付年金；i 为利率；n 为期数。

$\left[\frac{(1+i)^{n+1}-1}{i} - 1\right]$ 为预付年金终值系数，记为 $[(F/A,i,n+1)-1]$。因此，式（6-15）又

可表示为

$$F_{预} = A_{预} \times [(F/A, i, n+1) - 1] \tag{6-16}$$

在实际工作中，为了简化计算，可查阅普通年金现值系数表，并做必要的调整而得到预付年金终值系数。n 期预付年金终值与 n 期普通年金终值的收付款项的期数相同，但收付款项的时间不同。由于预付年金较普通年金提前"一期"，所以将普通年金终值系数乘以 $(1+i)$，即可得到预付年金终值系数。

$$\frac{(1+i)^n - 1}{i} \times (1+i) = \frac{(1+i)^{n+1} - 1 - i}{i} = \frac{(1+i)^{n+1} - 1}{i} - 1$$

可以看出将普通年金终值系数的期数加 1，而系数减 1，则得到预付年金终值系数；并且可以利用普通年金终值系数表查（$n+1$）期的值，减去 1 后得到预付年金终值系数。

【例 6-10】 某公司出租一办公楼，每年的年初收取租金 5 000 万元，连续 5 年，若年利率是 10%，则 5 年后该租金的本利和（终值）是多少？

解：首先查 i=10%、n=6 的普通年金终值系数为 7.715 6，在此基础上减 1，则得 i=10%，n=5 的预付年金终值系数为 6.715 6，所以

$$F_{预} = A_{预} \times [(F/A, i, n+1) - 1] = 1 \times [(F/A, 10\%, 6) - 1]$$
$$= 5000 \times 6.7156 = 33578（万元）$$

（2）预付年金现值的计算

预付年金现值是指一定期间每期期初等额的系列收付款项的复利现值之和。n 期预付年金与 n 期普通年金的收付次数相同，但由于收付款项的时间不同，n 期普通年金现值比 n 期预付年金现值要多贴现一期。所以，可先求出普通年金现值，再乘以（$1+i$），就可以求出 n 期预付年金现值。其计算公式为

$$P_{预} = A_{预} \times \left[\frac{1-(1+i)^{-n+1}}{i} + 1\right] \tag{6-17}$$

式中，$P_{预}$ 为预付年金现值；$A_{预}$ 为预付年金；i 为利率；n 为期数。

$\left[\dfrac{1-(1+i)^{-n+1}}{i} + 1\right]$ 称为预付年金现值系数。预付年金现值系数和普通年金现值系数 $\dfrac{1-(1+i)^{-n}}{i}$ 相比，期数要减 1，而系数要加 1，可记为 $\left[(P/A, i, n-1) + 1\right]$。因此，式（6-17）又可表示为如下形式：

$$P_{预} = A_{预} \times \left[(P/A, i, n-1) + 1\right] \tag{6-18}$$

在实际工作中，为了简化计算，可查阅普通年金现值系数表，并做必要的调整而得到预付年金现值系数。

由于预付年金较普通年金提前"一期",所以将普通年金现值系数乘以($1+i$),即可得到预付年金现值系数。

$$\frac{1-(1+i)^{-n}}{i}\times(1+i)=\frac{1+i-(1+i)^{-n+1}}{i}=\frac{1-(1+i)^{-n+1}}{i}+1$$

可以看出将普通年金现值系数的期数减 1,而系数加 1,则得到预付年金现值系数 $[(F/A,i,n+1)-1]$;并且可以利用普通年金现值系数表查 $n-1$ 期的值,加上 1 后得到预付年金现值系数。

【例6-11】某企业租用设备一台,在 10 年中每年年初支付 5 000 元租金,年利率为 8%,问:这些租金的现值是多少?

解:这是计算预付年金现值的问题。

查年金现值系数表,可知年利率 8%、9 期的年金现值系数为 6.247。

$$P=A\times[(P/A,\ i,\ n-1)+1]$$
$$=5000\times[(P/A,\ 8\%,\ 9)+1]$$
$$=5000\times(6.247+1)=36235(元)$$

3. 递延年金

递延年金是指第一次收付款发生时间不在第一期期末,而是隔若干期后才开始发生的系列等额收付款项。它是普通年金的特殊形式,凡不是从第一期开始的普通年金都是递延年金。递延年金的支付如图 6-1 所示。

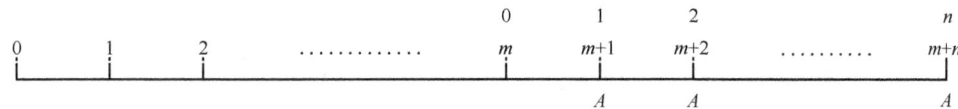

图 6-1 递延年金的支付

(1)递延年金终值的计算

从图 6-5 可知,递延年金只是年金发生的时间向后递延,其年金终值从年金开始发生的那一年开始计算即可,所以递延年金终值的大小与递延期无关,因此其计算方法和普通年金终值的计算方法相同。如果用 m 表示递延期数,共发生了 n 期,则递延年金终值的计算公式如下:

$$F=A\times(F/A,\ i,\ n) \quad (6\text{-}19)$$

(2)递延年金现值的计算

用 m 表示递延期数,共发生了 n 期,第一次发生在($m+1$)期末,递延年金现值的计算有如下两种方法。

第一种方法，假设递延期中也发生相同金额的款项，先求出（m+n）期的年金现值，然后，扣除实际并未发生的递延期（m）的年金现值，就可得到递延年金的现值，其公式表示为

$$P_n = A \times \left[(P/A, i, m+n) - (P/A, i, m) \right] \qquad (6\text{-}20)$$

式中，P_n 为递延期数为 m、共发生了 n 期的递延年金现值；$(P/A, i, m+n)$ 为利率为 i，$(m+n)$ 期的年金现值系数；$(P/A, i, m)$ 为利率为 i，m 期的年金现值系数。

第二种方法，把递延年金视为 n 期普通年金，求出递延期末的现值，然后将此现值贴现到第一期初的现值，其公式表示为

$$P_n = A \times (P/A, i, n) \times (P/F, i, m) \qquad (6\text{-}21)$$

【例 6-12】某企业向银行借入一笔资金，银行贷款利率为 7%，前三年不用还本付息，从第四年至第十年每年年末偿还本息 10 000 元，问这笔资金的现值为多少？

解：这是计算递延年金现值的问题。有两种方法计算递延年金现值。

第一种方法：因为总期数为 10 年，前面间隔期为 3 年，因此递延年金现值系数应是用 10 期普通年金现值系数减去 3 期普通年金现值系数的结果。

递延年金现值计算如下：

$$\begin{aligned}
P &= A[(P/A, i, m+n) - (P/A, i, m)] \\
&= 10000 \times [(P/A, 7\%, 10) - (P/A, 7\%, 3)] \\
&= 10000 \times (7.0236 - 2.6243) \\
&= 43993（元）
\end{aligned}$$

第二种方法：用 7 期的年金现值乘以 3 期的复利现值系数求得。

递延年金现值计算如下：

$$\begin{aligned}
P &= A \times (P/A, i, n) \times (P/F, i, m) \\
&= 10000 \times (P/A, 7\%, 7) \times (P/F, 7\%, 3) \\
&= 10000 \times 5.3893 \times 0.81634 \\
&= 43993（元）
\end{aligned}$$

计算结果与第一种方法的计算结果完全相同。

4. 永续年金

永续年金是指无期限定额收付的年金。例如，优先股的股利、奖学金等，应该无期限地按时等额发放，都属于永续年金。

永续年金没有终止的时间，因而计算其终值没有意义。永续年金现值的计算公式可以通过普通年金现值的计算公式推导得出。

$$P = A \times \frac{1-(1+i)^{-n}}{i} \tag{6-22}$$

当 $n \to \infty$ 时，$\lim\limits_{n \to \infty}(1+i)^{-n} \to 0$，所以上式可写为

$$P = A \times \frac{1}{i} \tag{6-23}$$

【例 6-13】某大学欲设立一项奖学金，每年取出 8 000 元奖励优秀学生，设年利率为 8%，问该大学现在需要筹集并存入银行多少钱？

$$P = A \times \frac{1}{i} = 8000 \times \frac{1}{8\%} = 100000（元）$$

第三节 现金流量及其估算

一、现金流量的概念与构成

在投资决策中，现金流量是指同某一投资方案相联系的、在未来一定时期发生的现金流入和现金流出的数量。现金流量包括现金注入量、现金流出量和现金净流量三个具体概念。

（一）现金流入量

一个投资项目的现金流入量是指某一投资项目所引起的企业现金流入增加的数量，它主要包括以下几部分。

（1）营业现金流入量

营业现金流入量是指项目投产后由于该项目的实施而带来的现金流入量。假定企业产销平衡，销售产品取得的营业收入均能在当年收回现金，这样企业通过该项目投资当年获得的现金流入就等于其全年营业收入。

（2）固定资产回收额

固定资产回收额也称固定资产余值，是指投资项目中的固定资产在项目终结时（即项目终结点）报废清理或中途变价转让处理所收回的价值，即处理固定资产的净收益。

（3）流动资金回收额（收回垫支的流动资金）

流动资金回收额主要是指投资项目完全终结时，因不再发生新的替代投资而收回的原垫付的全部流动资金。

固定资产回收额和流动资金回收额的合计数称为回收额。

（4）其他现金流入量

其他现金流入量指以上三项以外的现金流入项目。

(二)现金流出量

现金流出量是指某一投资项目所引起的企业现金流出增加的数量。它主要包括以下几部分。

(1) 原始投资

原始投资是指任何一个投资项目在初始投资时发生的现金流出量。它一般包括以下几部分。

1) 固定资产投资支出是指房屋、建筑物、生产设备等的购入或建造成本、运输成本、安装成本等。

2) 无形资产投资支出是指外购或自行研发投资项目所需的技术、专利等无形资产发生的投资支出。

3) 流动资产投资支出是指在原材料、在产品、产成品、存货和货币资金等流动资产上的投资。

4) 其他投资支出是指与长期投资项目有关的谈判费、注册费、职工培训费等筹建费用。

(2) 经营成本

经营成本又称付现的营运成本,简称付现成本,它是生产经营阶段最主要的现金流出项目,是需要用现金支付的成本,指不包括固定资产折旧和无形资产的摊销额等非付现成本在内的各项成本费用支出。

付现成本可用营业成本减去非付现成本来估计,即付现成本=营业成本-非付现成本。非付现成本一般包括固定资产的折旧额、无形资产的摊销额等。

在权责发生制下,非付现成本作为一项生产经营费用应计入成本。但实际上,它并不是实际的现金支出,而是以前年度的现金支出在本期的摊销额。因此,在计算现金流出量时,应将其剔除,以客观反映现金流出的情况。

(3) 各项税款

各项税款是指投资项目投产后依法缴纳的、单独列示的各项税款,包括营业税、消费税、所得税等。但一般纳税人企业在价外核算的增值税不包含在此项目中。

(4) 其他现金流出量

其他现金流出量指以上各项以外的现金流出项目。

(三)现金净流量

现金净流量是指一定期间某一投资项目引起的企业现金流入量与现金流出量之间的差额。这里所说的"一定期间"通常是指一年内。

由于现金流入、流出在项目计算期内不同阶段的内容不同,使得各阶段的现金净流量表现出不同的特点。一个可行的投资方案在通常情况下,由于建设期内往往只发生投资即现金流出，因此建设期的现金净流量一般小于或等于零；而在生产经营期内，现金净流量则多为正值。

二、现金流量的估算

预测投资项目的现金流量是投资评价中重要的一步，也是投资项目财务可行性评价必不可少的一环。

实际中，投资项目的现金流量估计是一项十分复杂的工作，而且涉及企业的各个部门，在企业财务部门统一协调的基础上，需要企业各相关部门的通力合作才能完成。

在确定投资方案的现金流量时，应遵循的最基本的原则是：只有增量现金流量才是与项目相关的现金流量。所谓增量现金流量，是指接受或拒绝某个项目投资方案后，企业总的现金流量会因此而发生变动。只有那些由于采纳某个项目引起的现金流出的增加额，才是该项目的现金流出；只有那些由于采纳某个项目引起的现金流入的增加额，才是该项目的现金流入。

1. 建设期的现金净流量计算的简便公式

$$建设期某年的现金净流量 = 该年现金流入量 - 该年现金流出量 \quad (6\text{-}24)$$
$$= -该年的原始投资额$$

2. 生产经营期的现金净流量计算的简便公式

生产经营期的现金净流量即营业现金净流量的计算公式为

$$年营业现金净流量 = 该年现金流入量 - 该年现金流出量$$
$$= 营业收入 - 付现成本 - 所得税 \quad (6\text{-}25)$$

为简化计算，通常将营业成本中的非付现成本用折旧来近似地代替，于是有

$$付现成本 = 营业成本 - 折旧 \quad (6\text{-}26)$$

式（6-24）可进一步推导为

$$年营业现金净流量 = 营业收入 - (营业成本 - 折旧) - 所得税 \quad (6\text{-}27)$$
$$= (营业收入 - 营业成本) + 折旧 - 所得税$$
$$= 税后利润 + 折旧$$

在式（6-24）和式（6-25）的基础上，可推导出如下公式：

$$年营业现金净流量 = (营业收入 - 营业成本) \times (1 - 所得税税率) + 折旧 = (营业收入$$
$$- 付现成本 - 折旧) \times (1 - 所得税税率) + 折旧 = 营业收入 \times (1 - 所得税税率)$$
$$- 付现成本 \times (1 - 所得税税率) + 折旧 \times 所得税税率 \quad (6\text{-}28)$$

3. 生产经营期终结点现金净流量的简化计算公式

$$生产经营终结点现金净流量 = 经营期现金净流量 + 回收额 \quad (6\text{-}29)$$

【例6-14】 三商集团进行一项固定资产投资,在建设起点一次投入2 000万元,无建设期。该项目的生产经营期为10年,该固定资产报废时预计净残值为200万。生产经营期每年预计获得税后利润470万元。固定资产按直线法计提折旧。

要求:计算该项目投资在项目计算期内各年的现金净流量。

解: 固定资产年折旧额=(2000-200)÷10=180(万元)

项目计算期=建设期+生产经营期=0+10=10(年)

$NCF_0 = -2000$(万元)

$NCF_{1-9} = 470 + 180 = 650$(万元)

$NCF_{10} = 650 + 200 = 850$(万元)

【例6-15】 某公司准备购入一设备扩充生产能力。现有甲、乙两个方案供选择。甲方案:投资50 000元,使用寿命5年,无残值,5年中每年销售收入为30 000元,付现成本为10 000元。乙方案:投资60 000元,使用寿命5年,5年后有8 000元残值,5年中每年销售收入为40 000元,付现成本第一年为14 000元,以后随着设备陈旧每年增加修理费2 000元,另外需要垫支流动资金15 000元。两方案均采用直线折旧法计提折旧,设公司所得税税率为25%,试分别计算两方案的现金净流量。

解: 甲方案每年折旧额=50000÷5=10000(元)

乙方案每年折旧额=(60000-8000)÷5=10400(元)

甲方案第一年的税前利润=销售收入-付现成本-折旧
=30000-10000-10000=10000(元)

应交所得税=10000×25%=2500(元)

税后利润=10000-2500=7500(元)

现金净流量=30000-10000-2500=17500(元)

或

现金净流量=7500+10000=17500(元)

乙方案第一年的税前利润=销售收入-付现成本-折旧
=40000-14000-10400=15600(元)

应交所得税=15600×25%=3900(元)

税后利润=15600-3900=11700(元)

现金净流量=40000-14000-3900=22100(元)

或

现金净流量=11700+10400=22100(元)

以此类推,得到甲、乙两方案的现金净流量,如表6-1所示。

表 6-1 现金净流量计算表　　　　　　　　　　　　单位：元

年度	0	1	2	3	4	5
甲方案						
固定资产投资	−50 000					
营业现金净流量		17 500	17 500	17 500	17 500	17 500
全部现金净流量	−50 000	17 500	17 500	17 500	17 500	17 500
乙方案						
固定资产投资	−60 000					
垫支流动资金	−15 000					
营业现金净流量		22 100	20 600	19 100	17 600	16 100
残值						8 000
回收流动资金						15 000
全部现金流量	−75 000	22 100	20 600	19 100	17 600	39 100

第四节　长期投资决策的评价方法

一、长期投资决策评价方法概述

在长期投资决策中，分析和评价备选方案优劣的专门方法很多，大体可以分为以下两类。

一类是结合货币时间价值来决定方案取舍的方法，叫做贴现分析法，亦称折现的现金流量（Discounted Cash Flow Method，DCF）法、动态评价方法。这类方法的基本点是把现金流出量、现金流入量和时间这三个基本因素相互联系起来进行分析评价。在这类方法中最常用的有净现值法、现值指数法和内含报酬率法三种。由于投资决策涉及的时间长，而不同时期的现金流量具有不同的价值，因而采用这类方法时，要先把不同时点上的现金流量折算成同一时点的现金流量，然后再进行比较，这才是比较科学的。

另一类是不考虑货币时间价值来决定方案取舍的方法，叫做非贴现分析法，亦称非折现的现金流量（Non-Discounted Cash Flow Method）法、静态评价方法。这类方法的基本点是把不同时期的现金流量看成等效，它包括投资回收期法，投资利润率法等。应用这类方法对投资方案进行分析评价时，只能起辅助作用。

二、贴现分析法

（一）净现值法

这种方法使用净现值作为评价方案优劣的指标。所谓净现值（Net Present Value，NPV），是指特定方案未来现金流入的现值与未来现金流出的现值之间的差额。

计算净现值的公式为

$$净现值 = \sum_{k=0}^{n} \frac{I_k}{(1+i)^k} - \sum_{k=0}^{n} \frac{O_k}{(1+i)^k} \tag{6-30}$$

式中，n 为投资涉及的年限；I_k 为第 k 年的现金流入量；O_k 为第 k 年的现金流出量；i 为预定的贴现率，即资本成本或要求的必要报酬率。

按照这种方法，所有未来现金流入和流出都要按预定贴现率折算成它们的现值，然后再计算它们的差额。如果净现值大于或等于零，表明该项目的实际报酬率大于或等于预定的贴现率，方案可取。如果净现值小于零，表明该投资项目的实际报酬率小于预定的贴现率，方案不可取。对相互排斥的备选方案进行决策时，如果投资方案的投资额相同，且净现值均大于零，那么净现值最大的方案为最优方案。

投资项目净现值的计算包括以下步骤。

第一，估算投资项目每年的现金流量，包括现金流入量和现金流出量。

第二，选用适当的贴现率，将投资项目各年的折现系数通过查表确定下来。

第三，将各年现金流量乘以相应的折现系数求出现值。

第四，汇总各年现金流量的现值，得出投资项目的净现值。

【例 6-16】某企业拟投资 100 000 元购买设备，有 A、B 两种方案，设备使用年限为 5 年，无残值，必要报酬率为 10%，各年现金净流量如表 6-2 所示。

表 6-2　各年现金净流量　　　　　　　　　　　单位：元

方案	0	1	2	3	4	5
A	-100 000	36 000	36 000	36 000	36 000	36 000
B	-100 000	30 000	30 000	35 000	40 000	45 000

两方案的净现值分别计算如下。

$$NPV_A = 36000 \times (P/A, 10\%, 5) - 100000$$
$$= 36000 \times 3.7908 - 100000$$
$$= 136468.8 - 100000$$
$$= 36468.8（元）$$

$$NPV_B = 30000 \times (P/F, 10\%, 1) + 30000 \times (P/F, 10\%, 2)$$

$$+35000\times(P/F,10\%,3)+40000\times(P/F,10\%,4)$$
$$+45000\times(P/F,10\%,5)-100000$$
$$=30000\times0.9091+30000\times0.8264+35000\times0.7513$$
$$+40000\times0.6830+45000\times0.6209-100000$$
$$=27273+24792+26295.5+27320+27940.5-100000$$
$$=133621-100000=33621（元）$$

A、B 两个投资方案的净现值均为正数，说明两方案的实际报酬率都超过 10%。如果企业的资金成本或要求的必要报酬率为 10%，则这两个方案是有利的，因而是可以接受的；A 方案和 B 方案相比，A 方案更好些。

净现值法是用于评价投资效果最普遍的一种现值分析法，在理论上也比其他方法完善。净现值法主要有以下优点。

1）充分考虑了货币时间价值对未来不同时期现金净流量的影响，较好地反映了各方案投资的经济效果，增强了投资经济性的评价。

2）考虑了投资风险性。折现率的高低与风险有关，风险越大，折现率越高。

3）考虑了项目计算期的全部现金流量，体现了流动性与收益性的统一。

净现值法也有以下缺点。

1）不能从动态的角度直接反映投资项目的实际收益率水平，当各项目的投资规模不同而又均可行时，仅用净现值无法确定投资方案的优劣。因为在一般情况下，规模较大的投资项目的净现值也往往较大，但其效果却未必比规模小而净现值亦小的项目更好。

2）现金流量的估算和贴现率的确定比较困难，而它们的正确性对计算净现值有着重要影响。

3）净现值法计算麻烦，且较难理解和掌握。

（二）现值指数法

这种方法使用现值指数作为评价方案的指标。现值指数（Present Value Index，PI），亦称现值比率、获利指数等，是未来现金流入量的现值与现金流出量的现值的比率。

计算现值指数的公式为

$$现值指数 = \sum_{k=0}^{n}\frac{I_k}{(1+i)^k} \div \sum_{k=0}^{n}\frac{O_k}{(1+i)^k} \qquad (6-31)$$

式中，n 为投资涉及的年限；I_k 为第 k 年的现金流入量；O_k 为第 k 年的现金流出量；i 为资金成本或要求的必要报酬率。

利用现值指数进行投资项目评价的标准是：如果投资方案的现值指数小于 1，则该方案为不可行方案；如果几个方案的现值指数均大于 1，那么现值指数越大，投资方案越好。

但在采用现值指数法进行互斥方案的选择时,其选择原则不是选择现值指数最大的方案,而是在保证现值指数大于 1 的条件下,使追加投资所得的追加收入最大化。

根据表 6-2 中的资料,两方案的现值指数分别计算如下:

$$PI_A = 136468.8 \div 100000 = 1.3647$$
$$PI_B = 133621 \div 100000 = 1.3362$$

A、B 两方案的现值指数均大于 1,表明它们的实际投资报酬率已超过预定的贴现率,两个方案都可以接受。A 方案的现值指数大于 B 方案,表明 A 方案的实际报酬率高于 B 方案。

净现值与现值指数之间有着内在联系:

净现值=0,现值指数=1;

净现值>0,现值指数>1;

净现值<0,现值指数<1。

在原始投资额相等时,净现值法和现值指数法能得出相同的结论。现值指数法适用范围更广,能更正确地反映各投资方案的经济效果。

现值指数法的优缺点与净现值法的优缺点基本相同,但有一个重要区别是,现值指数法可以从静态的角度反映项目投资的资金投入与总产出之间的关系,可以弥补净现值法在投资额不同的方案之间不能比较的缺陷,使投资规模不同的各投资方案可以直接用现值指数进行比较。其缺点是无法直接反映投资项目的实际报酬率,且计算复杂。

(三)内含报酬率法

内含报酬率法是根据方案本身的内含报酬率来评价方案优劣的一种方法。所谓内含报酬率(Internal Rate of Return,IRR),是指能够使未来现金流入量现值等于未来现金流出量现值的贴现率,或者说是使投资方案净现值为零的贴现率,即投资项目的实际报酬率。显然,内含报酬率是使下式成立的贴现率:

$$\sum_{k=0}^{N} \frac{I_k}{(1+\text{IRR})^k} - \sum_{k=0}^{N} \frac{O_k}{(1+\text{IRR})^k} = 0 \quad (6\text{-}32)$$

式中,n 为投资涉及的年限;I_k 为第 k 年的现金流入量;O_k 为第 k 年的现金流出量;IRR 为项目的内含报酬率。

内含报酬率的计算,通常根据未来现金流量的情况,可以采用以下两种方法。

1)当未来各年的现金净流量相等时,按下列步骤计算。

首先,计算年金现值系数:

$$年金现值系数 = \frac{原始投资额}{每年现金净流量} \quad (6\text{-}33)$$

其次，查年金现值系数表，在相同的期数内，找出与上述年金现值系数相近的较大和较小的两个贴现率。

最后，采用内插法计算内含报酬率。

2）当未来各年的现金净流量不相等时，按下列步骤计算。

首先，预估一个贴现率，用它来计算方案的净现值。

其次，估计内含报酬率的可能区间。如果净现值为正数，说明方案本身的报酬率超过估计的贴现率，应提高贴现率后进一步测试；如果净现值为负数，说明方案本身的报酬率低于估计的贴现率，应降低贴现率后进一步测试。

经过多次测试，寻找出使净现值等于或接近于零的贴现率，即为方案本身的内含报酬率。

经过逐次测试判断，有可能找到内含报酬率 IRR。每一轮判断的原则相同。若设 r_j 为第 j 次测试的贴现率，NPV_j 为按 r_j 计算的净现值，则有：

当 $NPV_j > 0$ 时，$IRR > r_j$，继续测试；

当 $NPV_j < 0$ 时，$IRR < r_j$，继续测试；

当 $NPV_j = 0$ 时，$IRR = r_j$，测试完成。

$$年金现值系数 = \frac{原始投资额}{每年现金净流量}$$

若经过有限次测试，已无法继续利用有关货币时间价值系数表，但仍未求得内含报酬率 IRR，则可以找到最接近于零的两个净现值的正负临界值 NPV_m 和 NPV_{m+1} 及相关的贴现率 r_m 和 r_{m+1}。

最后，使用内插法计算近似的内含报酬率。如果以下关系式成立：

$$NPV_m > 0$$
$$NPV_{m+1} < 0$$
$$r_m < r_{m+1}$$
$$r_m - r_{m+1} < 5\%$$

就可按下列公式计算内含报酬率 IRR：

$$IRR = 低折现率 + \frac{低折现率计算的净现值(即正数)}{两个折现率计算的净现值之差} \times 高低两个折现率之差$$

$$IRR = r_m + \frac{NPV_m - 0}{NPV_m - NPV_{m+1}} \cdot (r_{m+1} - r_m) \quad (6-34)$$

【例 6-17】以【例 6-16】中的资料为例，计算 A、B 两方案的内含报酬率如下。

方案 A 未来各年的现金净流量相等，按第一种方法计算。

$$36000 \times (P/A, IRR_A, 5) - 100000 = 0$$

$$(P/A, \text{IRR}_A, 5) = 100000 \div 36000 = 2.778$$

查表得

$$(P/A, 24\%, 5) = 2.7454$$
$$(P/A, 20\%, 5) = 2.9906$$

用内插法求得

$$\text{IRR}_A = 23.47\%$$

方案 B 未来各年的现金净流量不相等，按第二种方法计算。

按照"逐步测试法"的要求，自行设定贴现率并计算净现值，据此判断并调整贴现率，得到表 6-3 中的数据。

表 6-3　B 方案内含报酬率测试

测试次数	选定贴现率	净 现 值
1	10%	33 621
2	20%	3 463
3	21%	1 060
4	22%	−1 265

因为 $r_m = 21\%$ 时，$\text{NPV}_m = 1060$；$r_{m+1} = 22\%$ 时，$\text{NPV}_{m+1} = -1265$，所以可以断定 IRR 一定在 21% 与 22% 之间，即

$$21\% < \text{IRR} < 22\%$$

应用"内插法"，求得内含报酬率的近似值为

$$\text{IRR}_B = 21\% + \frac{-1060}{-1265 - 1060} \times (22\% - 21\%)$$
$$\approx 21.46\%$$

内含报酬率反映投资项目本身的收益能力，是其内在的实际收益率。计算出各方案的内含报酬率后，可以将这一比率与资金成本或要求的必要报酬率进行对比。如果方案的内含报酬率大于资金成本或要求的必要报酬率，则该方案为可行方案；如果投资方案的内含报酬率小于资金成本或要求的必要报酬率，则该方案为不可行方案。在有多个备选方案的互斥选择决策中，如果几个投资方案的内含报酬率都大于资金成本或要求的必要报酬率，那么内含报酬率与资金成本或要求的必要报酬率之间差异最大的方案为最优方案。

内含报酬率法的优点是非常注重货币时间价值，能从动态的角度直接反映投资项目的实际收益水平，且不受行业基准收益率高低的影响，比较客观。但该指标的计算过程十分麻烦，当经营期大量追加投资时，可能会导致多个 IRR 出现，或偏高，或偏低，缺乏实际意义。

三、非贴现分析法

（一）投资利润率法

投资利润率法是以投资利润率为标准评价和分析投资方案的方法。投资利润率又称投资报酬率（Return on Investment，ROI），是指一项投资方案平均每年获得的收益与投资额之比，是一项反映投资获利能力的相对量指标。投资利润率的计算公式为

$$投资利润率 = \frac{年平均利润额}{投资总额} \times 100\% \quad (6-35)$$

【例 6-18】 某项目预计投产后每年可获利润 10 万元，建设期为 2 年，固定资产投资为 100 万元，每年借款利息为 12 万元，则其投资利润率计算如下：

$$投资利润率 = \frac{10}{100 + 12 \times 2} \times 100\% = 8.06\%$$

采用投资利润率法对投资项目进行分析评价时，需要事先确定企业的期望利润率，以便与项目的投资利润率进行比较，从而决定取舍。

对相互独立的备选方案进行决策时，如果投资利润率大于或等于期望利润率，则方案可行；如果投资利润率小于期望利润率，则方案不可行。

对相互排斥的备选方案进行决策时，如果有两个或两个以上方案的投资利润率都大于或等于期望利润率，应选择投资利润率最大的方案。

投资利润率法的优点是简单、明了、易于掌握，且该指标不受建设期的长短、投资方式不同、回收额的有无以及现金净流量的大小等条件的影响，能够说明各投资方案的收益水平。

投资利润率法的缺点是：第一，没有考虑货币时间价值因素，不能正确反映建设期长短及投资方式不同对项目的影响；第二，该指标的分子和分母的时间特征不一致（分子是时期指标，分母是时点指标），因而在计算口径上可比基础较差；第三，该指标的计算无法直接利用现金净流量信息。

（二）投资回收期法

投资回收期法是以投资回收期的长短来评价项目方案优劣的投资决策方法。投资回收期（Payback Period，PP），是指回收全部初始投资所需要的时间，一般以年为单位。它代表回收投资所需要的时间，回收期越短，方案越有利。

如果项目投产后每年的现金净流量相等，则使用以下公式计算投资回收期：

$$投资回收期 = \frac{投资额}{每年现金净流量} \quad (6-36)$$

如果项目投产后每年的现金净流量不相等，则投资回收期要根据每年年末尚未回收的

投资额加以确定。设投资回收期大于等于 n 年且小于 $(n+1)$ 年，则

$$投资回收期 = n + \frac{至第n年末尚未收回的投资额}{第(n+1)年的现金净流量} \tag{6-37}$$

【例6-19】设必要报酬率为12%，现有两个投资项目，具体资料如表6-4所示。

表6-4 两个投资项目现金流量表　　　　　　　　　　　单位：万元

期 间	甲项目现金流量	乙项目现金流量
0	（20 000）	（10 000）
1	7 000	3 500
2	7 000	3 500
3	6 500	3 500
4	6 500	3 500

依据表6-4中乙投资项目的资料，因其投产后每年的现金净流量相等，所以其投资回收期的计算如下：

$$投资回收期 = \frac{10000}{3500} = 2.86（年）$$

甲投资项目投产后每年的现金净流量不相等，其投资回收期计算如下：

$$投资回收期 = 2 + \frac{20000 - 7000 - 7000}{6500} \times 1 = 2.92（年）$$

采用投资回收期法对投资项目进行分析评价时，需要事先确定企业的期望回收期，以便与项目的投资回收期进行比较，从而决定取舍。

对相互独立的备选方案进行决策时，如果投资回收期小于或等于期望回收期，则方案可行；如果投资回收期大于期望回收期，则方案不可行。

对相互排斥的备选方案进行决策时，如果有两个或两个以上方案的投资回收期都小于或等于期望回收期，应选择投资回收期最短的方案。

投资回收期法容易理解，计算也比较简单，但因其没有考虑时间价值因素，也没有考虑回收投资后项目的现金流量情况，所以有明显的缺点。事实上，有战略意义的长期投资往往早期收益较低，而中后期收益较高。投资回收期法容易导致优先选择急功近利的项目，却放弃长期有利的项目。该方法是过去评价投资方案最常用的方法，目前是作为辅助方法使用的，主要用来测定方案的流动性而非赢利性。

四、投资决策方法比较

（一）非贴现分析法与贴现分析法的比较

非贴现分析法只考虑现金流量，而不考虑资金时间价值。贴现分析法对长期投资决策诸要素进行综合考虑，尤其考虑了资金时间价值，因而更具科学性。在上述方法中，贴现分析法是主要方法，非贴现分析法只能作为辅助方法。当非贴现分析法的评价结论与贴现分析法发生矛盾时，应以贴现分析法的结论为主。

一般而言，对于任何给定的固定资产投资项目而言，非贴现分析法与贴现分析法决策会得出相同的接受或拒绝的结论。如投资回收期小于期望投资回收期的项目，投资报酬率大于期望投资报酬率，项目的净现值大于零，则现值指数大于 1，内含报酬率大于资金成本率，该项目用任何指标评价，在经济上都是可行的。如投资回收期大于期望投资回收期的项目，投资报酬率小于期望投资报酬率，项目的净现值小于零，则现值指数小于 1，内含报酬率小于资金成本率，该项目用任何指标评价，在经济上都是不可行的。

（二）贴现分析法各方法的比较

1. 三种贴现分析方法的相同点

前面分别介绍了常用的三种贴现分析方法：净现值法、现值指数法和内含报酬率法。它们的相同点体现在以下几方面。

1）都考虑了资金时间价值。
2）都考虑了项目计算期全部的现金流量。
3）都受建设期的长短、回收额的有无及现金流量的大小的影响。
4）在评价同一方案可行与否时，结论一致。

三个折现指标之间存在以下关系：

当 $NPV>0$ 时，$IRR > i$，$PI>1$；
当 $NPV=0$ 时，$IRR = i$，$PI=1$；
当 $NPV<0$ 时，$IRR < i$，$PI<1$。

所以，评价某一项目投资方案时，利用以上三种方法会得出完全相同的结论。

5）都是正指标。

2. 三种贴现分析方法的不同点

三种贴现分析方法的区别如表 6-5 所示。

表 6-5　三种贴现分析方法的区别

指　　标	净 现 值	现值指数	内含报酬率
相对量指标/绝对量指标	绝对量指标	相对量指标	相对量指标
能否反映投入—产出关系	不能	能	能
能否受设定折现率的影响	能	能	不能
能否反映项目投资方案本身报酬率	不能	不能	能

当对两个或多个固定资产投资项目做出互斥选择时，净现值法、现值指数法和内含报酬率法可能得出相互矛盾的结论。造成这种情况的原因主要有：

1) 投资项目的初始投资成本不同；
2) 投资项目现金流量的时间分布不同；
3) 投资项目具有不同的使用寿命期限。

需要指出的是，上述投资项目的差别只是产生投资项目等级排列冲突的必要条件，而非充分条件。因此有可能存在某些互斥项目在上述三个方面都不相同，但在按净现值、现值指数和内含报酬率进行排序时却没有出现任何冲突。

在实际投资项目分析评价中，针对企业是否存在资本限量和决策类型的不同，三种方法的使用存在一定的差别。

在不存在资本限量的情况下，净现值法是首选分析评价方法。在互斥方案选择中，选择净现值为正数且最大的投资项目方案为可行方案；在独立方案的分析评价中，净现值为正者均可入选。

在存在资本限量的情况下，对于互斥方案的选择，在资本限量内应选择净现值为正数且最大的投资项目方案作为入选方案；而在独立方案的分析评价中，在资本限量内取净现值为正数且最大的投资组合为入选投资方案。项目投资的优先顺序应按内含报酬率或现值指数的大小排定。

第五节　长期投资决策应用案例

一、设备购置决策

由于正常经营业务的需要，企业有时需要添置一定的机器设备、营业用房、仓库等固定资产。这类投资通常具有投入资金量大、回收时间长、中途变现能力差的特点。企业要认真调查分析，对设备购置在经济上的可行性进行评价。

【例 6-20】某企业因业务开展的需要，急需一台运输设备，现有 A、B 两种型号的运货卡车可供选择，有关资料如表6-6所示。

表6-6　两种运货卡车相关资料

项　目	A型运货卡车	B型运货卡车
购入成本（元）	120 000	70 000
预计使用年限（年）	10	10
年营运成本及维修费（元）	7 000	4 000
预计净残值（元）	1 000	400
每年可增加收入（元）	34 000	28 000

若该企业的资本成本为14%，请问该企业应不应该添置该项设备？若应该添置，添置哪种设备在经济上比较合理？

解：1）分别计算A、B两种型号运货卡车在使用期限内的现金净流量。

A型运货卡车的现金净流量=34000−7000=27000（元）

B型运货卡车的现金净流量=28000−4000=24000（元）

2）分别计算A、B两种型号运货卡车的现值指数。

A型运货卡车的现值指数=[27000×(P/A，14%，10)+1000×(P/F，14%，10)]÷120000

=1.18

B型运货卡车的现值指数=[24000×(P/A，14%，10)+400×(P/F，14%，10)]÷70000

=1.79

以上计算结果说明，由于两种型号的运货卡车的现值指数均大于1，因而应该添置运输设备；由于B型运货卡车的现值指数大于A型运货卡车的现值指数，因而该企业以购置B型运货卡车为宜。本例问题也可以使用内含报酬率法进行分析评价，其结果与上述结果一致。

二、设备更新或大修理决策

固定资产更新或大修理决策是指对技术上或经济上不宜继续使用的旧设备用新的设备更新，或用先进的技术对原有设备进行局部改造（包括对其进行大修理）的决策。

固定资产更新或大修理决策主要研究两个问题：一个是决定是否更新，即继续使用旧资产还是更换新资产；另一个是研究选择什么样的资产来更新。实际上这两个问题是结合在一起考虑的，如果市场上没有比现有设备更合适的设备，那么就继续使用旧设备。由于旧设备总可以通过修理继续使用，所以更新或大修理决策就成为一个继续使用旧设备还是购置新设备的选择问题。

对生产设备在更新和大修理两方案中进行抉择时，必须研究分析它们的相关收入和相关成本，因为它们会影响未来各年的现金流量。

此处的相关收入，是指两方案在销售收入方面出现的差异；这里的相关成本是指大修理的成本或更新设备的投资、应用新设备所带来的成本节约额。如果两方案带来的销售收入相同，那么只需要比较两者的相关成本。

（一）新旧设备使用年限相同

如果新旧设备使用年限相同，可通过计算两方案的净现值，选择净现值较大的方案。

【例 6-21】 某发电厂有一台设备已陈旧，如果现在进行大修理，需要支付大修理成本 20 万元，并预计在第五年年末还需要大修一次，估计将花费 8 万元；如按时大修，该设备还可使用 10 年，期满残值为 5 万元。另外，该设备每年需要付现的营运成本估计为 18 万元。该发电厂现在还有另外一个方案，即将旧设备作价出售，可得价款 7 万元；另行购置一台新设备需要支付买价及安装成本 60 万元，新设备使用寿命也为 10 年。预计购入后的第五年年末需要大修一次，估计大修成本为 2.5 万元。使用期满，也有残值 5 万元。新设备每年付现的营运成本为 10 万元。假定资本成本为 10%。

要求：采用净现值法为该发电厂做出设备是大修理还是更新的决策分析。

解：1）计算购置新设备增加的现金流量的总现值。

由于新设备与旧设备的使用年限相同，而且期末的残值相等，属于无关成本，所以在决策分析时无须考虑。

购置新设备：

$$\text{每年营运成本节约额} = 18 - 10 = 8（万元）$$

$$\text{新设备第五年年末大修成本节约额} = 8 - 2.5 = 5.5（万元）$$

$$\text{购置新设备增加的现金流量的总现值} = \text{营运成本节约额} \times (P/A, 10\%, 10)$$
$$+ \text{大修成本节约额} \times (P/F, 10\%, 5)$$
$$= 8 \times 4.494 + 5.5 \times 0.437 = 38.3555（万元）$$

2）计算购置新设备比旧设备大修理增加的净现值（NPV）。

$$\text{购置新设备增加的 NPV} = \text{购置新设备增加的现金流量的总现值} - \text{购置新设备增加的投资额}$$
$$= 38.3555 - (60 - 20 - 7) = 5.3555（万元）$$

3）结论：根据以上计算的结果可见，购置新设备方案比旧设备大修理方案能增加净现值 5.355 5 万元，故更新比大修理更合适。

（二）新旧设备使用年限不同

如果新旧设备的使用年限不同，在决策分析时必须首先按资本成本将各年相关的现金流量折算成相关的年均现金流量，并计算出年平均成本，然后选择年平均成本较低的方案作为较优方案。

年平均成本是指某项固定资产所引起的现金流出的年平均值。根据其是否考虑资金时间价值，年平均成本可分为两种：一是考虑资金时间价值的年平均成本，二是不考虑资金时间价值的年平均成本。

不考虑资金时间价值的年平均成本是指未来使用年限内的现金流出总额与使用年限的比值。

考虑资金时间价值的年平均成本是指未来使用年限内现金流出的总现值与年金现值系数的比值，也就是平均每年的现金流出。

以下分别介绍考虑货币时间价值时两种方案年平均成本的计算方法。

1. 大修理费用的年平均成本的计算

在管理会计中，大修理费用应视为保证该项设备在未来期间能继续使用而支付的成本，故计算它的年平均成本，应将未来预计的大修理费用按资本成本折算成决策时的现值，再用"资本回收系数"（年金现值系数的倒数）折算成未来使用期间的年平均成本。另外，还应考虑由于大修理费用计入产品成本会使利润减少而少缴所得税的影响。

2. 更新设备的年平均成本的计算

更新设备（新设备投资）的年平均成本，主要包括以下三个组成部分。

1）资产成本（原始投资），其本身就是现值，只需要将资产成本乘以"资本回收系数"（年金现值系数的倒数），即可折算为未来使用期间的资产成本的年平均成本。

2）残值净额的年平均成本。需要将残值减去清理费用的净额按资本成本折算成决策时的现值，再乘以"资本回收系数"，就是残值净额的年平均成本。

3）各年相等的运行成本。

此外，在采用新设备后，也应考虑将新设备的折旧计入产品成本后会使利润减少而少缴所得税的影响，以及由于料、工、费消耗的节约而引起的成本降低额。若各年成本降低额相等，只需要以降低额乘以（1−所得税税率）就可算出更新设备的年平均成本降低额。如各年成本降低额不等，则应先将成本降低额按资本成本折算为决策时的现值，再乘以"资本回收系数"，折算成各年的年平均成本降低额。

在决策分析过程中，对于使用新设备使产品质优价高而带来的销售收入增加额，亦可视同成本降低额处理。

【例 6-22】某公司考虑用一台新的、效益更高的设备来代替现行的旧设备，以减少成本，增加收益。假定两台设备的生产能力相同，旧设备需要现在和第二年年末进行大修理，每次花费 8 000 万元，其他资料如表 6-7 所示。

表 6-7 相关资料　　　　　　　　　　　　　　　　　　单位：万元

	旧 设 备	新 设 备
购置成本（原价）	16 000	40 000
已使用年限	4	0
尚可使用年限	4	8
年运行成本	3 000	6 000
预计最终报废残值	0	2 000
目前变现价值	8 000	40 000

假设该公司的资本成本为10%，所得税税率为25%，按直线法计提折旧。

要求：为公司做出设备是否更新的决策分析。

解：新旧设备的使用年限不同，必须计算各自的平均年成本来判断优劣。

1) 继续使用旧设备

$$年折旧额（直线法）=\frac{16000}{8}=2000（万元）$$

目前变现价值 = 8000（万元）

大修费用现值 = 8000+8000×(P/F, 10%,2) = 14611.20（万元）

大修费用及折旧费对所得税的影响现值 = (8000+8000+2000×4)÷4×25%×(P/A, 10%,4)
= 6000×25%×3.1699 = 4754.85（万元）

总运行成本现值 = 3000×(1-25%)×(P/A, 10%,4) = 2250×3.1699 = 7132.28（万元）

$$平均年成本=\frac{总成本}{(P/A,10\%,4)}=\frac{8000+14611.20-4754.85+7132.28}{3.1699}$$

= 7883.10（万元）

2) 更换新设备。

新设备采购成本 = 40000（万元）

残值收回现值 = 2000×(P/A, 10%, 8) = 2000×0.4665 = 933.00（万元）

$$折旧费对所得税的影响现值=\frac{(40000-2000)}{8}×25\%×(P/A,10\%,8)=\frac{38000}{8}×25\%×5.3349$$

= 6335.19（万元）

总运行成本现值 = 6000×(1-25%)×(P/A, 10%,8) = 4500×5.3349 = 24007.05（万元）

$$平均年成本=\frac{总成本}{(P/A,10\%,8)}=\frac{40000-933-6335.19+24007.05}{5.3349}$$

= 10635.41（万元）

通过上述计算可知，继续使用旧设备的平均年成本较低，不宜进行设备更新。

使用年平均成本法应注意以下两个问题。

第一，年平均成本法把继续使用旧机器和更新新机器看成两个互斥的方案，而非一个更新设备的特定方案。例如有两个可供选择的方案：一是用 16 万元购买一旧设备（16 万元为旧设备的变现价值），可使用 5 年；二是用 36 万元购买一新设备，可使用 10 年。由于两者的使用年限不同，因此不能根据各年净现金流量的差额来计算净现值和内含报酬率，只能在比较获得一年服务的成本孰高孰低的基础上进行判断选择。对于更新决策而言，除非新旧设备未来使用年限相同，否则不能根据实际现金流量分析的净现值和内含报酬率解决问题。

第二，年平均成本法的假设条件是将来设备再更换时，可以按原来的年平均成本找到可代替的设备。如有充分证据表明，将来可代替设备年平均成本将小于当前更新设备的年平均成本，就应该将将来更新设备的成本归入分析范围，合并计算当前使用的设备及将来更新设备的综合年平均成本，然后与当前更新设备的年平均成本进行比较。

三、资本限量决策

根据净现值法和内含报酬率法分析后，具备财务可行性的项目，企业都应尽可能安排执行。但是如果企业的资本有限的话，就不可能对所有净现值为正的项目都进行投资。这种情况下就需要针对现有的资本进行分配。

资本限量是指由于没有足够的资金，企业不能投资于所有可接受的项目。也就是说，企业有更多的获利项目可供投资，但无法筹集到足够的资金。导致企业发生资本限制的原因很多，企业在不同时段都会出现资本制约的情况。本书仅介绍单一时段的资本分配决策问题。而所谓单一时段的资本分配，是指资本只是在第 0 年，也就是目前受限制。此外，一旦备选的投资方案在第 0 年没有入选（未被企业所执行），就失去再被执行的机会了。

为了使公司获得最大的利益，应投资于一组使净现值最大的项目，这样的一组项目必须用适当的方法进行选择。有两种方法可供采用，即净现值法和现值指数法。

（一）资本限量情况下使用净现值法的决策步骤

1）计算所有项目的净现值，列出项目初始投资。

2）接受 NPV≥0 的投资项目。如果所有可接受的项目都有足够的资金，则说明资本没有限量，这一过程即可完成。

3）如果资金不能满足所有的 NPV≥0 的投资项目，那么就要对第二步进行修正。这一修正的过程是：对所有的项目在资本限量内进行各种可能组合，然后计算出各种组合的净现值总额。

4）接受净现值总额最大的组合。

【例6-23】假设ABS企业有A、B、C、D、E五个备选的投资方案，有关的投资总额、净现值资料如表6-8所示。

表6-8 投资方案相关资料　　　　　　　　　　　　　　　单位：万元

方　案	原始投资	净现值
A	60	18
B	200	42
C	150	18
D	80	20
E	120	24

如果没有资本限制，则几个方案都可以投资。但是公司目前只有320万元可用于项目投资，而这五个项目的初始投资额合计610万元，可见需要安排投资方案组合。

可能的投资方案组合如表6-9所示。

表6-9 投资方案组合　　　　　　　　　　　　　　　单位：万元

方案组合	原始投资	净现值
A+B	260	60
A+C	210	36
A+D	140	38
A+E	180	42
B+D	280	62
B+E	320	66
C+D	230	38
C+E	270	42
D+E	200	44
A+C+D	290	56
A+D+E	260	62

由表6-9可见方案B和E的组合可以实现净现值最大化，是最优组合。

在备选方案较多的情况下，要一一列出可能的方案组合，工作量大且烦琐，通常可以采用按净现值大小排序，净现值大的项目优先入选，再安排净现值较小的项目。对排在组合尾部的几个项目再根据资金总额做一定的调整、组合，即可得出最佳的投资方案组合。

（二）资本限量情况下使用现值指数法的决策步骤

1）计算所有项目的现值指数，并列出每一个项目的初始投资。

2）接受 PI≥1 的投资项目。如果所有可接受的项目都有足够的资金，则说明资本没有限量，这一过程即可完成。

3）如果资金不能满足所有的 PI≥1 的投资项目，那么就要对第二步进行修正。这一修正的过程是：对所有的项目在资本限量内进行各种可能组合，然后计算出各种组合的加权平均现值指数。

4）接受加权平均现值指数最大的项目组合。

【例 6-24】假设培根公司有五个可供选择的项目 A1、B1、B2、C1、C2，其中 B1 和 B2，C1 和 C2 是互斥项目。培根公司资金最大限量是 400 000 元，详细资料如表 6-10 所示。

表6-10　项目投资数据资料

投资项目	初始投资（元）	PI	NPV（元）
A1	120 000	1.56	67 000
B1	150 000	1.53	79 500
B2	300 000	1.37	111 000
C1	125 000	1.17	21 000
C2	100 000	1.18	18 000

如果培根公司想选取现值指数最大的项目，则将选用 A1 项目（现值指数为 1.56）、B1 项目（现值指数为 1.53）和 C2 项目（现值指数为 1.18）。如果培根公司按每一项目的净现值的大小来选取，则将首先选用 B2 项目，另外可选择的只有 C2 项目。然而，以上两种选择方法都是错误的，因为它们选取的都不是能使企业净现值最大的项目。

为了选出最优的项目，必须列出在资本限量内所有可能的项目组合。为此，通过表 6-11 来计算所有可能的项目组合的加权平均现值指数和净现值合计数。

表6-11　项目组合分析

项目组合	初始投资（元）	加权平均现值指数	净现值合计（元）
A1+B1+C1	395 000	1.420	167 500
A1+B1+C2	375 000	1.412	164 700
A1+B1	270 000	1.367	146 500
A1+C1	245 000	1.221	88 000

续表

项目组合	初始投资（元）	加权平均现值指数	净现值合计（元）
A1+C2	220 000	1.213	85 000
B1+C1	275 000	1.252	100 000
B2+C2	400 000	1.322	129 000

在表 6-11 中，A1+B1+C1 的组合有 5 000 元资金没有用完。假设这 5 000 元投资于有价证券，现值指数为 1（其他组合也如此），加权平均现值指数的计算方法如下：

$$加权平均现值指数 = \frac{120000}{400000} \times 1.56 + \frac{150000}{400000} \times 1.53 + \frac{125000}{400000} \times 1.17$$

$$+ \frac{5000}{400000} \times 1.00$$

$$= 1.420$$

从表 6-11 中可以看出，培根公司应选择 A1、B1 和 C1 三个项目组成的投资组合，其初始投资为 395 000 元，加权平均现值指数为 1.420，净现值为 167 500 元。

不过，这里所介绍的方案选择方法，并没有充分考虑企业发展的战略需求，没有从战略价值最大化出发安排投资组合，因此在实际应用时应针对企业战略做具体的分析。此外，单一时段的假设也与企业实际情况有所出入，如果企业在多个时间段存在资本制约问题，就需要借助线性规划的方法进行优选。

 案例分析

宏光照相机厂投资决策案例

宏光照相机厂是生产照相机的中型企业，该厂生产的照相机质量优良、价格合理，长期以来供不应求。为了扩大生产能力，宏光厂准备新建一条生产线。张禹是该厂会计师，主要负责筹资和投资工作。他经过调查研究，得到以下有关资料。

1. 该生产线的初始投资是 12.5 万元，分 2 年投入。第 1 年初投入 10 万元，第 2 年年初投入 2.5 万元，第 2 年年末可完成建设并正式投产。投产后，每年可生产照相机 1 000 架，每架销售价格是 300 元，每年可获销售收入 30 万元。投资项目预计可使用 5 年，5 年后预计净残值 2.5 万元。在投资项目经营期间要垫支流动资金 2.5 万元，这笔资金在项目结束时可如数收回。

2. 该项目生产的产品制造成本的构成情况如表 6-12 所示。

张禹又对该厂的各种资金来源进行了分析研究，得出该厂加权平均的资金成本为 10%。根据以上资料，张禹计算出该投资项目的营业现金流量、现金流量、净现值（表

6-13、表 6-14 和表 6-15），并根据其计算的净现值，认为该项目可行。

表 6-12 产品制造成本　　　　　　　　　　　　　　　　单位：万元

直接材料费用	20
直接人工费用	3
制造费用（扣除折旧）	2
折旧费	2

表 6-13 投资项目的营业现金流量计算表　　　　　　　　单位：元

项　目	第1年	第2年	第3年	第4年	第5年
销售收入	300 000	300 000	300 000	300 000	300 000
付现成本	250 000	25 0000	250 000	250 000	250 000
其中：直接材料	200 000	200 000	200 000	200 000	200 000
直接人工	30 000	30 000	30 000	30 000	30 000
制造费用	20 000	20 000	20 000	20 000	20 000
折旧费	20 000	20 000	20 000	20 000	20 000
税前利润	30 000	30 000	30 000	30 000	30 000
所得税税率（25%）	7 500	7 500	7 500	7 500	7 500
税后利润	22 500	22 500	22 500	22 500	22 500
现金净流量	42 500	42 500	42 500	42 500	42 500

表 6-14 投资项目的现金流量计算表　　　　　　　　　　单位：元

项　目	第-1年	第0年	第1年	第2年	第3年	第4年	第5年
初始投资	-100 000	-25 000					
流动资金垫支		-25 000					
营业现金流量			425 000	425 000	425 000	425 000	425 000
设备残值							25 000
流动资金收回							25 000
现金流量合计	-100 000	-50 000	425 000	425 000	425 000	425 000	925 000

表 6-15　投资项目的净现值计算表

时　间	现金流量（元）	10%的贴现系数	现值（元）
第-1年	-100 000	1.000	-100 000
第 0 年	-50 000	0.909	-45 450
第 1 年	425 000	0.826	35 105
第 2 年	425 000	0.751	31 917.5
第 3 年	425 000	0.683	29 027.5
第 4 年	425 000	0.621	26 392.5
第 5 年	925 000	0.564	52 170
净现值=29 162.5			

3．企业管理层有关人员的意见如下。

（1）总会计师认为，在项目投资和使用期间，通货膨胀率大约为10%。他要求各有关负责人认真研究通货膨胀对投资项目各有关方面的影响。

（2）基建处长认为，由于物价变动的影响，初始投资将增长10%，投资项目终结后，设备残值将增加到37 500元。

（3）生产处长认为，由于物价变动的影响，直接材料费用每年将增加14%，人工费用也将增加10%。

（4）财务处长认为，扣除折旧费以后的管理费用每年将增加4%，折旧费每年仍为20 000元。

（5）销售处长认为，产品销售价格预计每年可增加10%。

要求：

1．如果没有通货膨胀因素影响，张禹所做结论是否正确？

2．考虑通货膨胀的影响，重新计算投资项目的现金流量和净现值，并对该项目做出决策。

课后复习题

一、简答题

1．什么是资金时间价值？

2．简述单利、复利、终值和现值的含义。

3．什么是年金？年金包括哪些内容？

4．什么是现金流量？现金流量的内容包括什么？
5．投资决策的一般方法有哪两类？
6．贴现分析法主要有哪些？各有什么优缺点？
7．非贴现分析法主要有哪些？各有什么优缺点？

二、综合题

1．SPB公司是一家钢铁企业，拟进入前景看好的汽车制造业。现找到一个投资机会，利用B公司的技术生产汽车零件，并将零件出售给B公司。B公司是一个有代表性的汽车零件生产企业。预计该项目需要固定资产投资750万元，当年可以投产，预计可以持续五年。会计部门估计每年固定成本为（不含折旧）40万元，变动成本是每件180元。固定资产折旧采用直线法，估计净残值为50万元。营销部门估计各年销售量均为40 000件．B公司可以接受250元/件的价格。生产部门估计需要250万元的净营运资本投资。假设该公司要求的最低报酬率为10%，所得税税率为30%。请问该公司应不应当进行该项投资？

2．A公司计划投资某一项目，原始投资额为200万元，全部在建设起点一次投入，建设期为一年。投产开始时需要垫支10万元营运资金，项目终结时收回。投产后第一年到第四年每年销售收入增加76.67万元，以后每年增加90万元；每年付现经营成本增加22万元。该项固定资产预计使用10年，按直线法提取折旧，预计残值为8万元。该项目的综合资本成本为4%，所得税税率为25%。

要求：

（1）计算项目各年度现金净流量；

（2）计算项目的净现值（以项目资金成本率为折现率），并评价项目的可行性；

（3）计算项目的现值指数，并评价项目的可行性。

3．某公司计划购置一套新设备用于生产一种新产品。该设备的有关资料如下。

新设备购买成本　　　　　　　　　　400 000元
估计使用年限　　　　　　　　　　　10年
估计残值　　　　　　　　　　　　　30 000元
使用新设备每年增加收入　　　　　　300 000元
使用新设备每年增加费用（不包括折旧费）　183 000元

该公司采用直线法计提折旧。除折旧费外，所有的收入和费用均为现金，该公司适用的所得税税率为25%，要求的投资报酬率为14%。

要求计算以下各项数据：

（1）每年的净现金流量；

（2）该项目的投资回收期和投资报酬率；

(3) 该项目的内含报酬率。

(4) 该公司是否应当购置新设备？

4. 江北公司考虑用一台新的、效率更好的设备来代替旧设备，以减少成本、增加收益。旧设备原购置成本为 40 000 元，已使用 5 年，估计还可使用 5 年，使用期满后无残值，按直线法计提折旧，如果现在销售可得价款 10 000 元，使用该设备每年可获收入 50 000 元，每年的付现成本为 30 000 元。新设备的购置成本为 60 000 元，估计可使用 5 年，使用期满后有残值 10 000 元，使用新设备每年收入可达 80 000 元，每年的付现成本为 40 000 元。假设该公司的资金成本为 10%，所得税税率为 25%。请问该公司应不应当进行设备更新？

5. 某企业现有 4 个投资项目可供选择，有关资料如表 6-16 所示。

表 6-16 有关资料

项 目	原始投资	获利指数
甲	300 万元	1.30
乙	200 万元	1.35
丙	100 万元	1.28
丁	100 万元	1.45

企业的投资总额受到限制。

要求：

（1）当投资总额为 300 万元时，做出最优方案组合的决策；

（2）当投资总额为 500 万元时，做出最优方案组合的决策。

第七章
预算编制

↘ 学习目标

1. 理解全面预算的概念和作用;
2. 了解全面预算的编制程序;
3. 掌握全面预算体系的内容和编制方法;
4. 熟悉弹性预算、零基预算、滚动预算的编制原理。

第一节 全面预算管理概述

在现代社会中,管理完善的企业广泛采用预算制度。不仅规模较大的公司普遍采用预算制度为管理当局服务,而且规模较小的企业也重视预算的作用。虽然编制预算要付出一定的代价,但人们将其视为一项良好的投资。因为编制预算所得到的收益一般总会超出所付出的代价。

管理会计中的预算是指用货币来计量,将决策的目标具体地、系统地反映出来。一个企业要想充分有效地利用现有资源,取得尽可能多的经济效益,就必须实行严格的计划管理,进行科学的预测和决策,确定经营目标,探索达到目标的途径和方法,以保证经营目标的顺利实现。这就要求企业采用编制预算的方法来规划和控制企业未来的经济活动,实行全面预算管理。

一、全面预算的概念

预算（Budget）的观念最早产生于 1215 年英王签署的《大宪章》。《大宪章》中规定：英王未获得议会同意不得征税。此后，预算被广泛应用于政府部门的费用控制。法国国民会议及其他国家也相继采用预算，使之演变成传统的费用预算制度。《辞海》给"预算"所下的定义为"经法定程序批准的政府、机关、团体和事业单位在一定期间的收支预计"，这是对我国财政领域里预算的概念所做的解释。而企业中预算的概念则有所不同。随着社会生产力的飞速发展以及社会生产组织形式多样化和日趋激烈的市场竞争，企业为了提高自身的竞争能力和抵御变幻莫测的风险，不断地深化预算管理的职能、作用与范围。到 20 世纪中晚期，大量企业开始借鉴政府预算管理，将预算纳入企业的管理中，出现了全面预算这种全新的现代企业管理模式。

全面预算是指将企业未来某个时期的全部经济活动计划用数量和表格的形式反映出来。全面预算是一种执行预算，数据要尽量具体化，以便各职能部门落实执行。

这里的全面预算有两方面的含义：一是整个企业的生产、经营、技术、设备投资、科学研究、人员培训等各环节的活动，都必须编制预算，具有全程性；二是企业的全体员工，包括总经理、副总经理、各级各部门的管理人员都要参与预算工作，具有全员性。有了全面预算，企业就可以按照预算体系进行经营管理，使每个职能部门的管理人员都知道在计划期内应该做什么以及怎样去做，从而保证各个部门和整个企业的工作顺利进行。

二、全面预算管理的意义与作用

企业编制各项预算就是制定各项具体目标，编制全面预算是制定企业的总目标。全面预算是企业各级各部门工作的奋斗目标、协调的工具、控制的标准、考核的依据，它在企业的经营管理中发挥着重大的作用。

（一）明确奋斗目标

全面预算是根据企业经营决策所确定的目标编制的，是决策目标的具体化和数量化。编制全面预算是将企业的总目标落实到各个责任部门，从而明确规定企业有关生产经营人员各自职责及相应的奋斗目标，做到人人事先胸中有数，促使每个职工为完成企业总的目标而奋斗。

（二）协调各部门的工作

通过编制全面预算，能将企业内部各部门、各层次的工作都纳入预定的轨道，使它们能密切配合、协调发展，以便在全企业范围内形成一个共同完成企业总体经营目标的有机整体。

（三）控制经济活动

编制预算的目的是加强对企业各项经济活动的控制，而预算中制定的数量目标就是控制的标准。全面预算一经制定，就必须付诸执行。在执行过程中，将实际数与预算数对比，及时发现问题和调整偏差，使企业的经济活动按预定的目标进行，从而使预算起着控制企业经营活动的作用，以保证企业经营目标实现。

（四）考评各部门的工作业绩

全面预算所确定的各种数据，是对未来所做的科学预测，不仅是控制企业日常经济活动的依据，也是评定各部门工作业绩的重要尺度。企业在经营过程中反映出来的实际与预算之间的差异，一方面可以考核和评价有关方面经济责任的完成情况，作为奖优罚劣的依据；另一方面可以用来检查预算本身的质量，有利于改进下期预算的编制。

三、全面预算管理组织

预算管理是利用预算对企业内部各部门、各单位的各种财务及非财务资源进行分配、评价和控制，以便有效地组织、协调企业的生产经营活动，完成既定的经营目标。预算管理包括预算编制、预算执行和预算评价三个环节。以目标利润为导向的企业预算管理的组织体系是管理过程中起主导作用的集合体，它由预算管理委员会、预算专职部门以及预算责任中心构成。

（一）预算管理委员会

预算管理委员会在组织体系中居于领导核心地位，由企业的董事长或总经理任主任委员，吸纳企业内各相关部门的主管如主管销售的副总经理、主管生产的副总经理、主管财务的副总经理等组成。对以目标利润为导向的企业预算管理来说，预算管理委员会是最高管理机构。

预算管理委员会主持召开的预算会议，是各部门主管参加预算目标的确定、对预算进行调整的主要形式。预算管理委员会的主要职责是组织有关人员对目标利润进行预测，审查、研究、协调各种预算事项。具体包括以下几项。

1）制定有关预算管理的政策、规定、制度等相关文件。
2）组织企业有关部门或聘请有关专家对目标利润进行预测。
3）审议、确定目标利润，提出预算编制的方针和程序。
4）审查各部门编制的预算草案及整体预算方案，并就必要的改善对策提出建议。
5）在预算编制、执行过程中发现部门间有彼此抵触现象时，予以必要的协调。
6）将经过审查的预算提交董事会，通过后下达正式预算。
7）接受预算与实际比较的定期预算报告，在予以认真分析、研究的基础上提出改善的建议。

8）根据需要，就预算的修正加以审议并做出相关决定。

（二）预算专职部门

预算专职部门主要处理与预算相关的日常管理事务。因预算管理委员会的成员大部分由企业内部各责任单位的主管兼任，预算草案由各相关部门分别提供，获准付诸执行的预算方案是企业的全面性生产经营计划，预算管理委员会在预算会议上所确定的预算草案也绝不是各相关部门预算草案的简单汇总，这就需要在确定、提交通过之前对各部门提供的预算草案进行必要的初步审查、协调与综合平衡。因此必须设立一个专门机构来具体负责预算的汇总编制，并处理日常管理事务。同时，在预算执行过程中，可能还存在一些潜在的提高经济效益的改善方法，或者出现责任单位为了完成预算目标有时采取一些短期行为的现象，高层管理者可能无法及时得到这些信息，这就决定了预算的执行控制、差异分析、业绩考评等环节不能由责任单位或预算管理委员会来单独完成，以避免出现部门满意但对企业整体来说并非最优的结果。因此，必须实行预算责任单位与预算专职部门相互监督的方式，使它们之间具有内在的互相牵制作用。预算专职部门应直接隶属于预算管理委员会，以确保预算机制的有效运作。

（三）预算责任中心

预算责任中心是以企业的组织结构为基础，本着高效、经济、权责分明的原则来建立的。它是预算的责任主体，由投资中心、利润中心和成本中心组成。臃肿的机构不但会增加管理成本，降低管理效率，而且会影响预算管理应有作用的发挥。确定责任中心是预算管理的一项基础工作，责任中心是企业内部成本、利润、投资的发生单位，这些内部单位被要求完成特定的职责，其责任人被赋予一定的权力，以便对该责任区域进行有效的控制。

四、全面预算的原则

为提高全面预算的编制质量，预算编制应遵循以下原则。

1）要以明确的经营目标作为预算编制的前提。例如，如果确定了目标利润，就能相应地确定目标成本，编制有关营业收入和费用、成本的预算。

2）预算的编制要具有全面性和完整性。凡是会影响目标实现的业务和事项，均应以货币或其他计量形式来具体地加以反映，尽量避免由于预算缺乏周详的考虑而影响目标的实现。有关预算指标之间要相互衔接，钩稽关系要明确，以保证整个预算的综合平衡。

3）预算要积极可靠，留有余地。积极可靠是指要充分估计目标实现的可能性，不要把预算指标定得过低或过高，保证预算能在实际执行过程中，充分发挥其指导和控制作用。为了应付实际情况的千变万化，预算又必须留有余地，具有一定的灵活性，以免在意外事项发生时，造成被动，影响平衡，以至于影响原定目标的实现。

五、全面预算基本编制程序

全面预算采取先自上而下、再自下而上的编制程序，它既体现了最高决策者的意志，又融入了各职能部门职工的心声，因此是集体智慧的结晶。全面预算的编制通常应遵循以下程序。

（一）提出明确的战略规划

企业首先应具备明确的战略规划，即公司发展战略与年度战略行动计划。成立由企业的总经理负责、企业各有关方面的负责人组成的预算委员会，负责领导和协调各职能部门的预算编制工作。

（二）预算委员会提出预算期的企业生产经营总体目标及各部门的具体任务，确定预算的总目标及实现目标的方针和原则

这是为预算的制定确定大的方向。主要把握两点：一是围绕企业经营方式进行预算控制系统的设计和运行，二是服务于企业的整体目标来制定预算。

（三）编制分项预算草案

由企业内部各职能部门的负责人根据企业经营的总体目标及本部门应完成的具体任务的要求，按照"上下结合、分级编制、逐级汇总"的程序草拟分项预算，使预算较为可靠、较为符合实际。

（四）汇总上报分项预算草案，编制全面预算草案

当各部门将其草拟的分项预算上报之后，由预算委员会从各部门的业务需要及可能条件出发，对各分项预算进行分析、汇总、审查和协调，并在此基础上汇总编制企业在预算期所应达到的经营目标的全面预算。

（五）确定全面预算

预算委员会审查全面预算草案，调整平衡预算，编制、确定企业的总预算。

（六）审议批准

企业财务管理部门在有关预算执行单位修正调整的基础上，编制出企业财务预算最终方案，报财务预算委员会讨论。对于不符合企业发展战略或者财务预算目标的事项，企业财务预算委员会应当责成有关预算执行单位进一步修订、调整。在讨论、调整的基础上，企业财务管理部门正式编制企业年度财务预算草案，提交董事会或经理办公会审议批准。

（七）下达执行

预算委员会将最高管理部门批准的全面预算作为正式预算，下达给各职能部门实施执行。

（八）定期对预算执行情况进行分析，取得反馈信息用于监控及决策

企业各级管理层利用管理报告定期对预算执行情况进行分析、监控及决策。管理者可以借助于各种层次、不同频度的管理报告来监控经营进度，并通过高效的管理评估机制，迅速采取相应的行动方案，及时解决出现的问题。若有必要，甚至可以对原有的全面预算体系和关键业绩指标体系做出调整，使之更好地适应公司实际经营情况和市场环境不断变化的需要，实现公司既定的战略目标。

在全面预算编制的程序中，企业的战略、预算和业绩三者真正形成闭环，是一个密不可分的有机整体。只有通过三者的高效互动，企业才能达成其既定的战略目标。而在此过程中，全面预算正是起到了承前启后的重要作用。

第二节 全面预算的编制

一、全面预算的基本体系

为了适应市场经济的要求，企业生产经营的全面预算必须以对市场需求的研究和预测作为基础，以销售预算为主导，进而包括生产、成本和现金收支等各个方面，并特别重视生产经营活动对企业财务状况和财务成果的预期影响，最后以编制预计的财务报表作为终结。其特点是以销定产，使预算的每一个部分、每一项指标都紧紧围绕着企业经营决策的目标利润来制定。

全面预算主要包括业务预算、专门决策预算和财务预算三大类。其中，业务预算又包括销售预算、生产预算、直接材料预算、直接人工预算、制造费用预算、单位产品成本和期末存货成本预算、销售及管理费用预算等；专门决策预算主要包括资本预算，资金筹措、股利发放等一次性专门预算；财务预算包括现金预算、预计损益表、预计资产负债表等。

全面预算的每一类预算又包括各自不同的具体内容，但各种预算都要服从于企业的整体目标，从而形成一个完整的预算管理系统，即预算体系，如图7-1所示。

全面预算是由一系列单项预算组成的有机整体，是以财务形式制定的企业在一定期间对经营和资源分配的计划，由一整套预计的财务报表和其他附表构成，用来反映企业计划期内预期的经济活动及其成果。编制预算是将目标、计划、决策、员工业绩评价相互联系的动态过程。根据全面预算的内容和编制程序，下面分别介绍各种预算编制的依据和方法。

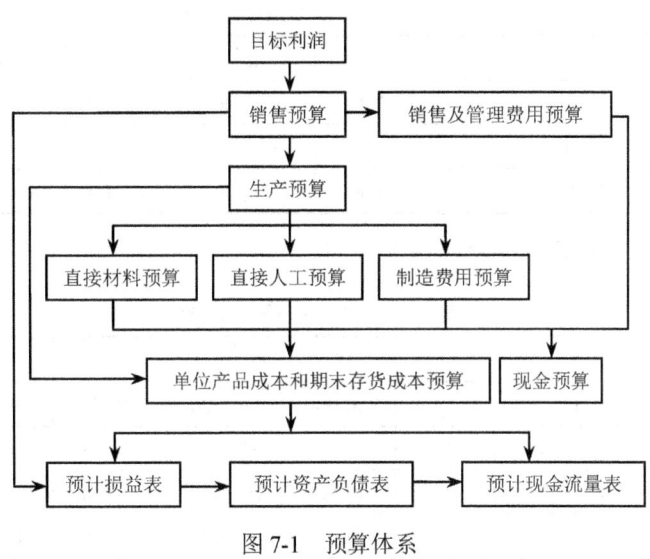

图 7-1 预算体系

二、业务预算

业务预算是指企业日常发生的各项基本业务活动的预算,主要包括以下几个方面。

(一)销售预算

销售预算是为销售活动编制的预算,它是安排预算期销售状况的定期计划,是编制全面预算的关键和起点,其他预算均以销售预算为基础。产品的生产数量、材料、人工、设备和资金的需要量、推销及管理费用和其他财务支出等,都由预算期的商品销售量所决定。因此,销售预算编制得是否恰当,将直接影响整个预算编制质量的好坏。

销售预算编制的主要依据包括:

1)科学的销售预测;

2)产品的销售预算;

3)产品销售的收款条件。

销售预算应按产品的名称、数量、单价、金额等资料来编制。在实际工作中,在编制销售预算的同时,还要编制"预计现金收入表"。其中包括上期应收账款的收回以及本期销售货款的收入。"预计现金收入表"是汇总编制"现金预算"的基础。

【例 7-1】假设西域公司只生产和销售一种产品,预计 2012 年 4 个季度的销售量分别为 4 000 件、4 500 件、5 000 件、5 500 件,销售单价为 60 元。参照以往历史资料,估计在各期的销售收入中 60%能于当季收到现金,其余的 40%在下季收讫。年初应收账款余额为 84 000 元。该企业计划年度的分季销售预算如表 7-1 所示。

表 7-1 2012 年度销售预算表

季　　度		1	2	3	4	全　年
预计销售量（件）	①	4 000	4 500	5 000	5 500	19 000
销售单价（元/件）	②	60	60	60	60	60
预计销售收入（元）	③=①×②	240 000	270 000	300 000	330 000	1 140 000

该企业 2010 年度预计现金收入如表 7-2 所示。

表 7-2 2012 年度预计现金收入　　　　　　　　　　　　　　　　　　　　单位：元

季　　度		1	2	3	4	全年
预计销售额	①	240 000	270 000	300 000	330 000	1 140 000
收到上季应收销货款	②=上季①×40%	84 000	96 000	108 000	120 000	—
收到本季销货款	③=①×60%	144 000	162 000	180 000	198 000	—
现金收入合计	④=②+③	228 000	258 000	288 000	318 000	1 092 000

（二）生产预算

销售预算编制完毕后，就可以根据每季度的销售量按产品名称、数量分别编制生产预算。只有确定了一定的生产量，才能进一步预算其成本及费用。

生产预算的编制依据主要包括：

1）销售预算的每季预计销售量；

2）计划期内每季的期初、期末存货量。

其中预计生产量可用下列公式计算：

　　　　预计生产量=预计销售量+预计期末存货量–预计期初存货量　　　　　　　　（7-1）

【例 7-2】依前例资料，西域公司预计的各季末产品存货量相当于下一季销售量的 10%，年末预计的产成品盘存数为 600 件，各季预计的期初存货即上季末预计的期末存货。2012 年初的产成品存货为 400 件，每件单位成本为 45 元。根据资料可编制生产预算如表 7-3 所示。生产预算通常以实物量度反映，品种多时则只能以货币量度反映。

表 7-3 2012 年度生产预算表　　　　　　　　　　　　　　　　　　　　　单位：件

季　　度		1	2	3	4	全　年
预计销售量	①	4 000	4 500	5 000	5 500	19 000
加：预计期末存货	②=下季①×10%	450	500	550	600	600
减：预计期初存货	③=上季②	400	450	500	550	400
预计生产量	④=①+②–③	4 050	4 550	5 050	5 550	19 200

(三)直接材料预算

直接材料预算又称直接材料采购预算,是指为生产需要的直接材料采购而编制的预算。直接材料预算应以生产预算为基础,同时考虑期初、期末材料存货水平。

编制直接材料预算的主要依据包括:

1) 预算期生产量;
2) 单位产品的材料消耗定额;
3) 计算期内的期初、期末存料量;
4) 材料的预计采购单价;
5) 采购材料的付款条件。

预算期应购入材料的数量可按下式进行计算:

预算期材料采购量=预算期生产需要量+预算期末存料量−预算期初存料量　　(7-2)

预算期生产需要量=预算期产品生产量×单位产品材料用量　　(7-3)

在直接材料预算中,还包括材料方面预期的现金支出计算,为编制现金预算提供必要的资料。材料方面预期的现金支出包括上季度采购本期付款和本季度采购本期支出的现金支出。

【例7-3】依前例资料,假设西域公司生产产品只需一种材料,材料单位消耗为2千克,每千克单价为5元。假定每季度的购料款当季付50%,其余的50%可于下季度付讫。各季度的期末材料存货按下一季生产需要量的20%计算,各季期初存料与上季期末存料相等。预算年度第1季度应付上年第4季度赊购材料款为18 250元,估计预算年度期初材料存量为1 620千克,期末材料存量为2 420千克。根据资料,可编制该公司2012年度的直接材料采购预算如表7-4所示。材料采购现金支出计算表如表7-5所示。

表7-4　2012年度直接材料预算表　　　　单位:千克

季　　度		1	2	3	4	全　年
预计生产量(件)	①	4 050	4 550	5 050	5 550	19 200
单位产品材料用量	②	2	2	2	2	2
预计生产需要量	③=①×②	8 100	9 100	10 100	11 100	38 400
加:预计期末材料存货	④=下季③×20%	1 820	2 020	2 220	2 420	2 420
减:预计期初材料存货	⑤=上季④	1 620	1 820	2 020	2 220	1 620
预计材料采购量	⑥=③+④−⑤	8 300	9 300	10 300	11 300	39 200

表 7-5 材料采购现金支出计算表　　　　　　　　　　　　单位：元

季　度		1	2	3	4	全　年
材料采购量	①	8 300	9 300	10 300	11 300	39 200
材料单位成本	②	5	5	5	5	5
预计材料采购额	③=①×②	41 500	46 500	51 500	56 500	196 000
支付上季赊购款	④=上季③×50%	18 250	20 750	23 250	25 750	88 000
支付本季现购款	⑤=③×50%	20 750	23 250	25 750	28 250	98 000
现金支出合计	⑥=④+⑤	39 000	44 000	49 000	54 000	186 000

（四）直接人工预算

直接人工预算是对一定预算期内人工工时的消耗和人工成本所做的业务预算。直接人工预算也是以生产预算为基础进行编制的。

直接人工预算编制的主要依据包括：

1）生产预算中的每季度预计生产量；

2）单位产品的工时定额；

3）单位工时的工资率。

通常情况下，企业生产产品耗用的直接人工工种往往不止一种，由于工种不同，小时工资也不一样，这时直接人工预算则须按工种分别计算，然后汇总求得直接人工成本总数。其计算公式为

$$预计直接人工 = 预计生产量 \times 单位产品工时定额 \times 小时工资率 \qquad (7-4)$$

【例 7-4】依前例资料，西域公司生产单位产品需要的直接人工小时定额为 2 小时，小时工资率为 4 元，根据有关资料编制直接人工预算如表 7-6 所示。

表 7-6 直接人工预算表

季　度		1	2	3	4	全　年
预计生产量（件）	①	4 050	4 550	5 050	5 550	19 200
单位产品工时定额（小时/件）	②	2	2	2	2	2
总工时定额（小时）	③=①×②	8 100	9 100	10 100	11 100	38 400
小时工资率（元）	④	4	4	4	4	4
直接人工成本（元）	⑤=③×④	32 400	36 400	40 400	44 400	153 600

（五）制造费用预算

制造费用预算是指除直接材料和直接人工预算之外的其他一切生产费用的预算。在制

造费用中，有些费用如间接材料、间接人工等基本上随产量成比例地变动，而另一些费用如折旧费、修理费、水电费等则在一定期间基本稳定不变。因此，制造费用预算可以按成本习性划分为变动费用和固定费用两类。

一般情况下，变动制造费用预算可以依据预计生产量和预计的变动制造费用分配率来计算；对于固定制造费用，则大多依据基期的实际开支水平，结合企业计划年度的生产经营情况来确定。

在实际工作中，为了提供现金预算资料，在编制制造费用预算的同时，还要编制制造费用预计现金支出表，该表主要列示各预算期需要用现金支付的制造费用数额，由于折旧费不需要用现金支付，所以应排除在外。

$$预算期变动制造费用分配率 = \frac{预算期变动制造费用总额}{预算期生产量} \quad (7-5)$$

【例 7-5】依前例资料，该公司 2012 年度的制造费用预算如表 7-7 所示。该公司的变动制造费用分配率按产量计算，以现金支付的各项制造费用均于当期付款。

表 7-7 制造费用预算表　　　　　　　　　　　　　　　　　　单位：元

变动制造费用		固定制造费用	
间接人工	10 000	管理人员工资	25 000
间接材料	40 000	维修费	14 000
维修费	12 000	保险费	8 000
水电费	8 000	折旧	13 000
润滑油	6 800	财产税	2 000
合计	76 800	合计	62 000

根据所给条件，可求出变动制造费用分配率：

$$预算期变动制造费用分配率 = \frac{76800}{19200} = 4$$

制造费用预计现金支出计算表如表 7-8 所示。

表 7-8 制造费用预计现金支出计算表

季　　度		1	2	3	4	全　年
预计生产量（件）	①	4 050	4 550	5 050	5 550	19 200
变动制造费用分配率（元/件）	②	4	4	4	4	4
变动制造费用现金支出	③=①×②	16 200	18 200	20 200	22 200	76 800
固定制造费用	④=62 000/4	15 500	15 500	15 500	15 500	62 000

续表

季　　度		1	2	3	4	全　　年
减：折旧	⑤=13 000/4	3250	3250	3250	3250	13 000
固定制造费用现金支出	⑥=④-⑤	12 250	12 250	12 250	12 250	49 000
制造费用现金支出合计	⑦=③+⑥	28 450	30 450	32 450	34 450	125 800

（六）单位产品成本和期末存货成本预算

根据上述产品生产各预算的资料，经汇总测算后，编制出单位产品成本预算。在实际工作中，往往还附有期末存货成本预算，以便为编制财务预算提供必要的资料。

本章中，采用变动成本法计算产品成本，成本项目包括直接材料、直接人工、变动制造费用。如果企业采用完全成本计算法，应在单位生产成本预算表的成本项目中增加固定制造费用项目，期末存货成本中也应包括应分摊的固定制造费用。

【例7-6】依【例7-3】、【例7-4】、【例7-5】的资料，编制单位产品成本及期末存货成本预算如表7-9所示。

表7-9　单位产品成本及期末存货成本预算表

成本项目		价格标准	数量标准	合　　计
直接材料	①	5元/千克	2千克	10元
直接人工	②	4元/小时	2小时	8元
变动制造费用	③	4元/件	1件	4元
单位变动生产成本（或标准成本）	④=①+②+③	—	—	22元
期末存货量	⑤	—	—	600件
期末存货成本	⑥=④×⑤	—	—	13 200元

（七）销售及管理费用预算

销售及管理费用预算项目是制造业务范围以外预计发生的各种费用项目。销售费用一般包括销售人员工资、运输费用、广告宣传费用等。管理费用一般包括企业行政管理人员工资、津贴、办公用品、邮电费等。

销售及管理费用预算编制的方法大体与制造费用预算相同，固定费用和变动费用需要分开列示。此外，也应附"预计现金支出计算表"，以便编制现金预算。

【例7-7】依【例7-1】的资料，该公司的变动销售与管理费用是按销售量计算分配率的，所发生的各项销售与管理费用都是当时付现，没有预付或递延的情况发生。据此编制该公司销售及管理费用预算如表7-10所示。相关的预计现金支出计算表如表7-11所示。

表 7-10 销售及管理费用预算表　　　　　　　　　　　单位：元

变动销售及管理费用		固定销售及管理费用	
销售佣金	18 000	管理人员工薪	21 000
运输费	8 500	广告费	8 000
办公费	2 000	保险费	2 000
		财产税	4 000
		租金	800
合计	28 500	合计	35 800

表 7-11 销售及管理费用预计现金支出计算表　　　　　单位：元

季　度		1	2	3	4	全年
预计销售量（件）	①	4 000	4 500	5 000	5 500	19 000
变动销售及管理费用分配率（元/件）	②=28500/19000	1.5	1.5	1.5	1.5	1.5
变动销售及管理费用现金支出	③=①×②	6 000	6 750	7 500	8 250	28 500
固定销售及管理费用现金支出	④=35800/4	8 950	8 950	8 950	8 950	35 800
销售及管理费用现金支出合计	⑤=③+④	14 950	15 700	16 450	17 200	64 300

三、专门决策预算

专门决策预算又称特种决策预算，是指企业为不经常发生的长期投资项目或者一次性专门业务所编制的预算。它通常是指与企业投资活动、筹资活动或收益分配等相关的各种预算。而业务预算和财务预算则不同，业务预算和财务预算是在企业日常工作的基础上编制的。

专门决策预算一般是在投资决策可行性分析的基础上来确定的，主要是为了反映投资项目的现金流量的详细情况，从而控制不合理的现金流出，其格式和内容可由企业根据自身情况自行设计。

【例 7-8】依【例 7-1】的资料，该公司计划于 2012 年第 2 季度购置自动发电机 1 台，价值 120 000 元，第 3 季度计划购置质量检测设备 1 套，需要支付 60 000 元。该公司 2012 年度分季的专门决策预算如表 7-12 所示。

表 7-12 专门决策预算表　　　　　　　　　　　　　　单位：元

季　度		1	2	3	4	全　年
购置发电机	①	—	120 000	—	—	120 000
购置质量检测设备	②	—	—	60 000	—	60 000
合计	③=①+②	—	120 000	60 000	—	180 000

四、财务预算

前述各种业务预算和专门决策预算中的资料，都可以折成金额反映在财务预算内。因此，财务预算就是对各项经营业务和专门决策的概括说明。

（一）现金预算

现金预算主要是规划预算期现金收入、现金支出和资金融通的一种财务预算。现金预算通常由 4 个部分组成。

1. 现金收入

现金收入包括期初的现金余额和预算期内发生的现金收入，其主要来源是销售收入和应收账款的收回。

2. 现金支出

现金支出包括预算期内预计可能发生的一切现金支出，如材料采购支出、直接人工支出、制造费用支出、销售及管理费用支出，以及上交所得税、购买设备和支付股利等方面的支出。

3. 现金收支差额

根据现金收入和现金支出的情况，可以得出现金收支差额。如果差额为正，说明收入大于支出，现金有余；如果差额为负，说明支出大于收入，现金不足，需要进行资金的融通。

4. 资金的筹集与运用

在预算期内，根据现金收支的差额和企业有关资金管理的各项政策，确定资金筹集和运用的数额。资金融通包括两方面：多余资金的合理运用和不足资金的筹措。

这四者的关系可概括如下：

$$期初现金余额+本期收入现金数额=本期可用现金 \quad (7\text{-}6)$$

$$本期可用现金-本期现金支出数额=本期现金的多余或不足数 \quad (7\text{-}7)$$

$$本期现金的多余或不足数+借入款项-偿还借款-利息=预计期末现金余额 \quad (7\text{-}8)$$

【例 7-9】依前例资料，该公司要求按年分季编制现金预算。期初现金余额为 12 000 元，规定预算期间现金的最低库存余额为 10 000 元；在企业的专门预算中在 2012 年第 2 季度购置设备需要支出 120 000 元，第 3 季度需要支出 60 000 元；每季还需要支付股利 30 000 元，估计每季交纳所得税 30 450 元。经与银行协商，如要借款应于季初借入，偿还须在季末进行。借款利息按年利 10%计算，在借款偿还时支付。在第 2 季季初为弥补当季现金不足数额 34 250 元，并使季末现金余额保持在规定的 10 000 元限额以上，应向银行借款 50 000 元。第 3 季度偿还银行借款 30 000 元，应支付的利息计算如下：

$$30000×10\%×6/12=1500（元）$$

第 4 季度偿还银行借款 20 000 元，应支付的利息计算如下：

$$20000×10\%×9/12=1500（元）$$

根据以上资料，编制年度现金预算如表 7-13 所示。

表 7-13 现金预算表 单位：元

季 度	1	2	3	4	全 年
期初现金余额	12 000	14 750	15 750	13 500	12 000
加：现金收入（表 7-1）					
收回赊销款和现销收入	228 000	258 000	288 000	318 000	1 092 000
可用现金合计	240 000	272 750	303 750	331 500	1 104 000
减：现金支出					
直接材料（表 7-5）	39 000	44 000	49 000	54 000	186 000
直接人工（表 7-6）	32 400	36 400	40 400	44 400	153 600
制造费用（表 7-8）	28 450	30 450	32 450	34 450	125 800
销售与管理费用（表 7-11）	14 950	15 700	16 450	17 200	64 300
支付所得税	30 450	30 450	30 450	30 450	121 800
购买设备（表 7-12）		120 000	60 000		180 000
支付股利	30 000	30 000	30 000	30 000	120 000
现金支出合计	175 250	307 000	258 750	210 500	951 500
现金收支差额	64 750	(34 250)	45 000	121 000	152 500
现金筹集与运用					
向银行借款		50 000			50 000
归还借款			(30 000)	(20 000)	(50 000)
支付借款利息			(1 500)	(1 500)	(3 000)
购入有价证券	(50 000)			(80 000)	(130 000)
融通资金合计	(50 000)	50 000	(31 500)	(101 500)	(133 000)
期末现金余额	14 750	15 750	13 500	19 500	19 500

（二）预计损益表

预计损益表是用货币金额来反映企业在计划期间全部经营活动及其最终财务成果的预算表，是控制企业经营活动和财务收支的主要依据，是企业财务预算中最主要的预算表之一。将预计损益表与企业目标相比,如能达到决策目标,全面预算的编制才能最终定案,因此预计损益表是全面预算的编制焦点。

【例 7-10】 根据前例有关资料,可汇总编制该企业 2012 年分季度的预计损益表,如表 7-14 所示。

表 7-14 预计损益表　　　　　　　　　　　　　单位:元

季度		1	2	3	4	全年
销售收入(表 7-1)	①	240 000	270 000	300 000	330 000	1 140 000
减:变动成本						
变动制造成本(表 7-1 和表 7-9)	②=销售量×22	88 000	99 000	110 000	121 000	418 000
变动销售及管理费用(表 7-11)	③	6 000	6 750	7 500	8 250	28 500
变动成本小计	④=②+③	94 000	105 750	117 500	129 250	446 500
贡献毛益	⑤=①-④	146 000	164 250	182 500	200 750	693 500
减:固定成本:						
固定制造费用(表 7-8)	⑥	15 500	15 500	15 500	15 500	62 000
固定销售及管理费用(表 7-11)	⑦	8 950	8 950	8 950	8 950	35 800
利息(表 7-13)	⑧	—	—	1 500	1 500	3 000
固定成本小计	⑨=⑥+⑦+⑧	24 450	24 450	25 950	25 950	100 800
税前利润	⑩=⑤-⑨	121 550	139 800	156 550	174 800	592 700
减:所得税(表 7-13)	⑪	30 450	30 450	30 450	30 450	121 800
净利润	⑫=⑩-⑪	91 100	109 350	126 100	144 350	470 900

(三)预计资产负债表

预计资产负债表用来反映企业在预算期末的财务状况。它是以期初的资产负债表为基础,根据计划期间各项预算的有关资料加以分析、计算而编制的。

【例 7-11】 根据前例有关资料,表 7-15 是该公司 2011 年 12 月 31 日的资产负债表,根据预算期间各种预算的有关资料调整编制出 2012 年 12 月 31 日的预计资产负债表,如表 7-16 所示。

表 7-15 资产负债表 单位：元

资　　产		负债及所有者权益	
流动资产：		流动负债：	
现金	12 000	应付账款	18 250
应收账款	84 000		
原材料存货（1 620 千克）	8 100	长期负债	0
产成品存货（400 件）	8 800	负债合计	18 250
合计	112 900		
固定资产：		所有者权益：	
土地	120 000	实收资本	400 000
房屋及设备	250 000	留存收益	4 650
减：累计折旧	60 000	所有者权益合计	404 650
合计	310 000		
资产合计	422 900	负债及所有者权益合计	422 900

表 7-16 预计资产负债表 单位：元

资　　产			
流动资产：			
现金	①	表 7-13	19 500
有价证券	②	表 7-13	130 000
应收账款	③=330000×40%	表 7-1	132 000
原材料存货（2 420 千克）	④=2420×5	表 7-4，表 7-5	12 100
产成品存货（600 件）	⑤	表 7-9	13 200
合计	⑥=①+②+③+④		306 800
固定资产：			
土地	⑦	表 7-15 没变	120 000
房屋及设备	⑧=250000+180000	表 7-12	430 000
减：累计折旧	⑨=60000+13000	表 7-7	73 000
合计	⑩=⑦+⑧+⑨		477 000
资产合计	⑪=⑥+⑩		783 800

续表

负债及所有者权益			
流动负债：			
应付账款	⑫=56 500×50%	表 7-5	28 250
长期负债			0
负债合计	⑬=⑫		28 250
所有者权益：			
实收资本	⑭	表 7-15 没变	400 000
留存收益	⑮	表 7-15，表 7-14，表 7-13	355 550*
所有者权益合计	⑯=⑭+⑮		755 550
负债及所有者权益合计	⑰=⑬+⑯		783 800

*355550=表 7-15 中的留存收益的余额 4650+表 7-14 中的全年净利润 470 900−表 7-13 中的全年支付股利 120 000。

第三节　全面预算编制的方法

一、固定预算与弹性预算

（一）固定预算

上一节介绍了全面预算的编制是以计划期一定的业务量水平为基础来确定各种费用项目的预计金额，这种传统的方法叫做固定预算或"静态预算"。静态预算以预计的单一业务量水平为基础，只适用于未来业务量水平没有波动的情况。而在实际中，种种预先不可知的因素，总会使实际业务量发生波动，经常出现实际业务量与预算业务量不一致的情况。因此，当实际业务量与预算业务量发生差异时，按固定预算数考核和评价各职能部门就非常困难。为了更好地适应企业实际工作的需要，管理部门要研究未来可能发生的业务量水平，这样就产生了弹性预算。

（二）弹性预算

所谓弹性预算，就是根据收入、成本、利润同生产经营活动水平之间的数量关系，按照预算期内可预见的多种生产经营活动水平分别确定相应的预算数，使编制的预算随着经营活动水平的变化而变化,因此也称变动预算。

弹性预算可用于成本预算、利润预算等。编制弹性预算的前提是企业根据成本习性,把所有的成本分为固定成本和变动成本两部分。按成本的习性,固定成本一般不随业务量的增减变化而变化。因此,在编制弹性预算时,只要将变动成本部分按业务量的变化加以调整即可。

【例 7-12】假设华特公司在预算期内预计销售量一般在 1 500 件与 3 000 件之间波动,单位售价为 50 元,单位变动成本为 24 元,固定成本总额为 45 000 元。根据资料编制成本和利润弹性预算表如表 7-17 所示。

表 7-17 弹性预算表

项 目	业 务 量			
销售量(件)	1 500	2 000	2 500	3 000
销售收入	75 000	100 000	125 000	150 000
减:变动成本	36 000	48 000	60 000	72 000
贡献毛益	39 000	52 000	65 000	78 000
减:固定成本	45 000	45 000	45 000	45 000
营业利润(或税前利润)	(6 000)	7 000	20 000	33 000

弹性预算作为控制成本支出的工具,与固定预算相比具有很多优点。

1)弹性预算可以确定不同业务量水平下应该发生的成本,扩大了预算运用的范围,使预算与实际具有可比基础,使预算控制和差异分析具有意义和说服力,也有助于对某个职能部门或管理人员的经营业绩进行评价。

2)弹性预算一经编制,只要各项消耗标准、价格等依据不变,便可连续使用,从而可大大减少工作量,避免了在实际情况发生变化时对预算进行频繁的修改。

二、增量预算与零基预算

(一)增量预算

增量预算是指在基期成本费用水平的基础上,结合预算期业务量水平及有关降低成本的措施,通过调整有关原有成本费用项目而编制预算的一种方法。

增量预算的预算方法比较简单,即以基期的实际预算为基础,对预算值进行增减调整。实际上就是承认过去是合理的,无须改进。因此,它往往不加分析地保留或接受原有成本项目,或按主观臆断平均削减,或只增不减,这样容易造成预算的不足,或者安于现状,造成预算不合理的开支,不利于调动各部门降低费用的积极性,阻碍企业的长远发展。

（二）零基预算

1. 零基预算的含义

20 世纪 70 年代出现了一种预算理念与增量预算完全不同的预算编制方法，即零基预算。零基预算首先在美国提出，并逐步被西方工业发达国家推崇为管理间接费用的一种有效方法。零基预算的全称是"以零为基础编制计划和预算"。在编制预算时，对于所有的预算支出均以零为基础，不考虑其以往情况如何，从实际需要与可能出发，研究分析各项预算费用开支是否必要合理，在综合平衡的基础上编制费用预算。

2. 零基预算的编制步骤

零基预算的编制包括以下三个具体步骤。

第一步，企业各部门的所有职工，根据企业在预算期间的总体目标和各部门的具体任务，详细讨论在该预算期内每一项业务的性质、目的，并以零为基础，提出各项业务所需要的费用或开支。

第二步，对各部门提出的每一项费用或开支项目（一般为酌量性固定成本）进行成本效益分析（Cost-Benefit Analysis，CBA），按成本与效益对比的原则进行评价和审查；然后权衡各个费用开支项目的轻重缓急，排出各项目的先后顺序。

第三步，根据上一步排出的先后顺序，结合预算期内所拥有的经济资源，特别是可动用的资金来源，合理地进行分配，使预算得以落实。

【例 7-13】东方公司拟采用零基预算法编制下年度销售及管理费用预算。销售和管理部门的全体职工根据本公司下年度的目标利润和本部门的具体任务，多次反复讨论和研究，一致认为在预算期间需要发生以下费用。

工资	250 000 元
办公费	25 000 元
租赁费	150 000 元
广告费	90 000 元
差旅费	30 000 元
培训费	85 000 元
财产税	20 000 元

对于上述费用项目，首先应分成约束性固定成本和酌量性固定成本两部分。显而易见，工资、办公费、租赁费、差旅费和财产税是约束性固定成本；而广告费和培训费则是酌量性固定成本，应对其进行成本效益分析。

根据历史资料，对广告费和培训费进行成本效益分析的结果如下：每元广告费的支出可获收益 30 元，每元培训费的支出可获收益 50 元。

根据上述分析，可对上述费用项目排出如下顺序。

① 属于约束性固定成本的费用项目，因其在预算期间必不可少，需要全额得到保证，故应首先予以满足。

② 培训费属于酌量性固定成本，根据公司的财力，可酌情增减；因其成本收益率大于广告费，故排在第二。

③ 广告费也属酌量性固定成本，故同培训费一样考虑；因其成本收益率小于培训费，故排在第三。

假定东方公司在预算期间可用于销售及管理费用的财力资源只有 600 000 元，则应根据上面排定的顺序来分配资金、落实预算，具体如下。

工资	250 000 元
办公费	25 000 元
租赁费	150 000 元
差旅费	30 000 元
财产税	20 000 元
合计	475 000 元

上述约束性固定成本共计 475 000 元，必须全额保证。

剩余资金=600000−475000=125000 元，应按成本收益率的相应比例分配给培训费和广告费。

$$培训费预算数额 = 125000 \times \frac{50}{50+30} = 78125（元）$$

$$广告费预算数额 = 125000 \times \frac{30}{50+30} = 46875（元）$$

3. 零基预算的优缺点

零基预算法的优点是它不仅能压缩经费开支，而且能切实做到最合理地使用资金，不受过去老框框的制约，充分发挥各级管理人员的积极性和创造性，促使各个部门精打细算、厉行节约，合理使用资金，提高资金的使用效果。因此，对许多经济效益还很差和费用开支浪费较大的企业来说，此法是值得借鉴的。

由于零基预算对于企业的一切支出均以零为起点进行分析、研究和计算，不存在现存的费用预算开支项目，因此编制零基预算的工作非常繁重，有时甚至得不偿失。一个比较可行的方法是把零基预算与增（或减）量预算结合起来，每隔若干年进行一次零基预算，以后几年采用增（或减）量预算略做调整，这样既减少了预算编制的工作量，又能对费用进行适当控制。

三、定期预算与滚动预算

（一）定期预算

定期预算是指在编制预算时以不变的会计期间作为预算期的一种编制预算的方法。这种编制方法的优点是预算期间与会计年度一致，便于考核和评价预算的执行情况。但定期预算也存在一定的缺陷，主要表现为灵活性差，不能适应情况的变化，也不够连续，对预算年度后期预测不够准确，指导性较差。

（二）滚动预算

1. 滚动预算的含义

滚动预算，也称连续预算，是指随着预算的执行，不断将预算期向后延伸，使预算期始终保持在一定期限之内的一种预算编制方法。滚动预算按滚动的时间单位不同，可分为逐月滚动、逐季滚动和混合滚动三种。滚动预算编制不受会计年度的限制，当一月或一季的预算执行完毕后，下一月或下一季的预算立即补充上去，从而保证了预算的连续性和完整性。而且，滚动预算能适应不断变化的生产经营情况，因而具有一定的灵活性，对实践具有较强的指导意义。滚动预算的缺点在于预算编制工作量较大。

2. 滚动预算的理论根据

首先，企业的生产经营活动是连续不断的，那么企业的预算也应该全面地反映这一连续不断的过程，使预算方法与生产经营过程相适应；其次，企业的生产经营活动随着时间的变迁，很可能会产生各种难以预料的变化；最后，人们对客观事物的认识也是一个由粗到细、由简单到复杂的过程，滚动预算就按照这种客观认识的规律来编制，避免预算与实际有较大的出入。

3. 滚动预算的编制方式

滚动预算按其预算编制和滚动的时间单位不同，可分为逐月滚动、逐季滚动和混合滚动三种方式。

（1）逐月滚动

逐月滚动是指在预算编制过程中，以月份为预算的编制和滚动单位，每个月调整一次预算的方法。

例如，在 2012 年 1 月至 12 月的预算执行过程中，需要在 1 月末根据当月预算的执行情况，修订 2 月至 12 月的预算，同时补充 2013 年 1 月的预算；2 月末根据当月预算的执行情况，修订 2012 年 3 月至 2013 年 1 月的预算，同时补充 2013 年 2 月的预算；以此类推。逐月滚动预算示意如图 7-2 所示。

逐月滚动编制的预算比较精确，但工作量太大。

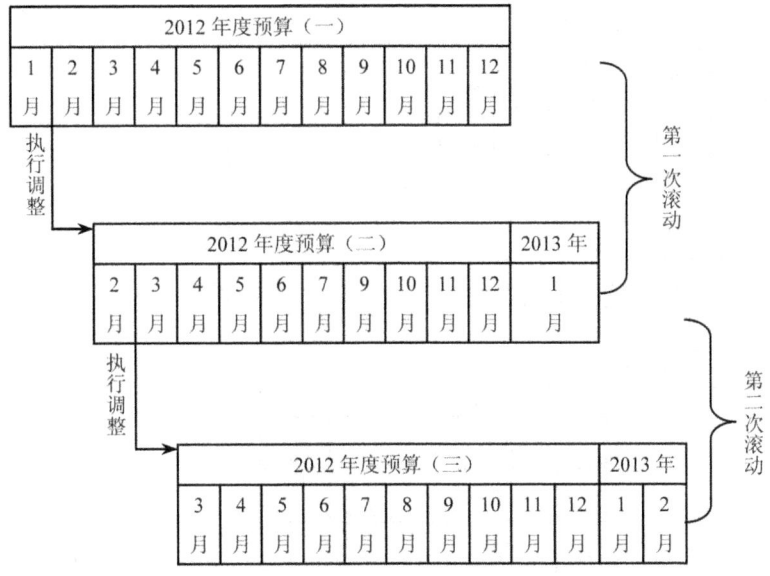

图 7-2 逐月滚动预算

（2）逐季滚动

逐季滚动是指在预算编制过程中，以季度为预算的编制和滚动单位，每个季度调整一次预算的方法。逐季滚动比逐月滚动的工作量小，但编制的预算精度较低。

（3）混合滚动

混合滚动是指在预算编制过程中，同时使用月份和季度作为预算的编制和滚动单位的方法。它是滚动预算的一种变通方式。混合滚动预算示意图如图 7-3 所示。

4. 滚动预算示例

下面举例说明滚动预算的具体编制方法。

【例 7-14】某企业生产甲产品，2012 年预计销售量如表 7-18 所示。

表 7-18　2012 年预计销售量　　　　　　　　单位：件

月　份	销 售 量	月　份	销 售 量
1	3 200	7	2 900
2	3 000	8	2 950
3	2 800	9	2 890
4	3 000	10	2 800
5	3 100	11	2 900
6	3 200	12	3 000

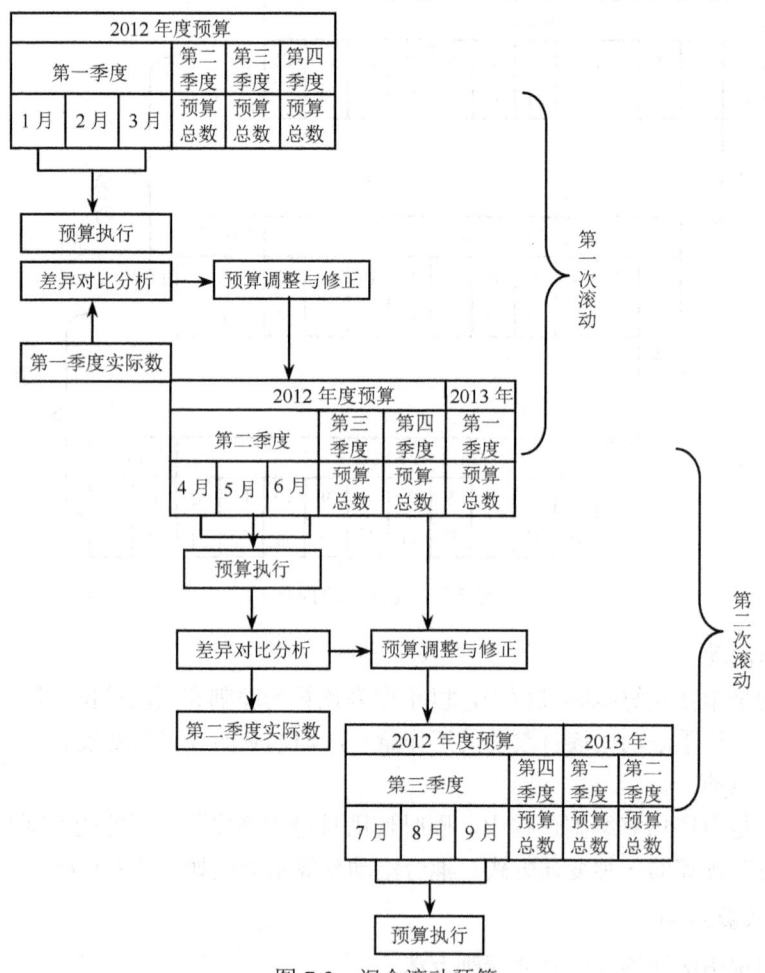

图 7-3 混合滚动预算

此外,甲产品单位售价为 25 元,单位产品变动性制造成本为 10 元,变动性销售与管理费用为 3 元,每月固定性制造费用为 4 000 元,固定性销售与管理费用为 1 000 元,所得税税率为 25%。

现根据上述资料编制企业 2012 年利润滚动预算如表 7-19 所示。

表 7-19 2012 年利润滚动预算 单位:元

项目	第一季度			第二季度	第三季度	第四季度	合计
	1月	2月	3月				
销售收入	80 000	75 000	70 000	232 500	218 500	217 500	893 500

续表

项目	第一季度			第二季度	第三季度	第四季度	合计
	1月	2月	3月				
减：变动成本							
变动制造成本	32 000	30 000	28 000	93 000	87 400	87 000	357 400
变动销售及管理费用	9 600	9 000	8 400	27 900	26 220	26 100	107 220
贡献毛益	38 400	36 000	33 600	111 600	104 880	104 400	428 880
减：固定成本							
固定制造费用	4 000	4 000	4 000	12 000	12 000	12 000	48 000
固定销售及管理费用	1 000	1 000	1 000	3 000	3 000	3 000	12 000
营业利润	33 400	31 000	28 600	96 600	89 880	89 400	368 880
减：所得税	8 350	7 750	7 150	24 150	22 470	22 350	92 220
税后利润	25 050	23 250	21 450	72 450	67 410	67 050	276 660

如果 2012 年第一季度的执行结果与预算的差异较小，则可按月编制 2012 年第二季度的利润预算，并按季编制 2012 年第三、第四季度和 2013 年第一季度的利润预算；如果执行结果与预算的差异比较大，则应做相应的调整后再编制预算。

5. 滚动预算的优缺点

滚动预算的优点如下。

1）保持预算的完整性和持续性，从动态预算中把握企业的未来。

2）能使各级管理人员始终对未来 12 个月的生产经营活动做周详的考虑和全盘规划，使企业的各项工作有条不紊地进行。

3）便于银行、财政税务机构、企业主管部门对企业经营状况的了解。

4）由于预算不断修正，使预算与实际情况更相适应，有利于充分发挥预算的指导和控制作用。

采用滚动预算，必须有与之相适应的外部条件，如上级下达生产指标、材料供应的时间等，这些外部条件目前仍然是以自然年为基础、一年一安排的。这给企业编制滚动预算带来了困难，也可以说是滚动预算的缺陷。随着我国经济体制改革的深化，市场经济已占主导地位，这将为滚动预算的编制创造有利的条件。

案例分析

案例一：
许多小公司都不编制预算，这是因为它们太小，以至于只需要用脑袋就能掌握所有收支的来龙去脉。请针对这种观点发表意见。

案例二：
长兴机器制造有限公司的财务副总经理王昊负责编制该企业 2013 年的全面预算。2012 年 12 月 10 日，他向公司各相关部门下达编制全面预算的任务，采取先由基层单位编制初稿，上交总公司汇总协调，然后返还基层单位修改，修改后再上交总公司调整、确认的编制方式。

12 月 11 日，他特别指定生产部门先将生产预算编制出来，提前上交，因为他认为生产预算是全部预算的开始。

12 月 13 日，设计预算编制程序如下：
（1）成立预算委员会，由公司董事长任主任；
（2）由预算委员会提出具体生产任务和其他任务；
（3）由各部门负责人自拟分项预算；
（4）上报分项预算给预算委员会，汇总形成全面预算；
（5）由董事会对预算进行审查；
（6）将预算下达给各部门实施。

12 月 20 日，已上交的预算有：销售预算、生产预算、直接材料预算、直接人工预算、制造费用预算、销售与管理费用预算。王昊认为业务预算已基本上交。资本支出预算也已上交，他将其归入业务预算。

12 月 22 日，收到的现金预算中有以下内容：现金收入、现金支出、现金多余或不足、资金筹措及运用。王昊把现金预算归入销售预算，因为销售是企业现金的主要来源。

12 月 23 日，交来的预计资产负债表被王昊退回，他认为它不在预算之列。

12 月 27 日，公司要求生产经理做固定预算，生产经理强烈反对，认为只有弹性预算才能把生产控制和成本控制分开，便于考核业绩。

12 月 31 日，预计出下一期股利的支付政策和方案，并把它列入专门决策预算。

请思考：
1. 全面预算包括哪些内容？应从何入手？
2. 对长兴机器制造有限公司的预算编制过程进行分析。
3. 详细说明预算编制中有哪些需要注意的问题。

课后复习题

一、简答题

1. 什么是全面预算？其与计划之间有何关系？全面预算对企业的经营管理有何重要意义？
2. 编制全面预算应遵循哪些主要原则？
3. 全面预算的构成内容包括哪几个方面？它们之间有何关系？
4. 为什么编制全面预算要以销售预算为起点？编制销售预算的主要依据是什么？
5. 什么是弹性预算？有何优点？
6. 什么是零基预算？有何优点？

二、综合题

1. 已知：A 公司生产经营甲产品，在预算年度内预计各季度销售量分别为 1 900 件、2 400 件、2 600 件和 2 900 件，其销售单价均为 50 元。假定该公司在当季收到货款 60%，其余部分在下季收讫，年初的应收账款余额为 42 000 元。

要求：编制销售预算和预计现金收入计算表。

2. 已知

（1）某企业 2012 年前 5 个月的销售预算如下。

1 月　　　　　　10 800 件
2 月　　　　　　15 600 件
3 月　　　　　　12 200 件
4 月　　　　　　10 400 件
5 月　　　　　　 9 800 件

（2）该企业每月月末产品存货为第 2 个月估计销售量的 25%。

（3）1 月 1 日该企业有 2 700 件产品（假定无在制产品）。

（4）每单位产品需要用甲材料 4 千克、乙材料 5 千克，甲材料每千克 10 元，乙材料每千克 5 元。

（5）每月末该企业应保存下个月材料需要量的一半。

要求：编制 2012 年第一季度的材料预算。

3. 东方公司 2012 年 10 月的现金收支情况如下。

（1）第三季度末的现金余额为 4 500 元。

（2）9 月实际销售收入为 50 000 元；预计 10 月销售收入为 56 000 元（该公司的收款

条件是当月收现60%，其余下月收讫)。

（3）9月实际购料18 000元，预计10月购料16 000元（该公司的付款条件是当月付现55%，其余下月付讫)。

（4）该公司预计10月的制造费用和管理费用总额为12 000元（其中包括折旧费4 000元)。

（5）预计10月支付直接人工工资10 000元。

（6）预计10月购置固定设备20 000元。

（7）预计10月支付所得税2 000元。

（8）该公司规定每日最低库存现金为4 000元，不足时可向银行申请借款，借款额一般为千元的整倍数。

要求：根据上述材料，为该公司编制10月的现金预算。

4．设某公司采用零基预算法编制下年度的销售及管理费用预算。该公司预算期间需要支出的销售及管理费用项目及数额如表7-20所示。

表7-20 该公司预算期间需要支出的销售及管理费用项目及数额

产品包装费	12 000
广告宣传费	8 000
管理推销人员培训费	7 000
差旅费	2 000
办公费	3 000
合计	32 000

公司预算委员会审核后认为上述五项费用中，产品包装费、差旅费和办公费属于必不可少的支出项目，应保证全额开支。其余两项根据公司有关历史资料进行"成本—效益分析"，其结果如下。

（1）广告宣传费的成本与效益之比为1:15。

（2）管理推销人员培训费的成本与效益之比为1:25。

假定该公司在预算期上述销售及管理费用的总预算额为29 000元，要求编制销售及管理费用的零基预算。

第八章
标准成本控制论

> 学习目标

1. 了解成本控制的意义、原则和分类；
2. 理解标准成本的内涵及意义；
3. 掌握成本差异的计算；
4. 了解成本差异的账务处理方法。

标准成本控制即标准成本制度，也称标准成本会计，是指以预先制定的标准成本为基础，通过比较实际成本和标准成本，随时揭示、分析各种成本差异及其原因，借以加强成本控制、评价经济业绩的一种成本核算及成本控制制度。

第一节 成本控制概述

一、成本控制的意义

（一）成本控制的含义

成本控制（Cost Control）就是对企业的生产经营活动中所发生的各项费用及影响成本的各种因素加以管理，发现其与目标成本的差距，及时采取相应的措施加以调节和干预，以保证成本目标的实现。

成本控制有广义和狭义之分。狭义的成本控制主要是指对生产阶段产品成本的一切耗费，进行科学严格的计算、限制和监督，并通过分析造成实际脱离计划或标准的原因，积极采取对策，以实现全面降低成本的一种会计管理行为或工作。广义的成本控制则强调对企业生产经营的各个方面、各个环节以及各个阶段的所有成本的控制。它不仅要控制产品生产阶段的成本，而且要控制产品的设计试制阶段的成本和销售及售后服务阶段的成本；不仅要控制产品成本，而且要控制产品成本以外的成本；不仅要加强日常的反馈性成本控制，而且要做好前馈性成本控制。

（二）成本控制的作用

在市场经济条件下，企业为实现其经营目标，就必须对企业的各项经营活动加以控制。企业的经营活动或多或少要涉及成本，企业成本控制得力与否，与其经济效益密切联系，直接影响到企业的生存与发展。成本控制是现代化企业管理的核心环节，这是因为：第一，从控制的难易程度上看，在价格、成本、利润、资金等几大经济要素中，对成本的控制相对而言企业掌握的主动性更大；第二，由于成本控制最直接的结果就是降低成本，因而其处于经营管理的核心地位。

（三）成本控制的程序

1. 确定成本控制目标和标准

成本控制目标和标准是进行成本分析和评价的重要依据。如果不制定目标和标准，也就无法进行成本控制。在实际工作中，成本控制的标准和目标应根据成本形成的阶段和内容不同具体确定。

2. 分解落实成本控制的目标

只有通过成本目标的分解，将每一个目标落实到具体部门或个人，通过责权利的有机结合，才能充分调动各方面成本控制的积极性。

3. 计算分析成本差异

通过实际成本与标准成本的比较，进行成本控制的信息反馈，及时找出成本差异的原因，才能确定成本差异责任的归属。

4. 进行考核与评价

通过对成本责任部门的考核与评价，发现目前成本控制中存在的问题，促进成本责任部门不断改进工作，完善现行成本控制制度，才能有效地进行成本控制。

二、成本控制的分类

成本控制常见的分类方法有如下几种。

(一) 按控制的原理分类

成本控制按控制的原理可分为前馈性成本控制、防护性成本控制和反馈性成本控制三种类型。

前馈性成本控制是指利用控制理论中前馈控制原理对事前的产品设计、试制阶段所进行的成本控制。防护性成本控制是一种辅助控制形式，也称制度控制，它通过企业内部制定的规章制度来约束成本的支出，防止偏差和浪费的发生。反馈性成本控制则是指利用反馈原理进行的日常或事后的成本控制。

(二) 按控制的时间特征分类

成本控制按其时间特征可分为事前成本控制、事中成本控制和事后成本控制三种类型。

事前成本控制是指在产品投产前的设计、试制阶段，对影响成本的有关因素所进行的事前规划、审核与监督，同时建立健全各项成本的管理制度。事中的成本控制是指在产品的生产过程中，从投料起对成本的形成和偏离成本目标的差异进行的日常控制。事后成本控制是指在产品成本形成之后的综合分析与考核，并对下一阶段的事前控制给予指导。

(三) 按成本控制的手段分类

成本控制按控制的手段可分为绝对成本控制和相对成本控制两种类型。

绝对成本控制主要采取各项措施，着眼于节约各项费用支出，侧重于节流。相对成本控制是开源与节流并举，除采取各项措施节约开支外，还要研究本量利之间的关系，充分利用生产能量，降低单位产品成本，以达到相对降低成本的目的。

(四) 按成本控制的时期分类

成本控制按控制的时期可分为经营期成本控制和使用寿命周期成本控制。

经营期成本控制侧重控制本企业经营期内的成本。使用寿命周期成本控制则从用户的角度出发，力图实现对取得成本和使用成本的双重控制。

(五) 按成本归集的对象分类

成本控制按归集的对象可分为产品成本控制和质量成本控制两种类型。

产品成本控制是指对生产产品全过程的控制。质量成本控制是指质量管理与成本管理的有机结合，通过确定最优质量成本而达到控制成本的目的。

三、成本控制的原则

实施成本控制的一般原则主要有以下 5 项。

（一）全面性原则

由于成本涉及企业的所有部门与全体职工工作实绩和企业各方面的利益关系，并且贯穿于其形成的全过程，因此成本控制应实行全员控制、全方位控制和全过程控制。

（二）开源与节流相结合原则

成本控制不能单纯依靠节流的方法，而应采用开源与节流双管齐下的方法，并且贯彻于其形成的全过程。具体有以下3个方面的含义。

1）广开财源。充分利用企业现有的资源，实现生产要素的最佳配置。

2）厉行节约。成本控制首先要求尽可能降低成本支出。

3）核算信息成本。按照成本—效益原则将进行成本控制所必须支付的代价限制在最经济的范围内。

（三）分级归口与目标管理原则

进行成本控制必须与目标管理经济责任制的建立与健全相衔接，事先将作为成本控制主要依据的目标成本，层层分解、归口，具体落实到各车间、部门、工段、小组乃至个人，并明确规定有关方面或个人应承担的成本控制责任与义务，赋予其相应的权利，使成本控制的目标和相应的管理措施能够落到实处，形成一个成本控制系统。

（四）责权利相结合的原则

为了充分调动控制人员的主观能动性，使成本控制产生积极的效果，必须严格按照经济责任制的要求，使落实到每一个单位和部门的目标成本与其履行职责的权利相一致，将其成本控制的实绩与其经济利益挂钩。对于那些成本控制卓有成效的部门或个人，应当在给予精神鼓励的同时，再给予适当的物质奖励；对于那些主观努力不够、成本控制效果不好、措施不得力的部门或个人，应当在查明原因的基础上，给予相应的经济处罚。

（五）例外管理原则

例外管理是指在日常实施全面控制的同时，有选择地分配人力、物力和财力，抓住那些重要的、不正常的、不符合常规的关键性成本差异（例外）。例外管理原则是成本效益原则与重要性原则在成本控制方面的体现。采取例外管理原则的优点在于：一方面可以通过分析实际脱离标准的原因来达到日常成本控制的目的，另一方面可检验标准本身是否先进合理。

第二节 标准成本

一、标准成本的制定

（一）标准成本与标准成本系统的含义

标准成本是指按照成本项目事先制定的，在已经达到的生产技术水平和有效经营管理条件下应当达到的单位产品成本目标。它与预算成本都属于未来成本，不过标准成本属于单位成本的范畴，预算成本属于总成本的范畴。

标准成本控制系统又称标准成本制度，也称标准成本会计，是指以标准成本为核心，通过标准成本的制定、执行、核算、控制和差异分析等一系列有机结合的环节而设计的，将成本的前馈控制、反馈控制及核算功能有机结合而形成的一种成本管理制度。

（二）制定标准成本的意义

在标准成本控制系统中，正确地制定标准成本具有如下重要意义。

1. 为企业的预算编制和经营决策提供依据

标准成本是一种预计成本、目标成本，因而可作为编制预算的依据。标准成本规范要求的严格程度，一般要高于相同规范的预算编制，因此标准成本资料可以作为编制预算的基础。

2. 有利于进行成本控制

标准成本是衡量正常成本水平的尺度，可作为评价和考核工作成果的标准。标准成本制度是通过"标准"来控制成本的。通过实际成本与标准成本的比较，随时将其差异进行"信息反馈"，从而使有关部门及时采取措施加以控制和纠正，控制成本，力求使实际费用支出不超过成本目标，达到降低产品成本的目的。

3. 便于评价、考核各部门工作业绩

由于标准成本是事先制定的、在正常生产经营条件下应当发生的成本，又因标准成本的各成本项目都是依据预计的数量标准和价格标准确定的，因而可以通过确定每个成本项目实际成本与标准成本的差异及其责任归属来评价各部门的工作业绩，分清它们的管理责任，确定其经营活动的效果。

4. 简化成本的计算

标准成本在产品实际生产之前就已编制完毕。在日常账务处理中，原材料、在产品、产成品和产品销售成本可以按其标准成本直接入账。因此，这就大大简化了成本核算和日常账务处理工作。

5. 有利于做出产品定价决策

标准成本反映产品的预计或期望成本,因此标准成本作为定价依据,有助于企业制定长期、稳定的产品销售价格,从而有利于企业目标利润的实现。

由此可见,标准成本制度不仅是一种成本计算方法,而且是结合目标利润进行成本控制的一种制度。总之,正确地制定标准成本,是确保标准成本控制系统顺利运行的关键和前提。

(三)标准成本的种类

标准成本是在正常生产经营条件下应该实现的,可以作为控制成本开支、评价实际成本、衡量工作效率的依据和尺度的一种目标成本。在制定标准成本时,根据所要求达到的效率的不同,可以把标准成本分为理想标准成本、正常标准成本和现实标准成本三种类型。

1. 理想标准成本

理想标准成本是指以现有技术设备处于最佳状态、经营管理没有任何差错为前提所确定的标准成本。由于这种标准成本是在假定没有材料浪费、设备不发生事故、产品无废品、工时全部有效的基础上制定的,以至于在实际工作中很难达到、高不可攀,所以它不适合被选为现行标准成本,否则将挫伤经营者的积极性。

2. 正常标准成本

正常标准成本是指企业在过去一定时期内实际成本平均值的基础上,剔除其中生产经营活动中的不正常因素,并考虑未来的变动趋势而制定的标准成本。这种标准成本实质上是企业在生产经营能力得到正常发挥的条件下就可以实现的成本目标。

3. 现实标准成本

现实标准成本又称期望可达到的标准成本,它是指根据企业近期最可能发生的生产要素耗用量、生产要素价格和生产经营能力利用程度而制定的,通过有效的经营管理活动应达到的标准成本。这种成本从企业实际出发,考虑到企业一时还不能完全避免的成本或损失,具有一定的可操作性,同时又能对改进原来的成本管理提出合理要求。因此,它是实际工作首选的标准成本。

(四)标准成本的一般公式

产品成本按照不同成本项目的性态区分变动成本和固定成本,应分别为它们制定标准成本。制定标准成本时,通常先确定直接材料和直接人工的标准成本,其次制定制造费用的标准成本,最后确定单位产品的标准成本。

在制定标准成本时,无论哪一个成本项目都需要分别确定其用量标准和价格标准,两者相乘后得出标准成本。用量标准包括单位产品材料消耗量、单位产品直接人工工时等,主要由生产技术部门主持制定。价格标准包括原材料单价、小时工资率、小时制造费用分配率等,由会计部门和其他有关部门共同研究确定。相关计算公式为

$$\text{每一成本项目的标准成本} = \text{用量标准} \times \text{价格标准} \tag{8-1}$$

$$\text{某单位产品的标准成本} = \sum \text{用量标准} \times \text{价格标准} \tag{8-2}$$

或

$$\text{某单位产品的标准成本} = \text{直接材料标准成本} + \text{直接人工标准成本} + \text{制造费用标准成本} \tag{8-3}$$

(五)标准成本的制定

1. 直接材料标准成本的制定

直接材料标准成本是指单位产品应耗用直接材料的成本目标,它是由直接材料价格标准和直接材料用量标准两个因素决定的。

直接材料价格标准是指以订货合同价格为基础,考虑到未来可能发生的变动而确定的购买材料的计划价格。直接材料价格标准通常是由财务部门会同采购部门按材料的品种分别制定的。

直接材料用量标准是指单位产品耗用原料及主要材料的数量,也称材料消耗定额。它是在现有技术条件下生产单位产品所需的材料数量,其中包括必不可少的消耗,以及各种难以避免的损失。直接材料的标准消耗量,是用统计方法、工业工程法或其他技术分析方法确定的。

当各种直接材料的价格标准和用量标准制定以后,就可利用下列公式直接计算出单位产品耗用直接材料的标准成本:

$$\text{某单位产品的直接材料标准成本} = \sum (\text{某种直接材料价格标准}) \times (\text{该种直接材料用量标准}) \tag{8-4}$$

【例 8-1】ABC 公司有关甲产品直接材料的资料如表 8-1 所示。

表 8-1 甲产品直接材料的有关资料

标准 材料品种	材料 A	材料 B
单位产品耗用量标准(千克)		
主要材料耗用量	16	10
辅助材料耗用量	3	2.2
必要损耗量	1	0.8

续表

标准 \ 材料品种	材料 A	材料 B
价格标准（元）		
预计发票价格	10	7
运载检验费	1.8	0.5
正常损耗	0.2	0.5

要求：计算甲产品直接材料的标准成本。

解：　　　单位产品 A 材料标准耗用量=16+3+1=20（千克）
单位产品 B 材料标准耗用量=10+2.2+0.8=13（千克）
A 材料标准单价=10+1.8+0.2=12（元/千克）
B 材料标准单价=7+0.5+0.5=8（元/千克）
单位产品 A 材料标准成本=20×12=240（元/件）
单位产品 B 材料标准成本=13×8=104（元/件）
单位甲产品直接材料的标准成本=240+104=344（元/件）

2. 直接人工标准成本的制定

直接人工标准成本是指单位产品应耗用直接工资的成本目标。在制定直接人工标准成本时首先要区分各种直接工作的种类，然后确定生产单位产品所需要的标准工时（工时用量标准）和标准小时工资率（人工价格标准），最后两者相乘就可以计算出单位产品直接人工的标准成本。

直接人工数量标准是指在企业目前的生产技术条件下，生产某种单位产品所用的标准工作时间。直接人工数量标准一般采用生产工时作为计量单位。

直接人工的工资率标准是指直接从事产品生产的人员单位生产工时的工资费用标准。计算公式为

$$\text{工资率标准} = \frac{\text{预计直接人工工资总额}}{\text{标准工时总数}} \tag{8-5}$$

上式中的标准工时总数等于企业在充分利用现有生产能力的条件下，单位产品工时消耗定额与可能达到的最大产量的乘积。单位产品的直接人工标准成本计算公式为

$$\text{单位产品直接人工标准成本} = \text{工资率标准} \times \text{直接人工工时用量标准} \tag{8-6}$$

【例8-2】ABC公司有关甲产品直接人工的资料如表8-2所示。

表8-2 甲产品直接人工的有关资料

标准 \ 工序	第一道工序	第二道工序
单位产品工时标准（小时）		
直接加工工时	1.5	1.6
工间休息时间	0.3	0.2
设备调整时间	0.2	0.2
小时工资率标准（元/小时）		
月工资总额	27 000	51 840
生产工人人数（人）	20	30
每人月工时数（22.5天×8小时）	180	180
月出勤率	100%	100%

要求：计算甲产品直接人工的标准成本。

解： 第一道工序单位产品标准工时=1.5+0.3+0.2=2（小时/件）
第二道工序单位产品标准工时=1.6+0.2+0.2=2（小时/件）
第一道工序可用工时总量=180×100%×20=3600（小时）
第二道工序可用工时总量=180×100%×30=5400（小时）
第一道工序标准小时工资率=27000÷3600=7.5（元/小时）
第二道工序标准小时工资率=51 840÷5400=9.6（元/小时）
第一道工序人工标准成本=2×7.5=15（元/件）
第二道工序人工标准成本=2×9.6=19.2（元/件）
单位甲产品直接人工的标准成本=15+19.2=34.2（元/件）

3. 变动性制造费用标准成本的制定

在制定制造费用的标准成本之前，应将制造费用的各组成项目按其成本习性分为变动性制造费用和固定性制造费用两类。其标准成本也要根据这两个方面来分别确定。

单位产品制造费用的标准成本计算公式为

$$\text{制造费用的标准成本}=\text{单位产品工时标准}\times\text{费用分配率标准} \quad (8-7)$$

变动性制造费用的标准成本是由变动性制造费用的分配率标准和工时用量标准两个因素决定的。

（1）变动性制造费用工时标准的制定

变动性制造费用的工时标准，是指生产单位产品所需的直接人工工时或者机器工时，与制定直接人工用量标准的方法类似。

（2）变动性制造费用分配率标准的制定

变动性制造费用的分配率标准是指每消耗一标准工时应发生的变动性制造费用，其计算公式如下：

$$\text{变动性制造费用分配率标准} = \frac{\text{变动性制造费用预算总额}}{\text{标准工时总数}} \quad (8\text{-}8)$$

变动性制造费用的工时用量标准可以直接沿用直接人工工时的用量标准，这样可以简化变动性制造费用工时用量标准的制定工作。

分配率标准和工时用量标准确定后，就可按照下列公式计算出单位产品的变动性制造费用标准成本：

$$\text{单位产品变动性制造费用的标准成本} = \text{变动性制造费用分配率标准} \times \text{工时用量标准} \quad (8\text{-}9)$$

【例 8-3】ABC 公司有关甲产品变动性制造费用的资料如表 8-3 所示。

表 8-3 甲产品变动性制造费用的有关资料

标准 \ 部门	第一车间	第二车间
单位产品工时标准（小时/件）	4	2
生产量标准（人工工时）	1 000	1 600
变动性制造费用预算（元）		
运输	200	420
电力	80	480
消耗材料	800	360
间接人工	400	780
燃料	80	280
其他	40	80
合计	2 600	4 000

要求：计算甲产品变动性制造费用的标准成本。

解： 相关计算如表 8-4 所示。

表 8-4 甲产品变动性制造费用分析计算表

标准 \ 部门	第一车间	第二车间
单位产品工时标准（小时/件）	4	2
生产量标准（人工工时）	1 000	1 600
变动性制造费用预算（元）		
运输	200	420
电力	80	480
消耗材料	8 000	360
间接人工	400	780
燃料	80	280
其他	40	80
合计	26 000	4 000
变动性制造费用标准分配率	26000÷10000=2.6	24000÷16000=2.5
变动性制造费用标准成本	4×2.6=10.4	2×2.5=5
单位产品标准变动性制造费用	10.4+5=15.4	

4. 固定性制造费用标准成本的制定

固定性制造费用的用量标准包括直接人工工时、机器工时、其他用量标准等，并与变动性制造费用的用量标准保持一致，以便进行差异分析。这个标准的数量在制定直接人工用量标准时已经确定。

固定性制造费用的价格标准是根据固定性制造费用预算和直接人工标准总工时的比值来计算的，是固定性制造费用每小时的标准分配率，其计算公式为

$$固定性制造费用标准分配率 = \frac{固定性制造费用预算总额}{直接人工标准总工时} \tag{8-10}$$

确定了用量标准和价格标准，就可计算出固定性制造费用的标准成本：

$$固定性制造费用标准成本 = 单位产品直接人工标准工时 \times 固定性制造费用的标准分配率 \tag{8-11}$$

各部门固定性制造费用的标准成本确定之后，可汇总计算出单位产品的固定性制造费用标准成本。

【例 8-4】ABC 公司有关甲产品固定性制造费用的资料如表 8-5 所示。

表8-5 甲产品固定性制造费用的有关资料

标准 \ 部门	第一车间	第二车间
固定性制造费用（元）		
折旧费	1 000	7 000
管理人员工资	3 000	4 600
间接人工	1 000	2 400
保险费	600	1 200
其他	600	800
合计	6 000	16 000
生产量标准（人工工时）	10 000	16 000
直接人工用量标准（人工工时）	4	2

要求：计算甲产品固定性制造费用的标准成本。

解：相关计算如表8-6所示。

表8-6 甲产品固定性制造费用分析计算表

标准 \ 部门	第一车间	第二车间
固定性制造费用（元）		
折旧费	1 000	7 000
管理人员工资	3 000	4 600
间接人工	1 000	2 400
保险费	600	1200
其他	600	800
合计	6 200	16 000
生产量标准（人工工时）	10 000	16 000
直接人工用量标准（人工工时）	4	2
固定性制造费用标准分配率	0.62	1
固定性制造费用标准成本	2.48	2
单位产品标准固定性制造费用	4.48	

二、成本差异的类型及计算的基本原理

成本差异是指在标准成本制度下,企业在一定时期生产一定数量的产品所发生的实际成本与相关标准成本之间的差额。其中,实际成本低于标准成本所形成的差额为顺差,这是有利差异;实际成本高于标准成本所形成的差额为逆差,这是不利差异。成本差异的分类方法主要有以下几种。

(一)按成本差异构成内容不同进行分类

按成本差异的构成内容不同,可将成本差异分为总差异、直接材料成本差异、直接人工成本差异和制造费用成本差异。

总差异,是指生产某种产品的实际成本与总的标准成本之间的差异。通过总差异可以概括反映企业成本管理工作总体情况。

直接材料成本差异,是指生产一定数量的某种产品实际耗用的直接材料成本与相关的标准成本之间的差异。

直接人工成本差异,是指生产一定数量的某种产品实际耗用的直接人工成本与相关的标准成本之间的差异。

制造费用成本差异,是指生产一定数量的某种产品实际发生的制造费用与标准制造费用之间的差异。

(二)按成本差异的特征分类

按照成本差异的特征不同,可将成本差异分为价格差异与数量差异两大类。

1. 价格差异

价格差异是指由于直接材料、直接人工和变动性制造费用等要素的实际价格与标准价格不一致而导致的成本差异。其计算公式如下:

$$价格差异=(实际价格-标准价格)\times 实际产量下的实际耗用量$$
$$=价格差\times 实际产量下的实际耗用量 \quad (8-12)$$

2. 数量差异

数量差异是指由于直接材料、直接人工和变动性制造费用等要素实际耗用量与标准耗用量不一致而导致的成本差异,其计算公式如下:

$$数量差异= 标准价格 \times(实际耗用量-标准耗用量) \quad (8-13)$$

上式中的"标准耗用量"等于用量标准与特定产量的乘积,是一个揭示定额消耗总量的指标。对于直接材料成本项目来说,"实际产量下的标准耗用量"就是按材料消耗定额和实际产量计算的直接材料定额消耗量;"实际产量下的用量差"表现为在实际产量下直接材料的实际消耗量与标准消耗量之差;"数量差异"是指由于材料耗用量产生了差异而导致的

成本差异，又称耗用量差异。

（三）按差异与其他因素的关系分类

按差异与其他因素的关系，可将其划分为纯差异与混合差异两大类。

任何一类差异在计算时都需要假定某个因素变动时其他因素固定在一定基础上不变。如果把其他因素固定在标准的基础上，这样所计算出的差异就是纯差异。例如，纯用量差异就是标准价格与用量差的积，纯价格差异则是价格差与标准用量的积。

（四）按成本差异的性质不同分类

按成本差异的性质不同，可将其划分为有利差异与不利差异两大类。

有利差异是指因实际成本低于标准成本总额而形成的节约差。不利差异是指因实际成本高于标准成本总额而形成的超支差。这里的有利和不利是相对的，并不是所有的有利差异都是越大越好。在进行成本差异分析时，应处理好质量与成本的关系。若不惜降低质量去盲目追求有利差异，则该差异将会向不利方面转化。

（五）按成本差异是否可以控制分类

按成本差异是否可以控制，可将其划分为可控差异与不可控差异两大类。

可控差异是指与主观努力程度密切相关的成本差异，又称主观差异，它是成本控制的重点。不可控差异是指与主观努力程度关系不大的成本差异，该差异形成或变动主要受客观因素制约，因而又称客观差异。

三、变动成本差异的计算、分析和控制

（一）直接材料成本差异的计算、分析与控制

直接材料成本差异是指在实际产量下直接材料实际总成本与其标准总成本之间的差额。

1. 直接材料成本差异的计算

直接材料成本差异的计算公式如下：

$$\text{直接材料成本差异} = \text{实际产量下的直接材料实际成本} \\ - \text{实际产量下的直接材料标准成本} \qquad (8\text{-}14)$$

$$\text{直接材料实际成本} = \text{实际价格} \times \text{实际用量} \qquad (8\text{-}15)$$

$$\text{直接材料标准成本} = \text{标准价格} \times \text{标准用量} \qquad (8\text{-}16)$$

从以上公式可以看出，影响直接材料成本差异的因素有两个，一是"用量"，二是"价格"。其中，用量差异是单位实际材料用量脱离单位标准材料用量所产生的差异，其计算公式如下：

直接材料用量差异＝直接材料标准价格×(实际产量下直接材料实际用量　　(8-17)
－实际产量下直接材料标准用量)

价格差异是材料实际价格脱离标准价格所产生的差异，其计算公式如下：

直接材料价格差异＝(直接材料实际价格－直接材料标准价格)　　(8-18)
×实际产量下直接材料实际用量

综上所述，直接材料成本差异可用下述公式计算：

直接材料成本差异＝直接材料价格差异＋直接材料用量差异　　(8-19)

【例 8-5】ABC 公司只生产一种产品，需要用甲、乙两种材料，标准价格分别为 3 元/千克和 10 元/千克，标准耗用量分别为 2 800 千克和 1 600 千克，实际耗用量分别为 3 000 千克和 1 500 千克。甲材料的实际价格为 3.2 元/千克，乙材料的实际价格为 9.6 元/千克。

甲、乙两种材料的成本差异计算如下。

甲材料的用量差异＝(3000－2800)×3＝600（元）
甲材料的价格差异＝3000×(3.2－3)＝600（元）
甲材料的成本差异＝600＋600＝1200（元）

或

甲材料的成本差异＝3000×3.2－2800×3＝1200（元）

甲材料的用量差异、价格差异和成本差异都是不利差异。

乙材料的用量差异＝(1500－1600)×10＝－1000（元）
乙材料的价格差异＝(9.6－10)×1500＝－600（元）
乙材料的成本差异＝－1000＋(－600)＝－1600（元）

或

乙材料的成本差异＝1500×9.6－1600×10＝－1600（元）

乙材料的用量差异、价格差异和成本差异都是有利差异。

2. 直接材料成本差异的分析与控制

（1）直接材料用量差异的分析与控制

材料用量差异形成的具体原因有很多，如工人材料用量浪费、机器不适宜等。因此，要进行具体的调查研究才能明确责任归属。

造成材料用量差异的原因主要有以下几方面：材料质量差，不符合标准，废料过多；产品设计变更，用料标准未能及时调整；生产工艺变更，用料标准未能及时调整；生产工人操作疏忽或生产技能低，产生废料或用料超过标准；新产品投产，生产工人技术不熟练；生产工人情绪低落，用料不认真，造成废品废料；机器设备效率提高或降低，使用材料数量减少或增加；生产工人技术提高或责任心增强，使材料用量减少。材料用量差异，在一一般情况下应由生产部门负责,但有时则要由其他部门负责。材料的用量差异是在材料消耗过程中形成的,反映生产部门的成本控制水平。

(2) 直接材料价格差异的分析与控制

一般情况下造成材料价格差异的原因主要有以下几方面:材料市场价格变动;材料采购计划编制有偏差,未能满足生产经营所需而采用临时紧急进货措施,使买价和运输费上升;进料数量未按经济订货量确定;远途采购增加材料运费和途中损耗;运输安排不妥,不必要地使用快速运输增加了运输费;折扣期内延期付款;向有优惠条件以外的供货人购货,未获优待;购进不能充分保证质量或不完全适用的低价材料;在保证质量和适用性的前提下,购入低价材料。通常材料价格差异是在采购过程中形成的,应由采购部门对其做出详细说明。

(二) 直接人工成本差异的计算、分析与控制

直接人工成本差异是指在实际产量下直接人工实际总成本与其标准成本总额的差额。

1. 直接人工成本差异的计算

相关计算公式如下:

$$直接人工成本差异 = 直接人工实际成本 - 直接人工标准成本 \quad (8\text{-}20)$$

$$直接人工标准成本 = 标准工资率 \times 标准工时 \quad (8\text{-}21)$$

$$标准工时 = 单位产品工时耗用标准 \times 实际产量 \quad (8\text{-}22)$$

$$直接人工实际成本 = 直接人工实际工资率 \times 实际工时 \quad (8\text{-}23)$$

从以上公式可以看出,影响直接人工成本差异的因素有两个:一是"直接工资率",也称直接人工价格;二是"直接人工效率"。

直接工资率差异是指实际工资率脱离标准工资率所产生的差异,类似材料价格差异。其计算公式如下:

$$直接工资率差异 = (实际工资率 - 标准工资率) \times 实际产量下的实际人工工时 \quad (8\text{-}24)$$

直接人工效率差异是指产品实际人工工时耗用量脱离产品标准人工工时耗用量所产生的差异,类似材料用量差异。其计算公式如下:

$$直接人工效率差异 = 标准工资率 \times (实际产量下的实际人工工时 - 实际产量下的标准人工工时) \quad (8\text{-}25)$$

$$直接人工成本差异 = 直接工资率差异 + 直接人工效率差异$$

【例 8-6】ABC 公司生产某产品需要甲、乙两个工种,标准工资率分别为 8 元/小时、10 元/小时,标准工时分别为 1 020 工时、1 840 工时,实际工时分别为 1 240 工时、1 700 工时。甲工种实际工资率为 7.2 元/工时,乙工种实际工资率为 12 元/工时,则甲、乙工种的人工成本差异计算如下:

$$甲工种人工效率差异=(1240-1020)×8=1760（元）$$
$$甲工种工资率差异=(7.2-8)×1240=-992（元）$$
$$甲工种人工成本差异=1760+(-992)=768（元）$$

或

$$甲工种人工成本差异=1240×7.2-1020×8=768（元）$$

则甲工种的人工效率差异为不利差异，工资率差异为有利差异，总成本差异为不利差异。

$$乙工种人工效率差异=(1700-1840)×10=-1400（元）$$
$$乙工种工资率差异=(12-10)×1700=3400（元）$$
$$乙工种人工成本差异=-1400+3400=2000（元）$$

或

$$乙工种人工成本差异=1700×12-1840×10=2000（元）$$

则乙工种的人工效率差异为有利差异，工资率差异为不利差异，总成本差异为不利差异。

2. 直接人工成本差异的分析与控制

（1）直接人工效率差异的分析与控制

造成效率差异的原因主要有以下几个方面：工人生产技术不熟练，未能完成工时标准；工人调动频繁，难以适应和熟悉工作，工时过度付出；材料供应不及时，造成停工待料，浪费工时；燃料、动力供应中断，停工待产，浪费工时；设备发生故障，停产待修，浪费工时。总之，直接人工效率差异的形成原因，主要包括工作环境不良、工人经验不足等。它主要是生产部门的责任，但这也不是绝对的。例如，材料质量不好，也会影响生产的效率。

（2）直接工资率差异的分析与控制

通常，造成工资率差异的原因主要有以下几方面：工人调度不当；工资变动，原标准未及时修订；工资计算方法变更，如计时制改为计件制、加班工资等；季节性或紧急生产增发工资；国家统一调整工资。一般来说，应该归属于企业人事劳动部门管理，差异的具体原因会涉及生产部门或其他部门。

（三）变动性制造费用成本差异的计算、分析与控制

变动性制造费用成本差异是指在实际产量下，变动性制造费用实际发生额同其标准发生额之间的差异。

1. 变动性制造费用成本差异的计算

相关计算公式为

$$变动性制造费用成本差异=实际变动性制造费用-标准变动性制造费用$$
$$实际变动性制造费用=实际分配率×实际工时 \qquad (8-26)$$

$$\text{标准变动性制造费用} = \text{标准分配率} \times \text{标准工时} \quad (8\text{-}27)$$

$$\text{实际分配率} = \frac{\text{实际变动性制造费用}}{\text{实际工时}} \quad (8\text{-}28)$$

变动性制造费用是变动性制造费用分配率与直接人工工时之积,因此变动性制造费用包括变动性制造费用耗费差异和变动性制造费用效率差异两部分。变动性制造费用耗费差异是由于实际变动性制造费用分配率脱离标准变动性制造费用分配率而形成的耗费差异,类似于材料价格差异和直接工资率差异。变动性制造费用效率差异是由于实际工时脱离标准工时而形成的效率差异,类似于材料用量差异和直接人工效率差异。相关计算公式如下:

$$\text{变动性制造费用耗费差异} = \text{实际工时} \times (\text{变动性制造费用实际分配率} - \text{变动性制造费用标准分配率}) \quad (8\text{-}29)$$

$$\text{变动性制造费用效率差异} = \text{变动性制造费用标准分配率} \times (\text{实际工时} - \text{标准工时}) \quad (8\text{-}30)$$

综上所述,变动性制造费用成本差异可用下述公式计算:

$$\text{变动性制造费用成本差异} = \text{变动性制造费用耗费差异} + \text{变动性制造费用效率差异} \quad (8\text{-}31)$$

【例 8-7】ABC 公司生产甲产品 200 件,实际耗用人工 10 000 小时,实际发生变动性制造费用 30 000 元。变动性制造费用标准分配率为 4 元,标准耗用人工工时 9 000 小时。由以上资料,可以计算变动性制造费用成本差异。

$$\text{变动性制造费用实际分配率} = \frac{30000}{12000} = 2.5$$

$$\text{变动性制造费用效率差异} = 4 \times (10000 - 9000) = 4000 \text{(元)}$$

$$\text{变动性制造费用耗费差异} = (3 - 4) \times 10000 = -10000 \text{(元)}$$

$$\text{变动性制造费用成本差异} = 30000 - 4 \times 9000 = -6000 \text{(元)}$$

或

$$\text{变动性制造费用成本差异} = 4000 + (-10000) = -6000 \text{(元)}$$

由上面的计算可以看出,该公司的效率差异和成本差异是不利差异,耗费差异是有利差异。

2. 变动性制造费用成本差异的分析与控制

(1) 变动性制造费用耗费差异的分析与控制

变动性制造费用耗费差异的责任,应视不同的情况确定其归属对象。例如,因预算额估算错误、间接材料质量低劣而耗费大、间接人工费用高、其他费用控制不力等因素造成的差异,其责任应分别由财务部门、采购部门、生产部门承担。

(2) 变动性制造费用效率差异的分析与控制

变动性制造费用成本差异既可以按费用总额计算,也可以按具体费用项目计算。按总额计算可以简化成本差异的计算工作;按具体费用项目计算可以逐项反映有关费用的具体差异，但比较麻烦。变动性制造费用效率差异产生的原因，与直接人工效率差异产生的原因相同；其责任的归属，也与直接人工效率差异相同。

（四）固定性制造费用成本差异的计算、分析和控制

在一定相关范围内，固定性制造费用不会随业务量的变化而变化，这就决定了对其进行分析和控制的方法与变动性制造费用不同。

1. 固定性制造费用成本差异的计算

固定性制造费用成本差异是指在一定期间，实际产量下固定性制造费用实际发生额与标准固定性制造费用之间的差额，其计算公式如下：

固定性制造费用成本差异＝实际产量下实际固定性制造费用 （8-32）
－实际产量下标准固定性制造费用

对固定性制造费用成本差异的分解可采取两种方法，即两差异分析法和三差异分析法。

（1）两差异分析法

在两差异分析法下，将固定性制造费用的成本差异分解为预算差异和能量差异两部分。预算差异是实际固定性制造费用脱离预算而形成的差异，即耗费差异；能量差异是固定性制造费用预算脱离标准而形成的差异。预算差异和能量差异的计算公式如下：

固定性制造费用预算差异＝固定性制造费用实际开支额－固定性制造费用预算额 （8-33）

固定性制造费用能量差异＝固定性制造费用标准分配率
×（预算产量下的标准工时－实际产量下的标准工时） （8-34）

（2）三差异分析法

在三差异分析法下，将固定性制造费用成本差异分解为耗费差异、生产能力利用差异、效率差异三部分。三差异分析法将两差异分析法下的能量差异进一步分解为生产能力利用差异和效率差异。相关计算公式如下：

固定性制造费用耗费差异＝固定性制造费用实际发生额－固定性制造费用预算额 （8-35）

固定性制造费用生产能力利用差异＝固定性制造费用标准分配率
×（预算产量下的标准工时－实际产量下的实际工时） （8-36）

固定性制造费用效率差异＝固定性制造费用标准分配率
×（实际产量实际工时－实际产量标准工时） （8-37）

【例8-8】ABC公司生产甲产品，该企业2012年1月有关资料如下：该产品固定性制造费用标准分配率为1元/小时，当期固定性制造费用的实际发生额为17000元，实际产量下的标准工时为24 000小时，实际耗用工时为23 500小时。预算产量下的标准工时为20 000小时，预算产量下的标准固定性制造费用为16 000元。

按两差异分析法计算如下：

$$固定性制造费用预算差异=17000-16000=1000（元）$$
$$固定性制造费用能量差异=1×(20000-24000)=-4000（元）$$
$$固定性制造费用总成本差异=1000+(-4000)=-3000（元）$$

按三差异分析法计算如下：
$$固定性制造费用耗费差异=17000-16000=1000（元）$$
$$固定性制造费用生产能力利用差异=1×(20000-23500)=-3500（元）$$
$$固定性制造费用效率差异=1×(23500-24000)=-500（元）$$
$$固定性制造费用总成本差异=1000+(-3500)+(-500)=-3000（元）$$

从上述分析可见，三差异分析法中的耗费差异等于两差异分析法中的预算差异，三差异分析法中的生产能力利用差异和效率差异之和等于两差异分析法中的能量差异。

2. 固定性制造费用成本差异的分析与控制

（1）固定性制造费用预算差异的分析与控制

造成固定性制造费用预算差异的原因主要有：资源数量和价格的变动，如管理人员的增加或减少。有些是国家政策的变化，如税率的变动等。还有折旧方法的改变，如采用加速折旧法。另外，修理费用开支增大，职工培训费的增加或减少，租赁费、保险费的调整都会引起固定性制造费用预算差异。

固定性制造费用预算差异的责任，应根据不同的情况确定其归属对象。例如，修理费用开支增大而造成的差异，应由设备管理部门负责；由于折旧方法的改变而造成的差异，应由财务部门负责；由于扩大租赁、保险范围而造成的差异，应由设备管理部门和财务部门负责等。

（2）固定性制造费用能量差异的分析与控制

固定性制造费用能量差异是由于现有生产能力没有充分发挥出来而造成的差异，其责任主要应由高层管理人员承担。一般情况下，造成固定性制造费用能量差异的原因主要有以下几个方面：原设计生产能量过剩，订货量减少；产品定价过高，影响产销量；机械发生故障；产品调整，小批量试产；人员技术水平有限等。

第三节 成本差异的账务处理

一、成本差异核算应设置的账户

为了在日常核算中能够同时反映标准成本、实际成本和成本差异三项内容，在标准成本控制系统中，需要对产品的标准成本与成本差异分别进行核算。

会计核算工作有赖于账户的合理设置。在标准成本法下，按成本差异的具体内容设置的账户包括:"直接材料价格差异"、"直接材料耗用量差异"、"工资率差异"、"人工效率差异"、"变动制造费用耗费差异"、"变动制造费用效率差异"、"固定制造费用预算差异"(或"固定制造费用开支差异")、"固定制造费用能量差异"(或"固定制造费用生产能力利用差异"和"固定制造费用效率差异")等。

本期发生的成本差异应及时在有关账户中登记。各种成本差异类账户的借方核算发生的不利差异,贷方核算发生的有利差异。

二、成本差异的会计处理程序

采用标准成本进行核算时,第一,应将日常发生的各项生产要素的实际消耗,分别按照标准成本计入"生产成本"账户的各个成本项目中;将实际成本脱离标准成本的差异,分别列入事先所设置的各成本差异账户中予以单独反映。第二,采取相应的成本计算方法,计算出完工产品和期末在产品的标准成本。基本原理就是依据完工产品数量和单位产品标准成本计算出完工产品标准成本,本期汇总的全部标准生产成本减去完工产品应负担的标准成本即为期末在产品标准成本。具体计算时可以结合不同的成本计算方法,或按产品计算,或按分步法计算,或按产品批量计算;然后将计算出的完工产品标准成本在期末一次转入"产成品"账户;最后将各种成本差异分账户汇总,在会计期末根据各项成本差异的性质分别采用不同的方法进行有关处理。

下面结合本章的示例说明月底成本差异的账务处理。

根据【例 8-5】的资料,月底分析计算成本差异后,编制领用材料的会计分录如下。

借:生产成本　　　　　　　　　　　　　　　　8 400
　　直接材料价格差异　　　　　　　　　　　　600
　　直接材料用量差异　　　　　　　　　　　　600
　　贷:原材料——甲材料　　　　　　　　　　　　9 600
借:生产成本　　　　　　　　　　　　　　　　1 600
　　贷:原材料——乙材料　　　　　　　　　　　　14 400
　　　　直接材料价格差异　　　　　　　　　　　600
　　　　直接材料用量差异　　　　　　　　　　　1 000

根据【例 8-6】的资料,月底分析计算成本差异后,编制直接人工成本差异的会计分录如下。

借:生产成本　　　　　　　　　　　　　　　　8 160
　　直接人工效率差异　　　　　　　　　　　　1 760
　　贷:应付工资　　　　　　　　　　　　　　　　8 928
　　　　直接人工工资率差异　　　　　　　　　　992

借：生产成本 18 400
　　直接人工工资率差异 3 400
　贷：应付工资 20 400
　　直接人工工资率差异 1 400

根据【例8-7】的资料，月底分析计算成本差异后，编制变动制造费用计入产品成本的会计分录如下。

借：生产成本 36 000
　　变动制造费用效率差异 4 000
　贷：制造费用（变动） 30 000
　　变动制造费用耗费差异 10 000

根据【例8-8】的资料，月底按两差异法分析计算成本差异后，编制固定制造费用计入产品成本的会计分录如下。

借：生产成本 20 000
　　固定制造费用预算差异 1 000
　贷：制造费用（固定） 17 000
　　固定制造费用能量差异 4 000

三、期末成本差异的账务处理

在标准成本控制系统中，对本期发生的各类成本差异需要在会计期末分别按直接处理法、递延法、稳健法或年末一次处理法进行会计处理。

（一）直接处理法

直接处理法是在每个会计期末将汇总的各项成本差异一次全部转入当期损益的一种会计处理方法，所以也称当期转销法或损益法。这种方法认为，成本差异都是由于各期经营管理的有效性和成功与否等主、客观因素导致的，产品应当负担的是生产过程中应该发生的成本，不应该发生的成本即脱离标准成本的差异，不应由产品来负担，因而不能用来调整产成品存货和在产品的价值，这样更符合权责发生制的要求。在这种方法下，生产成本和产品存货成本均以标准成本反映，由此所产生的信息，也更有利于产品定价决策的制定。另外，若是将各项成本差异分配给各个产成品和在产品，其最终还是由损益负担，为简化成本核算，在各期期末直接转入当期损益中。

（二）递延法

递延法就是指将本期的各项成本差异，分别采用相应的方法分配转入期末在产品、期末产成品和本期已销售产品成本中，随着产品的转移而将其递延的一种会计处理方法，因此亦称分配法。这种方法认为，会计原则要求存货应以实际成本反映，因此不能因为会计核算方法的改变而改变会计原则；并且许多成本差异并非都与企业经营相关，客观因素导致成本差异的现象大量存在，如市场因素、国家政策的调整、不可抗拒的闲置损失或浪费等。这些都将体现在产品成本中，这样所产生的成本信息才更符合实际情况。

采用递延法时存在两个困难：一是当成本差异种类和产成品类别较多时，成本差异分配的工作量是很大的，这将会使标准成本系统的优越性部分丧失；二是详细而正确地划分各种成本差异的性质也是不容易的，常常会出现一些模棱两可的现象，从而给成本差异的处理带来许多随意性，致使存货价值仍然不实。

（三）稳健法

稳健法又称折中法，是指将成本差异按其形成的主、客观原因不同区别对待、分别处理的一种成本差异处理方法。在稳健法下，由主观原因形成的差异（如用量差异）按直接处理法处理，由客观原因形成的差异（如价格差异）按递延法处理。

稳健法的优点是既能在一定程度上通过利润来反映成本控制的业绩，又可以将那些不是主观努力所能控制的差异合理地分配给有关对象。其缺点是不符合一致性原则。

（四）年末一次处理法

年末一次处理法是指平时月末不进行成本差异的账务处理，一直挂账，到年末再对各有关成本差异账户的余额进行一次性处理的方法。在前后各月差异正常波动的情况下，采用年末一次处理法，可以使同一账户中的各月正负成本差异发生额互相抵消，年末差异结存绝对额减少，避免各月利润因直接承担成本差异而引起的波动，同时还可以省略各月结转差异的手续。

在上述几种方法中，直接处理法更能体现标准成本控制系统的优越性，这种方法在西方国家应用较为广泛。因此在实践中，直接处理法的应用比较普遍。

案例分析

ABC 公司标准成本法分析案例

ABC 公司几年来一直采用标准成本制度控制成本，收到显著的效果。由于其生产成本较低，因而在市场竞争中处于有利地位，其经济效益较好，加之其产品质量较高，售后服务好，所以形成了知名品牌。该企业生产的甲产品的有关资料如表 8-7 所示。

该企业预算产量为 500 件，变动制造费用预算为 60 000 元，固定制造费用预算为 100 000 元。本期实际产量为 550 件，直接材料消耗量为 6 600 千克，单价为 33.5 元/千克；实际生产总工时为 10 500 小时，实际支付工资 51 500 元；实际固定制造费用为 95 000

元,变动制造费用为 55 000 元。

表 8-7 甲产品标准成本卡

项　目	价格标准（元/件）	数量标准（件）	金额（元）
直接材料	5	19	95
直接工资	10	2.5	25
变动制造费用	10	3	30
固定制造费用	10	5	50
标准单位成本	—	—	200

依据上述资料，回答：
1. 如何计算该企业各成本项目的总差异和分差异？
2. 试分析各项差异产生的原因。

课后复习题

一、简答题

1. 简述成本控制的含义、原则和分类。
2. 什么是标准成本？其作用有哪些？标准成本如何分类？
3. 什么是标准成本系统？它包括哪些内容？
4. 各成本项目的标准成本的制定方法是什么？
5. 什么是成本差异？它有哪几种？
6. 为什么成本差异分为价格差异和数量差异？哪些属于价格差异？哪些属于数量差异？
7. "材料价格差异应由采购部门负责，材料用量差异应由生产部门负责"这句话对不对？为什么？
8. 固定制造费用有几种成本差异计算方法？如何进行成本差异的计算？
9. 如何处理各项成本差异？

二、综合题

1. ABC 公司甲产品的实际产量为 1 000 件，实际耗用材料 4 000 千克，该材料的实际单价为每千克 100 元；每件产品耗用该材料的标准成本为每件 250 元，材料消耗定额为每件 5 千克。

要求：

（1）计算该材料的标准价格；

（2）计算该材料的成本差异。

2．ABC 公司生产甲产品的标准人工成本如下。

单位产品耗用的直接人工　　4 小时

每一直接人工工资率　　　　2 元

标准工资成本　　　　　　　8 元

本年实际生产甲产品 20 000 件，实际消耗工时 40 000 小时，实际支付工资 200 000 元。

要求：

（1）计算工资成本总差异；

（2）计算工资率差异；

（3）计算人工效率差异。

3．ABC 公司本年度生产乙产品的固定制造费用实际发生额为 21 000 元，预算数为 20 000 元，正常生产能力为 10 000 小时。单位产品的实际工时为 8 小时，标准工时为 7 小时。已知该产品的固定制造费用总差异为零，实际产量为 1 500 件。

要求：

（1）计算固定制造费用耗费差异；

（2）计算固定制造费用效率差异；

（3）计算生产能力利用差异。

4．某产品的计划产量为 400 件，标准成本如下：

直接材料（80 千克×1）　　　　　80 元

直接人工（10 小时×2）　　　　　20 元

变动性制造费用（10 小时×3）　　30 元

固定性制造费用（4000 元÷400）　10 元

单位成本　　　　　　　　　　　140 元

实际产量为 480 件，实际成本如下：

直接材料（17 280×1.2）　　　　20 736 元

直接人工（2160×2.5）　　　　　5 400 元

变动性制造费用（2160×2.8）　　6 048 元

固定性制造费用　　　　　　　　3 600 元

总成本　　　　　　　　　　　　35 784 元

要求：
（1）计算材料成本总差异及其消耗数量差异、价格差异；
（2）计算工资成本总差异及其人工效率差异、工资率差异；
（3）计算变动性制造费用总差异及其效率差异、耗用差异；
（4）计算固定性制造费用总差异及其耗费差异、生产能力差异、效率差异。

第九章 责任会计

> 学习目标
> 1. 理解责任会计系统的概念和作用；
> 2. 掌握责任中心的概念和类型；
> 3. 了解责任中心业绩评价的原理；
> 4. 掌握内部转移价格的作用及其制定。

第一节 责任会计概述

一、责任会计的概念、意义和作用

（一）责任会计的概念

责任会计是现代分权管理模式的产物，它要求在企业内部建立若干个责任单位，并按照每个责任单位编制责任预算和组织核算，通过信息的反馈，实现对责任中心进行控制和考核的一种会计制度。

责任会计是在行为科学的理论基础上产生的，与企业组织机构相适应，在分权管理的条件下，为适应经济责任制的要求，将企业划分为各种不同形式的责任中心，并建立起以各个责任中心为主体，以权、责、利相统一为特征，以责任预算、责任控制、责任评价和奖惩为内容，通过信息的积累、加工和反馈而形成的一种企业内部管理控制制度，是把会计资料同各责任中心经济活动的规划、控制与业绩评价紧密联系起来的一整套会计制度，也称责任会计制度。

责任会计的目的是提供各种会计报告,以使各责任中心的责任人了解其相应的责、权、利,作为今后评价各责任中心业绩的主要依据。一个有效的责任会计制度必须具备如下 3 个特征。

1)必须与组织策略及组织目标保持高度一致。

2)必须能适应组织的结构及每个管理者不同的决策责任。

3)应该能激励管理者及雇员。

(二)责任会计的意义和作用

责任会计是指以企业内部的各个责任中心为会计主体,以责任中心可控的资金运动为对象,对责任中心进行控制和考核的一种会计制度。责任会计是会计核算和会计管理向企业内部纵深发展而出现的一种服务于企业内部的会计制度。这种制度要求把企业内部各级、各部门确定为权责范围不同的责任中心,按它们的权责范围分别编制责任预算,记录预算的执行情况,定期提出责任报告,以考核各个责任者的工作成绩。

企业越是下放经营管理权,越要加强内部控制。因为分权单位的行为不仅会影响其自身的经营业绩,而且会影响其他分权单位的经营业绩甚至企业整体的利益。因此,在实行分权管理的情况下,如何协调各分权单位之间的关系,使各分权单位之间以及企业与分权单位之间在工作和目标上达成一致;如何对分权单位的经营业绩进行计量、评价和考核,就显得尤为重要。责任会计制度就是为了适应这种要求而在企业内部建立若干责任单位,并对它们分工负责的经济活动进行规划、控制、考核和评价。

二、责任会计的内容

责任会计的内容,归纳起来有以下六方面。

(一)合理划分责任中心

实施责任会计,首先要按照分工明确、责任易辨的原则,合理划分责任中心,明确规定其权责范围,使其能在权限范围内,独立自主地履行职责。

(二)编制责任预算

为了顺利推行责任会计,有必要将全面预算所确定的各项指标,按照各个责任中心进行层层分解,区分各责任中心的可控和不可控费用,为每个责任中心编制责任预算,责任预算是指以责任中心为对象,以其可控的成本、收入、利润或投资为内容编制的预算。责任预算由各个责任指标构成,包括主要责任指标和其他责任指标两部分,可作为企业总预算的补充和具体化。

（三）制定合理的内部转让价格

为分清经济责任，便于正确评价各个责任中心的工作成果，企业内部各责任中心之间相互提供的产品或劳务都应进行结算，这就需要对企业所转让的各种产品和劳务确定其转让价格。

（四）建立健全严密的记录、报告系统

这也就是要建立一套完整的日常记录、计算和评价有关责任预算执行情况的新系统并在规定时间编制业绩报告，将实际数与预算数进行对比，借以评价各有关责任中心的工作成绩并分别反映它们所存在的问题。

（五）分析和评价实际工作业绩

根据原定的业绩评价标准对各责任中心的实际工作成绩进行比较，逐一找出差异，分析原因，判明责任，建立奖惩制度，采取有效措施，巩固成绩，改正缺点，及时通过信息反馈来保证生产经营活动向着预定的目标进行。

（六）建立公正、权威的内部协调机制

各责任中心在日常业务中不可避免地会发生责权利之间的纠纷，以及内部转让价格的争议。为了公正、客观地处理这些问题，就需要建立一个由最高管理当局以及专家组成的内部经济仲裁机构，专门处理、协调各种经济纠纷，必要时做出裁决。

三、责任会计的核算原则

在建立责任会计制度时，应遵循如下基本原则。

（一）责任主体原则

当企业建立责任会计制度时，企业所发生的每一项经济业务都由特定的责任中心负责。因此，责任会计的核算应以企业内部各责任中心为对象，责任会计资料的收集、记录、整理、计算、对比和分析等各项工作，都必须按责任中心进行。

（二）责、权、利相结合的原则

责、权、利相结合的原则要求在责任会计中，应当为每个责任中心、每笔收支和每项消耗定额确定具体的负责人；同时，赋予责任者与其所承担职责范围大小相适应的权力，并规定相应的业绩考核标准。责任会计核算和控制的是责任中心所承担的责任。责任大，权则大，利相应也大。只有贯彻责、权、利相结合的原则，才能充分调动各责任中心的主观能动性。

（三）目标一致性原则

在编制和执行责任预算以及对责任业绩进行评估时，应促使企业内部各责任中心协调一致地为实现企业的总体目标而努力工作。一要强调各责任中心目标服从总体目标，各责任中心的局部利益服从总体利益；二要强调责任中心之间的协调性，避免各自为政，不能单纯追求责任中心的利益而损坏总体利益和其他责任中心的利益。

各责任中心权责范围的确定、责任预算的编制以及责任中心业绩的考评，都应始终注意与企业整体利益保持一致，避免因片面追求责任中心的局部利益而影响整体利益，确保各责任中心的经营活动朝着既定的企业总目标方向协调发展。

（四）可控性原则

责任会计核算以一定的责任中心为主体组织实施，而各责任单位的责任核算内容、控制的对象只能是其可控的经济活动。在评价考核其责任业绩时，应将不可控的因素排除在外。

可控性原则是指每个责任中心只能对其权责范围内可以控制的收入、成本、利润和资金负责，对于不能控制的项目则应排除在外。由于责任会计主要以责任中心为会计主体来组织会计工作，各责任中心的利益与其业绩直接挂钩，因此对其工作业绩的评价考核必须以可控性为依据。在一个全面实行责任制的企业中，可控与不可控是相对的，要根据具体情况来确定。不同的责任层次，其可控的范围也不一样，一般责任层次越高，其可控的范围就越大。某个项目对某个责任中心来说是无法控制的，而对另一个责任中心来说则是可以控制的。因此，企业管理当局在确定各责任中心的可控范围时，应针对不同情况做出具体规定，力求做到既能防止因职责不清而相互推诿，又能激励各责任中心勇挑重担、恪尽职守，充分发挥它们的主观能动性。

（五）激励性原则

实行责任会计制度的目的就是最大限度地调动企业职工的积极性和创造性，保证企业整体利益的实现。因此，责任预算的制定、责任业绩的评价考核标准要具有激励作用，制定的目标要合理，经过努力可以实现，达到目标后所能得到的奖励和报酬与付出的劳动相比是值得的，这样就可以不断激励各责任中心为实现其责任预算而努力工作。

（六）反馈性原则

反馈性原则是指各责任中心在执行责任预算过程中，要及时、准确地计量、记录、计算、报告经济活动和责任履行情况的信息；将这些信息首先向责任中心负责人反馈，使其能够及时了解预算的执行情况，不断调整偏离预算的差异，采取措施实现规定的目标；同时向其上一级责任中心反馈，以便上级责任中心能及时了解下属责任中心的情况，进行有效的指导。

（七）例外管理原则

例外管理原则也称重要性原则，是指在分析评价各责任中心的责任执行情况和编制责任报告时，应重点分析和报告对各责任中心和企业有重大影响的事项或重大的差异。这样能够集中精力和节省时间解决重大的问题，达到事半功倍的效果。

第二节 分权管理与责任中心

一、分权管理的意义

第二次世界大战后，随着经济发展的日益国际化和企业竞争越来越激烈，企业经营呈现多元化和复杂化的趋势，企业规模逐渐扩大，管理层次增多，组织机构复杂，分支机构遍布世界各地。在这种情况下，企业高层管理人员既不可能了解企业组织的所有生产经营活动，也不可能代替低层管理人员做出所有决策，分权管理模式应运而生。

分权管理就是将生产经营决策权在不同层次的管理人员之间进行适当划分，并将决策权随同相应的经济责任下放给不同层次的管理人员，使其能对日常的经营活动及时做出有效的决定，以迅速适应市场变化需要的一种方式。实行分权管理，可以将日常管理工作交给下层管理人员处理，从而减轻高层管理人员的工作负担，使高层管理人员可以把工作重点和精力集中于企业的长远规划上。分权管理可以使各层次的管理人员在授权范围内，根据变化的市场环境迅速做出应变和决策，从而避免因层层汇报、延长决策时间而造成的损失；可以有效地调动各级管理人员的积极性和创造性，提高工作效率和工作质量；可以为下层管理人员提供培训机会，提高业务素质水平。

但实行分权管理，一方面会使各分权单位之间具有某种程度的相互依存性，另一方面又允许各分权单位具有相对的独立性。这样，可能会出现分权单位损害企业整体利益或长远利益而片面追求局部利益，各分权单位之间为了各自的利益发生冲突和竞争的状况；而且各分权机构的设置、各项管理信息的归集，会相应地增加各种行政费用开支，引起浪费。

为了对分权管理制度兴利除弊，必须建立有效的控制制度作为保证。责任会计制度正是顺应这种管理要求而不断发展和完善起来的一种行之有效的控制制度。这种制度根据授予各分权单位的权力、责任以及对其业绩的评价方式，将企业划分为各种不同的责任中心，建立起以各责任中心为主体，以权、责、利相统一为特征，以责任预算、责任控制、责任考核为内容，通过信息的积累、加工和反馈而形成的企业内部控制系统。

二、责任中心及其类型

为了协调内部各利益方之间的权责矛盾和利益冲突,企业需要建立一套与其经营理念和组织结构相适应的责任会计系统,责任会计系统的基础是企业责任中心的划分。

(一) 责任中心

在分权管理企业中,各种承担与其经营决策权相适应的经济责任的组织部门或区域称为责任中心。这个中心,即在会计制度上设定为有责任执行所规定活动的计量单位。在一个企业内,一个责任中心可大可小,它可以是一个销售部门、一条专门的生产线、一座仓库、一台机床、一个车间、一个班组、一个人,也可以是分公司、事业部,甚至是整个企业。责任中心具有承担经济责任的条件。它有两方面的含义:第一,责任中心具有履行经济责任中各条款的行为能力;第二,责任中心一旦不能履行经济责任,能对其后果承担责任。责任中心按其控制区域和责任范围的大小划分,基本上有4种形式,即成本中心、收入中心、利润中心和投资中心。

责任中心的基本特征是责、权、利相结合,具体如下。

1) 拥有与企业总体管理目标相协调且与其管理职能相适应的经营决策权。
2) 承担与其经营决策权相适应的经济责任。
3) 建立与其责任相配套的利益机制。
4) 各责任中心的目标与企业整体目标协调一致。

责任中心能否成为真正的自控实体、自控能力有多大,在很大程度上取决于上级管理部门提供的自控条件是否完善。那么上级管理部门的责任是什么呢?简单地说,就是为下级责任中心能成为自控实体创造条件。具体包括以下4个方面。

1) 提供让下级责任中心能够知道它应该做些什么和怎么做的手段。
2) 提供让责任中心能够知道它正在做些什么的手段。
3) 提供让责任中心能够调节它正在做的事的手段。
4) 提供让责任中心能够知道它自身行为后果的手段。

在通常情况下,如果上述条件已全部实现,从管理者角度来说,责任中心已处于自控状态,要对它自身行为后果负责是恰如其分的。如果管理部门不能帮助责任中心达到上述条件中的任何一条,那么相应产生的缺陷就是管理上的可控缺陷,管理部门有责任弄清原委并承担相应的责任。

(二) 成本中心

成本中心是只对成本或费用负责的责任中心。其特点是:只对生产经营过程中投入的成本或费用负责,无须对利润情况和投资效果承担责任;只对可控成本承担责任;只对责任成本进行评价和控制。它分为以下几类。

1. 标准成本中心

建立标准成本中心的条件是企业将要生产的产品在种类上已经确定，数量上可以度量，并且已知生产每单位产品所需要的投入量。对于任何一种重复性经营来说，只要其产品的实际数量能够计量且能够说明投入量和产出量之间所希望达到的生产函数，就可以建立标准成本中心。通常，标准成本中心的典型代表是制造业工厂、车间、工段、班组等。成本中心内的投入与产出，如果关系明确，并能提供一定的物质成果，即可采用标准成本中心制度。例如，制造部门耗用的主要成本（直接材料与直接人工）与产量的关系通常十分明确；而非制造部门，如医院的食品供应部门及洗衣部门，其成本与服务人数的关系也十分明确，都可采用标准成本中心制度。某一部门如被视为标准成本中心，则业绩是以成本差异大小来评价的。标准成本中心又有两种：一种是基本成本中心，一种是复合成本中心。前者没有下属成本中心，如一个工段是一个基本成本中心；后者有若干个下属成本中心，如一个车间是一个成本中心，在它的下面有若干个工段，如果这些工段也都被划定为成本中心，那么该车间就是一个复合成本中心。

2. 费用中心

费用中心也称酌量性成本中心。酌量性成本是否发生以及发生数额的多少是由管理人员的决策所决定的，主要包括各种管理费用和某些间接成本，适用于那些产出物不能用货币来计量或者投入和产出之间没有密切关系的单位。这些单位包括一般行政管理部门，如会计、人事、劳资、计划等；研究开发部门，如设备改造、新产品研制等；某些销售部门，如广告、宣传、仓储等。政府机关及非营利机构，常采用这一制度，对其的控制着重于预算总额的审批。费用中心是以直接控制经营管理为主的成本中心。

（三）收入中心

为了加强对企业收入的管理，及时收回货币资金和控制坏账，在许多企业中，设置了以推销产品为主要职能的责任中心——收入中心，即只对产品或劳务的销售收入负责的责任中心。通常是指企业的销售部门。虽然销售部门也发生销售费用，但由于其主要职能是产品销售和取得收入，因此以收入来确定其经济责任，更为恰当。对于费用，虽然也需要计量，但可以相对简化，只要根据弹性预算方法确定其费用即可。

由于收入中心责任过于单一，只有利于对收入负责的单位，而对公司整体并没有好处，而且它容易造成只对收入负责而不对利润负责，使这些收入中心大量占用资产而降低公司整体资产使用效能，因此许多企业不设收入中心。

在近来作业成本法的发展基础上，销售部门现在能够把它们的销售成本和对每个消费者提供服务的成本考虑进去。这样，企业才能够用作业成本制度把履行营销和销售活动的收入中心变成利润中心。因此，随着分配、营销和销售活动中作业成本法的逐渐采用，把许多分散经营单位仅仅作为收入中心的理由大大减少了。作业成本法能够使企业把职能部门作为标准成本中心；如果它们有权向外部用户销售产品，也可以把它们作为利润中心。

（四）利润中心

利润中心是指对利润负责的责任中心，它常被称为战略经营单位。由于利润等于收入减去成本和费用，所以利润中心实际上既要对收入负责，又要对成本和费用负责。利润中心属于企业中的较高层次，同时具有生产和销售的职能，有独立的、经常性的收入来源，可以决定生产什么产品、生产多少、生产资源在不同产品之间如何分配，也可以决定产品销售价格、制定销售政策，它与成本中心相比具有更大的自主经营权。

利润中心有以下两种类型。

1. 自然的利润中心

自然的利润中心，是向市场销售产品、提供劳务的利润中心，适用于企业管理中具有独立收入来源的较高阶层，如分公司、分厂等。有些公司采用事业部制，每个事业部均有销售、生产、采购的职能，有很大的独立性，能独立地控制成本、取得收入，这些事业部就是自然的利润中心。

2. 人为的利润中心

人为的利润中心主要在企业内部按照内部转让价格出售产品。例如，纺织厂的纺纱车间将纺出的纱以内部转让价格出售给织布车间，纺纱车间就可以被视为利润中心，并称为人为的利润中心。再如，企业内部的辅助部门，包括修理、供电、供水、供气等单位，可以按固定价格向生产部门收费，它们也可以被确定为人为的利润中心。有些企业把条件成熟的生产车间或部门，人为地建成利润中心，借以扩大企业的经营范围，朝着分散经营、跨行业经营的方向发展。

这种利润中心一般不直接对外销售产品，只对本企业内部各责任中心提供产品。成立人为利润中心应具备两个条件：第一，可以向其他责任中心提供产品；第二，能够合理确定产品的内部转让价格，以实现公平交易。人为利润中心一般也应具备独立的经营权，能自主决定本利润中心的产品品种、产品质量、作业方法、人员调配、资金使用等。实际上，工业企业的大多数成本中心都可以转成人为利润中心，条件是它们提供的产品或配件能制定出合适的内部转让价格。

（五）投资中心

投资中心是对投资负责的责任中心，是一个就本身投资基础的赢利能力对最高层管理者负责的企业单位。其特点是既要对成本、收入、利润负责，又要对利润与投资之间的比例关系、投资的效果、资本支出决策、存货储存量、顾客应收账款、坏账收回和材料采购负责。投资中心同时也是利润中心。它与利润中心的主要区别如下。

1）权力不同。利润中心没有投资决策权，它只是在企业投资形成后进行具体的经营。

2）评价方法不同。评价利润中心业绩时，不进行投入产出的比较；而在评价投资中心业绩时，必须将所获得的利润与所占用的资产进行比较。

正因为如此，只有具备经营决策权和投资决策权的独立经营单位才能成为投资中心。投资中心的适用范围限于经营规模和管理权力较大的部门，一般是企业的最高层，如事业部、分公司、分厂等。投资中心是分权管理的突出表现，它一般是独立的法人。投资中心与利润中心相比，利润中心只拥有短期的经营决策权；投资中心除此之外还拥有长期投资决策权，因而其权力更大，但同时经营责任也更大。

成本中心、利润中心和投资中心都是责任中心，而企业内部各责任中心之间存在一种等级制度。一个大公司或集团公司可能是由很多投资中心组成的，每个投资中心可能有几个利润中心，而每个利润中心可能又有几个成本中心。投资中心、利润中心和成本中心之间的关系是：基本成本中心对复合成本中心或利润中心负责，利润中心对投资中心负责，投资中心对董事会负责。企业各种类型和层次的责任中心形成了一个"连锁责任"网络，这就促使每个责任中心为保证经营目标一致而协调运转。它们之间的关系如图 9-1 所示。

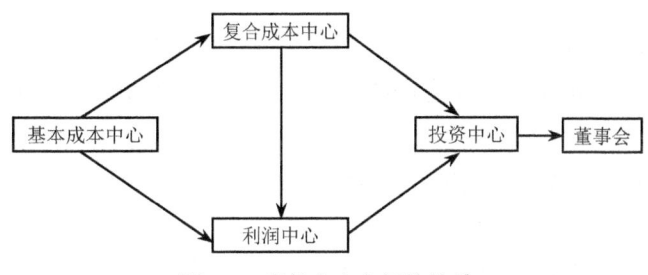

图 9-1 责任中心之间的关系

第三节 责任中心绩效考核

一、成本中心绩效考核

（一）成本中心的目标

成本中心的特点是没有经营权或销售权，无法控制收益，因而其只对在其职权范围内发生的成本或费用负责。成本中心的目标也就是在保质保量完成生产任务或搞好管理工作的前提下，控制和降低成本费用。标准成本中心的管理者不对该中心业务活动水平的变动负责,但要对那些在成本中心能力范围之内,达到外部决策所要求的效率承担责任。对于标准成本中心所生产的产品,要根据投入和产出的关系评估其效率;而对于其经营效果的评估,则要看该中心是否在指定的质量和时间上达到了所要求的产量。

责任成本是成本中心控制、评价的主要内容。责任成本与产品成本是两个不同的成本概念,区别如下。

1. 计算的原则不同

两者之间既有区别又有联系。按谁受益、谁承担的原则把成本归集到各个产品明细账上的,叫做产品成本;按谁负责、谁承担的原则把成本归集到负责控制成本中心账上的,叫做责任成本。

2. 成本的计算对象不同

产品成本是按承担客体(产品)进行计算的,而责任成本是按责任中心计算的。

3. 两者的目的不同

产品成本是反映和监督产品成本计划的完成情况,实行经济责任制的重要手段;而责任成本则是反映和评价责任预算的执行情况,控制生产耗费,贯彻经济责任制的主要工具。

责任成本与产品成本虽有区别,但两者也有联系。就一定时期来说,全厂的产品总成本与全厂的责任成本的总和是相等的。

(二)成本中心的控制

成本中心所能控制的主要是在生产或经营管理过程中所发生的耗费。为了提高这种控制的有效性,必须明确如下要求。

1. 成本中心的责任成本必须是可控成本

(1)可控成本和不可控成本

凡是责任中心能控制的各种耗费称为可控成本,可控成本是相关负责人员能够通过他们的决策影响其金额大小的支出项目。例如,邮购部主管可能仅对人工成本、运输成本、订货错误和调整以及客户满意程度负责,而不负责支持信息系统的成本,因为他无法控制那项成本。可控成本必须符合以下三个条件:责任中心有办法知道将发生什么性质的耗费;责任中心有办法计算它的耗费;责任中心有办法控制并调节它的耗费。

凡不符合上述三个条件的成本,即为不可控成本。不可控成本是相关负责人员不能通过决策影响的费用项目,但可能是由其他负责人员控制的。例如,邮购信息系统的成本,尽管不受邮购部主管的控制,但对负责信息系统的经理来说却是可控的。属于某成本中心的各项可控成本之和,即为该中心的责任成本。

(2) 可控性的含义

把成本区分为可控制的与不可控制的，不是以某项成本（耗费）的固有性质划分的，而是从它同一个具体的责任中心的联系来考虑的。例如，以一个企业整体来说，企业发生的所有成本都是可控的，因为成本的某个项目，总是为企业某一个责任中心所控制。这里所讲的"可控制"，是指对该项成本可以产生重大影响，而不是全部影响。因为很少能有一个企业内部的责任中心对构成某一个成本项目的全部因素都进行控制。例如，从一个生产班组的责任中心看，它对材料成本的控制是有限度的，对材料品种的选择往往受工艺设计和采购部门的限制，材料的价格是由供应部门的采购成本决定的。区分可控成本与不可控成本的关键是责任中心的行动对它是否产生重大影响。因此，创造条件使责任中心承担的成本同其行动联系起来，可使不可控成本变成可控成本。例如，企业外购电力，在全厂只安装一个电表时，电费对各车间来说是不可控成本；如果为各个车间分别安装电表，则各车间承担的电费是根据电表计量的消耗量计算的，这时电费就成为可控成本。

(3) 成本可控性划分

成本的可控与不可控是以一个特定的责任中心和一个特定时期作为出发点的，这与责任中心所处管理层次的高低、拥有管理权限及控制范围的大小和经营期间的长短有直接关系。

首先，成本的可控与否与责任中心的管理层次有关。某些成本对于较高层次的责任中心或高级领导来说是可控的；对于其下属的较低层次的责任中心或基层领导来说，就可能是不可控的。对企业来说，几乎所有的成本都是可控的；而对于企业下属各层次、各部门来说，则既有各自的可控成本，又有各自的不可控成本。

其次，成本的可控与否与责任中心的管辖范围有关。某项成本对某一责任中心是不可控的，而对另一责任中心是可控的，这不仅取决于该责任中心的业务内容，也取决于该责任中心所管辖的业务范围。就产品试制费而言，对产品生产部门，其是不可控的；而对新产品试制部门来说，其就是可控的。

最后，某些从短期看属不可控的成本，从较长的时期看又成了可控成本。以现有生产设备的折旧为例，在设备原价和折旧方法既定的条件下，该设备继续使用时，对具体使用它的部门来说，折旧是不可控的；但当现有设备不能继续使用，要用新的设备来代替它时，新设备的折旧则取决于设备更新所选用设备的价格及正常使用寿命，这时新设备的折旧又成为可控成本了。

成本按可控性分类和按其他标准分类，由于所持的角度不同，是既有联系又有区别的。从一个成本中心来看，变动成本大多是可控成本，固定成本大多是不可控成本。然而，这种划分并不是绝对的，还要结合有关情况按成本的习性做具体分析。例如，管理人员工资是固定成本，但为可控成本。再从成本的发生同各个成本中心的关系看，由各个成本中心直接发生的直接成本大多是可控成本，由其他部门分配来的间接成本大多是不可控成本。

但这也要进行分析，如一个成本中心所使用的固定资产折旧费是直接成本，但也不是可控成本。

2. 成本中心的责任划分必须明确

成本中心在企业中一般是按生产组织的方式来划分的，它可贯穿于从上到下不同的生产组织层次。在生产组织中有些部门之间的职责划分较明确，有些则不够明确。例如一个企业中，车间与车间之间的职责划分一般较明确，但班组或个人之间的职责划分就较模糊。为保证责任会计的有效性，成本中心的划分应到适当的层次，以保证各成本中心的责任划分有一个明确的界限。对于每项需要加以控制的费用，各责任中心都必须确定主要责任人。尽管每一个责任人都有其明确的责任范围，但并不是对责任范围内所发生的费用都要负责，有的应负主要责任，有的只负次要责任，各级责任人只能控制各自责任范围内的可控费用。然而在企业中，总会有些费用项目（如固定资产折旧费）难以确定责任归属。对这些费用项目不宜硬性归属到某个部门，可由企业财务部门直接控制。

3. 为各成本中心编制成本预算

责任成本预算是成本中心业绩控制的重要依据。责任成本预算应按各成本中心发生的业务量进行编制。当各成本中心发生的成本包括变动成本与固定成本时，应首先区分变动成本和固定成本，分别计算出变动成本总额和固定成本总额，再加总求出成本总额。

4. 建立责任成本计量体系

由于责任成本计量与产品成本计量是两个体系，因此进行责任成本计量时，必须建立适合责任成本计量的原始凭证体系，并根据各成本中心发生的实际成本消耗情况分设账簿进行记录和汇总。

【例 9-1】某公司有甲、乙、丙三个成本中心，生产 A、B、C 三种产品，某年发生的费用支出情况如下：直接材料 100 000 元，直接人工 60 000 元，制造费用 54 000 元。根据原始凭证归集的成本资料如表 9-1 所示。

表 9-1　某公司成本资料　　　　　　　　　单位：元

成本项目	费用合计	产品成本			责任成本		
		A	B	C	甲	乙	丙
直接材料	100 000	45 000	35 000	20 000	40 000	30 000	30 000
直接人工	60 000	18 000	23 000	19 000	22 000	18 000	20 000
制造费用	54 000	20 000	18 000	16 000	24 000	14 000	16 000
合计	214 000	83 000	76 000	55 000	86 000	62 000	66 000

（三）成本中心的评价

1. 标准成本中心的评价

对成本中心的评价，应以责任成本为重点，以业绩报告为依据，计量责任成本的实际数与预算数的差异，并分析其发生的原因。如预算数大于实际数，则称为有利差异；若预算数小于实际数，则称为不利差异。评价指标主要为预算成本节约额和节约率，计算公式如下：

$$预算成本节约额=预算成本-实际成本$$

$$预算成本节约率=(预算成本节约额÷预算成本)×100\%$$

【例9-2】在表9-1中，甲、乙、丙的责任成本预算分别为87 000元、62 500元、65 000元，要求：计算甲、乙、丙三个成本中心的预算成本节约额和节约率。

解：　　　　甲预算成本节约额=87000-86000=1000（元）

乙预算成本节约额=62500-62000=500（元）

丙预算成本节约额=65000-66000=-1000（元）

甲预算成本节约率=(1000/87000)×100%=115%

乙预算成本节约率=(500/62500)×100%=0.8%

丙预算成本节约率=(-1000÷65000)×100%=-1.54%

节约额（率）为负数时，也称超支额（率）。

2. 费用中心的评价

确定费用中心的评价指标比较困难。费用中心的业绩涉及预算、工作质量和服务水平。工作质量和服务水平的量化很困难，并且与费用支出关系密切。这正是费用中心与标准成本中心的主要差别。对费用中心，一般以一定的业务工作量为基础，事先按期编制费用弹性预算来评价费用中心的成本控制业绩。由于很难依据一个费用中心的工作质量和服务水平来确定预算数额，因而可将考察同行业类似职能的支出水平作为一个解决办法。例如，有的企业根据销售收入的一定百分比来制定研究开发费用预算。尽管很难解释为什么研究开发费用与销售额具有某种因果关系，但是百分比法还是使人们能够在同行业之间进行比较。另外一个解决办法是零基预算法。从根本上说，确定费用中心预算水平有赖于了解情况的专业人员的判断。

3. 非财务因素评价

上述成本中心评价指标忽略了许多非财务信息，由于某责任主体的目标就是责任成本最小化，所以很容易产生偷工减料等影响别的责任主体评价乃至整个企业发展的行为，如产品存在潜在的质量问题，不及时交货，过度使用某项资产等。这些因素由于目前的财务体系反映不出来而不影响业绩评价。但其显然会导致短期经营行为的产生，从而违背了企业总体目标。

（四）成本中心的责任报告

责任会计以责任预算为基础，它对责任预算的执行情况进行系统的记录和计量，并定期编制责任报告，通过实际完成情况同预定目标的对比，评价各个责任中心的工作成果。

责任报告是对各个责任中心过去一定期间生产经营活动的系统概括和总结。根据责任报告，可以进一步对差异形成的原因和责任进行具体分析，充分发挥信息的反馈作用。这将有助于管理部门对有关的生产经营活动实现有效的控制和调节，促使各个责任中心根据各自的特点，为实现企业的总体目标，相互协调并卓有成效地开展有关的活动，以最大限度地提高企业生产经营的经济效益。

二、利润中心绩效考核

利润中心是指对利润负责的责任中心，可分为自然利润中心和人为利润中心两类。利润中心既要对收入负责，也要对成本和费用负责，故利润中心的考评指标至少有4种选择：贡献毛益、可控贡献毛益、部门贡献毛益、部门税前利润。

$$贡献毛益 = 部门销售收入总额 - 部门变动成本总额 \quad (9-1)$$

$$可控贡献毛益 = 贡献毛益 - 部门经理可控固定成本 \quad (9-2)$$

$$部门贡献毛益 = 可控贡献毛益 - 不可控固定成本 \quad (9-3)$$

$$部门税前利润 = 部门贡献毛益 - 公司分配的各种管理费用 \quad (9-4)$$

前两个指标可看做严格意义上的贡献毛益在利润中心考核的自然延伸，是可控性原则的具体体现。第二个指标主要用于评价利润中心（部门）负责人的经营业绩，因而必须针对经理人的可控成本进行评价和考核，即将各部门的固定成本区分为可控成本和不可控成本。这是因为有些费用虽然可以追溯到有关部门，却不为部门经理所控制，如广告费、保险费等。因此，在考核部门业绩时，应将其不可控的成本剔除。第三个指标主要用于对利润中心（部门）业绩的考核，用以反映有关部门补偿共同性固定成本后对企业利润所作的贡献。

【例9-3】某公司有一部门的相关数据如下：

部门销售收入	60 000 元
部门销售变动生产成本和变动销售费用	40 000 元
部门可控固定成本	3 500 元
部门不可控固定成本	4 500 元

则该部门的利润考核指标计算如下：

$$贡献毛益 = 60000 - 40000 = 20000（元）$$

可控贡献毛益=20000-3500=16500（元）

部门贡献毛益=16500-4500=12000（元）

贡献毛益 20 000 元作为业绩评价依据不够全面。因为部门经理至少可以控制某些固定成本，并且在固定成本和变动成本的划分上有一定选择余地。以可控贡献毛益 16 500 元作为业绩评价依据是最合适的，它反映了部门经理在其权限和控制范围内有效使用资源的能力。以部门贡献毛益 12 000 元作为业绩评价依据可能更适合评价部门对企业利润和管理费用的贡献，而不适合于对部门经理的评价。

由于利润中心无法控制上级分配来的管理费用等，所以在评价利润中心的经营业绩时，应将这部分管理费用的影响剔除。

【例 9-4】已知某利润中心有关项目的实际数和预算数如表 9-2 所示。其中，"变动销售费用"和"直接发生的固定成本"属于该利润中心的可控成本；"上级分配的管理费用"是该利润的中心不可控成本；其他成本均为下属成本中心转来的责任成本。

表 9-2 有关项目的实际数与预算数

项　目	实 际 数	预 算 数	差　异
销售收入	310 000	280 000	30 000
变动成本			
变动生产成本	100 000	80 000	20 000
变动销售费用	50 000	60 000	-10 000
变动成本合计	150 000	140 000	10 000
贡献毛益	160 000	140 000	20 000
期间成本			
直接发生的固定成本	50 000	40 000	10 000
上级分配的管理费用	30 000	40 000	-10 000
期间成本合计	80 000	80 000	0
营业利润	80 000	60 000	20 000

要求：对上述责任报告进行分析评价。

解：该利润中心实际获利超过预算 20 000 元，而上级分配的管理费用比预算少 10 000 元，若扣除这一因素，则该利润中心的业绩是超额 10 000 元。

三、投资中心绩效考核

投资中心是指既要对成本、利润负责，又要对投资的效果负责的责任中心。投资中心是最高层次的责任中心，它具有最大的决策权，也承担最大的责任，投资中心一般是独立法人。对投资中心的评价与考核除成本、收入和利润等指标外，重点应放在"投资报酬率"和"剩余收益"这两项指标上。

（一）投资报酬率（ROI）

$$投资报酬率 = \frac{利润额}{投资额} = \frac{销售收入}{投资额} \times \frac{利润额}{销售收入} = 投资周转率 \times 销售利润率 \qquad (9-5)$$

式中，利润指投资中心的税前利润；投资额指投资中心的总资产扣除负债后的余额，即投资中心的净资产。

企业若要提高投资报酬率，可通过以下主要途径。

1）扩大销售量。设法使销售增长的比例高于成本增长的比例；或在净资产保持相对稳定的情况下，扩大销售，增加利润。

2）降低成本，尤其是要设法削减酌量性固定成本，降低单位变动成本。

3）提高资本运营能力。采取措施加速应收账款回收，及时处理无用、多余的存货，从而提高企业营运资本周转速度，增加企业利润。

投资报酬率指标具有如下局限性。

1）由于投资报酬率指标分母的投资额，等同于企业的净资产，在存在通货膨胀的情况下，资产账面价值失真，导致投资报酬率指标失真。

2）用投资报酬率评价各投资中心经营业绩，会使投资中心只考虑本身利益而放弃对整个企业有利的投资项目，造成投资中心近期目标与企业长远发展目标相背离。

3）从控制的角度看，由于一些共同费用无法为某个投资中心所控制，所以投资报酬率的计算不是各投资中心所能完全控制的。

4）投资报酬率没有考虑各投资中心占用资产的机会成本。

（二）剩余收益（RI）

剩余收益是指投资中心获得的利润扣减其最低投资收益后的余额，其计算公式如下：

$$剩余收益 = 营业利润 - 投资额 \times 预期投资报酬率 \qquad (9-6)$$

式中，预期投资报酬率可以按照整个企业各投资中心的加权平均投资收益率计算，也可以以资金成本作为最低报酬率进行计算。

用剩余收益指标评价投资中心经营业绩，会促使投资中心尽量提高剩余收益。一个投资项目，只要其剩余收益大于零，则该投资行为就是可取的。

剩余收益指标与投资报酬率指标相比，具有如下特点。

1）剩余收益指标体现了投入与产出之间的关系，与投资报酬率一样，可以用来全面评价与考核投资中心的经营成果。

2）用剩余收益指标来考核投资中心业绩，有利于防止各个投资中心的本位主义行为，促使它们从整体出发，使各个投资中心的目标与整个企业的总目标趋于一致。

剩余收益指标正好解决了用投资报酬率衡量部门业绩带来的次优化问题，弥补了投资报酬率指标的不足。缺点是剩余收益指标为绝对量指标，不利于不同投资中心的比较。因此在进行绩效评价时，应考虑两个指标的互补性，综合运用。

【例9-5】BD公司有两个事业部（投资中心），它们最近一年的营业利润和投资额的资料如表9-3所示。

表9-3　BD公司两个事业部最近一年的营业利润和投资额　　　　　　单位：元

	A事业部	B事业部
营业利润	110 000	262 500
投资额	500 000	1 500 000

假定该公司为投资中心规定的预期报酬率为15%。

要求：

1）先用RI指标评价A、B两个事业部的业绩。通过计算，你认为哪个事业部较优？

2）再用ROI指标评价A、B两个事业部的业绩。通过计算，你认为哪个事业部较优？

3）结合两个事业部原始投资额的情况，你认为哪个指标的评价比较准确？为什么？

解：1）首先用剩余收益（RI）指标评价两个事业部的业绩。

A事业部 RI=110000−(500000×15%)=35000（元）

B事业部 RI=262500−(1500000×15%)=37500（元）

从计算结果可以看出，如果仅采用剩余收益指标进行评价，因为B事业部RI大于A事业部RI，所以B事业部的业绩优于A事业部。

2）用投资报酬率（ROI）指标来进行评价

$$A 事业部 ROI = \frac{110000}{500000} \times 100\% = 22\%$$

$$B 事业部 ROI = \frac{262500}{1500000} \times 100\% = 17.5\%$$

从计算结果可以看出，A事业部ROI大于B事业部ROI，所以A事业部的业绩优于B事业部。

3）综上所述，RI指标忽视了两个事业部原始投资的规模，B事业部投资额比A事业部投资额多1 000 000元，而其剩余收益只比A事业部多2 500元，这是很不相称的。在实际工作中，必须结合两个指标来进行评价。

由于剩余收益指标是一个绝对量指标，所以难以用它在规模不同的投资中心之间进行业绩的比较。要解决这个问题，有两种办法：一种是计算剩余收益率，即剩余收益除以投资额；另一种就是同时计算投资报酬率和剩余收益以评价企业的经营业绩。

第四节　内部转移价格及其内部结算

一、内部转移定价的原则与作用

内部转移价格又称内部结算价格，是指企业内部有关责任中心之间相互提供中间产品或劳务所采用的一种结算价格。

企业内部各责任中心之间经常会有相互提供产品或劳务的"买卖"活动，如上道工序加工完成的产品转移到下道工序继续加工，辅助生产部门为基本生产部门提供劳务等，都是一个责任中心向另一个责任中心"出售"产品或提供劳务，使两个责任中心成为交易的"买卖"双方。内部转移价格具有与外部的市场价格类似的功能，促使买卖双方不断降低成本和费用，改善经营管理，提高经济效益。但内部转移价格所影响的买卖双方都存在于同一个企业之中。由于这种交易是在企业内部进行的，一般不涉及税金等支出，所以"卖"方所增加（或减少）的内部利润恰好等于"买"方所减少（或增加）的内部利润。因此，从企业整体来看，内部转移价格无论怎样变化，企业总利润是不变的，变动的只是利润或内部利润在各责任中心之间的分配情况。

（一）内部转移定价的原则

如果一种产品的最终完成需要在企业内部的多个责任中心之间进行转移，由多个责任中心共同努力才能实现销售，那么即使仅最终的产品才能为企业带来货币效益，实现的收益还是应该由这些中心共同分享。这时，内部转移价格的制定就成为企业内部的利益分配机制。为促进企业财务目标的实现，制定内部转移价格应遵循下列原则。

1. 目标一致性原则

企业在制定内部转移价格过程中，应考虑企业全局利益和各责任中心的局部利益，并使之协调一致。如果内部转移价格制定不合理，可能损害企业的全局利益或挫伤各责任中心的积极性，在企业全局利益与各责任中心的局部利益发生冲突时，企业应从整体利益出发制定内部转移价格，以保证企业整体目标的实现。

2. 公平性原则

企业制定出的内部转移价格，必须确保提供产品的责任中心和接受产品的责任中心双方均感到公平、合理，能正确考评各责任中心的工作绩效。也就是说，根据内部转移价格确定的各责任中心的绩效应能够准确反映该中心对企业总体绩效所作的贡献。

3. 科学性原则

这要求内部转移价格必须在较大程度上反映产品或劳务的实际劳动消耗水平，企业制定内部转移价格应该在广泛收集和认真整理相关资料的基础上，对各有关责任中心的成本和费用开支状况进行科学的预计和分析，保证内部转移价格制定的科学性。同时，内部转移价格的制定，还应该有利于各责任中心的科学决策。

4. 保留自主权

保留自主权是指总部管理层不能干预分部经理在制定转移价格上的自由。国外的一项实证研究表明，各责任中心自主决定价格更有助于公司整体业绩的提高，并有助于减少责任中心之间的冲突，这是因为各分部经理更了解中间产品的市场、价格、成本信息，能够确定更为准确的转移价格。

（二）内部转移定价的作用

1. 有助于合理确定各责任中心的经济责任

内部转移价格为"买卖"双方确定了一个计量标准，所以，正确制定内部转移价格，可以合理确定各责任中心应承担的经济责任，调节各责任中心的收入，维护各责任中心的经济权益，使经济责任制易于落实。

2. 有利于客观、公正地评价和考核各责任中心的经营业绩

合理的内部转移价格，能够为企业各责任中心的经营业绩提供一个客观的标准，进行统一的比较和综合的评价，使绩效考核公平有效。

3. 有利于发挥企业各责任中心工作的积极性

合理的内部转移价格，一方面使各责任中心的责任明确合理，另一方面使各责任中心的利益公平有效。这样，各责任中心的努力与得到的物质利益相适应，在一定程度上起到了鼓励先进和鞭策后进的作用。

4. 为制定正确的经营决策提供依据

内部转移价格，可以把有关责任中心的经济责任和经营业绩加以数量化。企业高层管理当局和内部各业务职能部门的主管人员能根据企业未来一定期间的经营目标和有关的成本、收入、利润及资金状况，在分析比较的基础上，制定合理的经营决策，选取履行经济责任、实现预定目标的最佳行动方案。通过内部转移定价对内部利润的调节作用，可以调节资源在企业内部的配置，使企业整体经营达到最好的效果。

二、内部转移定价方式

内部转移定价主要有三种基本模型：基于外部市场的转移价格模型、基于成本的转移

价格模型和协商转移价格模型,实际中也可以将几种基本模型组合起来应用。

(一)基于外部市场的转移价格模型

这是指以市场价格为提供产品或劳务的内部转移价格。这种方法适用于中间产品存在着一个完全竞争市场的情况,应用于独立核算的利润中心。由于各责任中心将产品或劳务提供给企业内部和外部,都采用相同的市场价格,比较客观公正,不会偏袒任何一方,最能体现责任中心的基本要求,因此市场价格被认为是制定内部转移价格的最好基础。

以市场价格作为内部转移价格,但并不意味着两者相等。由于是内部转移,卖方可以节约一定的销售费用、广告费和运输费等,因此买方往往要求内部转移价格低于市场价格。同时还要注意,有些产品或劳务是专门为企业内部生产和提供的,即没有外部市场,因而没有现成的市场价格,其内部转移价格的制定就无法以此为基础。

【例9-6】设某企业A生产部门生产的半成品,单位变动成本为3元/件,可以向外界销售,售价为6元/件,也可以由B生产部门继续加工后出售,加工的单位变动成本为3元/件,单位售价为12元/件。如以6元/件作为内部转移价格,则A、B两部门和企业可实现的单位边际利润如表9-4所示。

表9-4 有关成本、售价资料　　　　　　　　　　单位:元/件

项　　目	A部门	B部门	企　　业
单位售价	6	12	16
单位变动成本	3	3	6
单位内部转移价格	0	6	—
单位边际利润	3	3	6

从表9-4可知,以市价6元/件作为内部转移价格,A、B两部门和整个企业都有利可得。从边际利润算出营业净收益,即可作为全面评价和考核经营成果的依据。

如果企业的产品是特别的、专用的,市场没有同类产品的价格可比,则应采取协商价格作为内部转移价格。

(二)基于成本的转移价格模型

世界上将近半数的大型企业按成本转移项目,这种方法适用于以下三种情况:中间产品没有外部市场存在,这种情况通常发生在中间产品只完成了局部加工或在此阶段不对外销售;市场太狭小、太分散,无法确定一个准确的价格;中间产品中包含易被竞争对手破译的秘方或秘法,高层管理人员不愿将其对外泄露。用产品成本作为转让价格是制定转移价格最简单的方法,通常涉及完全成本、标准成本和变动成本等。

1. 完全成本法

完全成本的资料是根据财务报告的内容而编制的,具有现成可用的特点,因此不必为制定转移价格而增加任何费用。但是,以完全成本作为转移价格,将使产品(或半成品)的"销售"单位得不到任何利润,所有利润都将表现在"购买"单位的账上。同时,由于"销售"单位的成本全部转移给"购买"部门,因此对制造部门的经理降低成本缺乏激励作用。而对"购买"单位来说,由于制造部门的成本无论高低都将会全额转移给它,因此它就要承担不受它控制而由其他部门造成的工作效率上的责任。如果以此为依据,对有关方面的工作成就进行评价,并按成果大小进行"奖励",势必会产生偏差,不能取得应有的效果。为了弥补上述缺陷,人们采用"标准(预算)成本"。"标准(预算)成本"可以极大地减少低效率的问题,有利于明确经济责任,便于正确评价各自的工作成果。但是,无论是以实际完全成本还是以标准成本作为转移价格,对于短期决策来说,都会遇到同一个问题:"销售"单位的固定成本在"购买"单位将作为变动成本处理,由此决定了它们不能很好地解决"目标一致性"问题。以完全成本作为内部转移价格的方法,主要适用于成本中心相互提供的产品和劳务的计价、结算。

2. 变动成本法

以变动成本作为转移价格尽管可以解决"销售"单位的固定成本在"购买"单位作为变动成本处理的问题,但也带来了其他的缺陷。

1) 这种转移价格会使"购买"部门过分有利。

2) 由于对责任中心只计算变动成本,因而不能用投资利润率和剩余收益对该中心负责人进行业绩评价,而只能用于成本中心。

3) 如果无限制地将一个责任中心的变动成本转移给另一个责任中心,将不利于激励成本中心经理控制成本。

为此,有的企业采用"变动成本加成"的方法来制定转移价格。总之,以成本作为转移价格是制定内部转让价格的较简单和不完善的方法。但对于像专利等没有市价存在或者无外界市场的中间产品,从有利于整体决策的角度来说,它还是一种行之有效的和必要的转让定价方法。

3. 成本加成转移价格

成本加成转移价格的基础可以是完全成本,也可以是变动成本,加成因素是合理的利润;如果加成的基础是变动成本,加成因素还包括应补偿的固定成本。相关计算公式如下:

$$成本加成转移价格 = 单位成本 \times (1 + 成本加成率)$$

成本加成率可以根据公司整体的利润率计算确定,也可以参考同类产品的利润率制定,还可以协商制定。如果通过协商制定,成本加成转移价格就是一种协商价格。成本加成转移价格可以保证供给方获得合理的利润，鼓励其进行内部转移。

（三）协商转移价格模型

这是指各责任中心相互提供产品或劳务，以正常的市价为基础，将共同协商确定的买卖双方都愿意接受的价格作为内部转移价格。这种方法可以兼顾买卖双方的利益并得到双方的认可，使价格具有一定的弹性。但在协商时，容易使双方争执不休、讨价还价，造成各责任中心之间的矛盾。

协商价格通常要低于市价，原因是内部结算价格中不包含外部推销、管理费用和税金等。这种价格应能反映特殊情况或非常情况而为买卖双方所同意。在一般情况下，议价往往以市价为上限，以变动成本为下限，在此范围内确定协商价格。

1. 协商转移价格适用的情况

1）有关的中间产品有外部市场，两个部门的经理可以自由地选择接受或拒绝某一价格，避免了双边垄断局面的发生。在这种局面下，价格取决于协商双方的力量和谈判技巧。

2）内部转让可使销售或管理费用减少。

3）转让的数量相当大，足以产生数量折扣。

4）销售部门具有闲置生产能力。

5）购买部门所需的物品无法由外界供应。

6）有权力外购或外销。这为讨价还价提供了必要条件。

7）各协商者都享有全部市场信息。这使得协商价格接近成本。

8）当协商发生矛盾（双方利益有大有小），可能导致非最优决策时，企业最高管理部门应当进行必要的干预，但干预应是有限的、得体的。

2. 协商转移价格的缺点

1）对于有关部门经理来说，协商需要花费很多时间。

2）容易在部门间造成矛盾。

3）对部门获利能力的评价受经理协商技巧的影响。

4）要求高级管理者花时间监督，而不是介入协商过程。

5）如果协商价格高于提供转让产品的机会成本，有可能导致次优的产量水平。

这种内部转移价格决策的困难在于：确定的转让价格要激励各分部经理的经营使企业整体实现利润最大化。但当分部经理有权力协商转让价格时，他们首先考虑的是其自身利益（分部利润），而不是企业整体利益。

（四）双重转移价格

双重转移价格，是指对产品（半成品）的供需双方分别采用不同的转让价格。例如，对产品的出售部门,按协商的市场价格计价;而对购买部门,则按出售部门的单位变动成本计价。这样买卖双方都能接受,使双方利润都能达到最大。但一般销售部门按全部成本加上企业政策所确定的公平利润记录销售收入,而购买部门按企业政策所确定的价格(通常为变动成本加上固定成本)记录进货,旨在鼓励购买部门从企业内部购买,如此记录的转让价格都有利于反映购买部门与销售部门的业绩评估。

案例分析

一、企业简介

Z市某有限公司(以下简称"A公司")成立于1993年11月,1994年2月正式投产,其经营范围为生产和销售自产的收录机、镭射音响、汽车音响、录音机半成品、单放机成品及半成品、微型CD机成品及半成品、直流稳压电源成品及半成品、电蚊香器等。产品100%外销。A公司投资总额为900万港元(其中:Z市B集团公司投资270万港元,占30%;香港C公司投资630万港元,占70%)。A公司当年投产当年获利,1994—1998年享受"二免三减"税收优惠政策;2000年经审批,享受产品出口型企业减按10%税率缴纳企业所得税的优惠。1995年由于A公司要扩大生产规模,追加投资3 869万港元,鉴于追加投资数额太大,B集团公司决定不追加投资,将其股份以360万港元转让给香港C公司,A公司成为香港C公司的独资企业。而香港C公司是J国D公司于香港设立的子公司;J国D公司是一家主要以委托加工方式生产J国某著名品牌收录机的企业,是某著名品牌公司重点协助厂商之一。因此,A公司也是以委托加工方式生产某著名品牌公司系列产品的企业,其历年生产经营情况如表9-5所示。

表9-5 2008年—2011年经营情况 单位:万元

项 目	2008年	2009年	2010年	2011年
产品销售收入	24 156	42 474	85 854	100 007
产品销售成本	23 943	42 198	85 365	99 256
销售毛利	213	276	489	751
销售毛利率	0.88%	0.65%	0.57%	0.75%
销售利润额	17	11	74	102
销售利润率	0.07%	0.03%	0.09%	0.10%
利润总额	17	7	87	95
总利润率	0.07%	0.02%	0.10%	0.09%

二、企业关联关系的认定

A 公司的原材料采购及产品销售业务 100%通过香港 C 公司进行,具体关联交易额如表 9-6 所示。

表 9-6 2008—2011 年关联交易明细　　　　　　　　　　单位:万港元

项目	2008 年	2009 年	2010 年	2011 年
材料采购	22 068	34 702	85 020	122 963
产品销售	24 156	42 474	85 854	100 007

由于香港 C 公司持有 A 公司 100%的股份,A 公司全部原材料的购进及产品的销售均由香港 C 公司供应及控制,高级管理人员也由香港 C 公司委派。根据国家税务总局国税发(1992)237 号文《国家税务总局关于关联企业业务往来税务管理实施办法》第二条的认定标准第 A、D、E、F、G 款的规定,认定香港 C 公司为 A 公司的关联企业。

三、A 公司的避税疑点

1)A 公司在产品销售增长速度较高的情况下长期处于微利状态,而且在公司投资回报率极低的基础上还追加巨额投资。

2)A 公司 2008—2011 年产品销售成本占产品销售收入的比例较大,一直维持在 99%以上,造成毛利率长期在 1%以下,毛利率偏低。

3)A 公司的原材料采购和产品销售业务,100%受控于关联公司——香港 C 公司,这为转让定价提供了方便。

4)实际经营状况与可行性报告中的预测获利能力偏差较大。

调查人员在调查 A 公司财务账册时发现,A 公司的原材料购进以及产品销售业务都是和香港 C 公司进行的,A 公司根本不核算产成品的单位成本,其真正的成本核算中心是香港 C 公司。A 公司的产品销售价格是由其关联公司香港 C 公司制定的,根本没有按照独立企业之间的业务往来进行独立、公平的交易,没有体现市场价格的波动,同时它的毛利率远远低于同行业企业。以上事实充分证明了 A 公司的购销价格完全受控于香港 C 公司。

根据上述事实,依据《中华人民共和国外商投资企业和外国企业所得税法》第十三条规定"外商投资企业或者外国企业在中国境内设立的从事生产、经营的机构、场所与其关联企业之间的业务往来,应当按照独立企业之间的业务往来收取或者支付价款、费用,不按照独立企业之间的业务往来收取或者支付价款、费用而减少应纳税所得额,税务机关有权进行合理调整",拟对 A 公司的转让定价行为进行调整。经过一番细致的分析后,调查人员觉得可比非受控价格法、销售价格法、成本加成法均不适用,因此尝试在可比利润法、利润分割法、净利润法等方法中寻找合理的调整办法,最后决定采用可比利润法制定调整方案对 A 公司的应纳税所得额进行调整。

四、会谈情况

8月21日,调查人员向A公司发出询问通知书,请A公司的法人代表就转让定价问题接受询问。会谈期间,调查人员通报了关于对A公司转让定价调查的情况,指出其在关联交易中,由于内部作价的不合理而导致利润分配不合理,并表明将对其转让定价问题进行合理的调整。

9月18日,A公司委托香港L会计师事务所代表其处理转让定价调查有关事宜。经过多轮的协商,终于取得了谈判的成功,双方在调整幅度上达成共识:将A公司2008—2011年的毛利率分别上调2.14%、2%、2.14%和1.8%,共调整企业应纳税所得额5 1367 167.41港元,应补企业所得税5 003 460.01港元。A公司于11月6日确认并签收了《转让定价应税收入或应纳税所得额调整通知书》,目前所调整税款已全额入库。

课后复习题

1. 九华公司的一个投资中心报来有关业绩报告的数据,如表9-7所示。

表9-7 九华公司(投资中心)业绩报告 单位:元

项 目		预算数	实际数	差异:不利差异用 ( )表示
销售收入		300 000	360 000	
销售成本		270 000	326 000	
经营收益				
经营资产		150 000	165 000	
投资报酬率	销售利润率			
	投资周转率			
	投资报酬率			
剩余收益	经营净收益			
	经营资产×最低报酬率17%			
	剩余收益			

要求:请根据所给表格制作一张完整的业绩报告表。

2. 黄山公司一投资中心2010年至2011年投资报酬率由20%降至18%,具体资料如表9-8所示。

表 9-8 投资中心资料　　　　　　　　　　　　　　　　　　　　　　单位：万元

项　　目	2010 年	2011 年
销售收入	2 500	2 100
经营收益	200	180
营业资产	1 000	1 000
投资报酬率	20%	18%

要求：根据以上资料，分析导致该投资中心报酬率下降的原因。

3．黄山公司有 A、B 两个投资中心。A 投资中心的投资额为 1 000 万元，营业利润为 70 万元；B 投资中心的投资额为 2 000 万元，营业利润为 320 万元。该公司最低投资报酬率为 10%。现在 A 投资中心有一投资项目，需要投资 500 万元，项目投产后年营业利润为 40 万元。该公司将投资报酬率作为投资中心业绩评价唯一指标。

要求：从 A 投资中心和总公司两个角度考察，决定是否接受该投资项目。

4．黄山公司有 A、B 两个投资中心，平均营业资产、年营业利润和该公司要求的最低投资报酬率分别如表 9-9 所示。

表 9-9 A、B 两个投资中心资料　　　　　　　　　　　　　　　　　　单位：万元

	A 投资中心	B 投资中心
营业资产	10 000	100 000
营业利润	2 000	12 000
最低投资报酬率	10%	10%
剩余收益	1 000	2 000

要求：计算两个投资中心的剩余收益，并对其进行分析。

第十章
战略管理会计与作业成本管理

学习目标

1. 了解战略管理会计和作业成本管理的产生、发展和特征;
2. 理解战略管理会计、作业成本计算和作业管理、目标成本法的核心思想;
3. 掌握作业成本管理的实施步骤和应用。

第一节 战略管理会计概述

一、战略管理会计的产生与发展

企业战略管理是企业的高层领导为了保证企业的市场竞争力以及自身持续经营和不断发展,根据对企业内部条件和外部环境的分析所形成的对企业全部生产经营活动所进行的根本性和长远性的谋划和指导。

战略管理会计是在当今企业所面临的复杂的生存环境下,为满足企业经营管理需要所产生的管理会计与企业战略管理相结合的现代管理会计学科的一个分支。战略管理会计产生于20世纪末期,至今也不过三十多年的历史。自20世纪80年代以来,随着高新技术的发展以及企业战略管理的广泛运用,人们逐渐认识到传统管理会计理论和方法的缺陷。传统的会计理论认为管理会计是一个内向型管理信息系统,建立在企业内部的管理体制上,注重企业内部的计划、决策、控制、执行等一系列经营管理活动,而忽视了企业外部经营环境的变化,没有将企业的内部管理与外部环境的变化相结合,缺少产品质量、可靠性、市场占有份额等与企业战略管理相关的会计信息。为此，20世纪80年代以后，西方管理会计学者在如何使管理会计学能够适应企业战略管理的需要，为企业经营管理提供有效的信息和手段等方面进行了大规模的研究。1981年，英国学者西蒙率先提出了战略管理会计的概念，他在其《战略管理会计》一文中将战略管理会计定义为"用于构建与监督企业战略的有关企业及竞争对手的管理会计的提供与分析"，为战略管理会计的研究奠定了基础。之后各国学者对战略管理会计进行了大规模、深入的研究。这些研究使得战略管理会计逐步成为一个独立的、严谨的学科体系，成为管理会计学的一个重要分支。

二、战略管理会计的内容与特征

（一）战略管理会计的基本内容

通常认为战略管理会计的内容包括制定战略目标、战略成本管理、经营投资决策分析、战略绩效评价，以及为了适应现代企业管理需要而产生的人力资源管理和风险管理共6个部分。

1. 制定战略目标

战略管理会计首先要协助企业高层管理者制定企业战略目标。企业战略目标可以分为总战略目标、竞争性战略目标、职能性战略目标三个层次。总战略目标是关系企业战略经营方向与经营业务范围的目标；竞争性战略目标主要研究产品和服务在市场上竞争的目标；职能性战略目标是保证性目标，指在实施竞争战略过程中，各个职能部门应该起到的作用、相互之间的关系及所要达到的目标。战略管理会计就是要从企业的内外部搜集、归类、整理和分析各种信息，提供各种可行性战略目标，供高层管理者选择和决策。

2. 战略成本管理

正如成本管理是传统管理会计的重要内容一样，战略成本管理也是战略管理会计的重要内容。战略成本管理是指为了获得和保持企业持久竞争优势而进行的成本分析和成本管理，即根据企业所采取的战略建立相应的成本管理系统。战略成本管理要求从战略角度去研究、分析、评价和控制影响成本的每个环节，其与传统成本管理的不同之处在于，它应用了如价值链分析、战略定位分析、成本动因分析等新的分析和评价方法。

3. 经营投资决策分析

传统的管理会计在传递与经营投资决策有关的信息过程中，存在短期性和简单化的不足，而战略管理会计是为企业战略发展服务的，应该提供与决策相关的具有战略眼光的长远性和全局性的有用信息。因此，它在提供与经营投资决策有关的信息的过程中，应克服传统管理会计的短期性和简单化的缺陷，以战略的眼光提供全局性和长远性的与决策相关的有用信息。

4. 战略绩效评价

战略绩效评价是将绩效评价指标与企业所实施的战略相结合进行分析和评价,针对企业不同的战略目标,采用不同的业绩评价体系。例如,企业要采取低成本战略,则评价指标侧重于内部制造效率、品质改进、市场占有率及交货的效率等相关指标;若采取产品差别战略,则应注重新产品收入占全部收入的比例等相关指标。战略绩效评价不仅改变了传统管理会计的只重"结果"、不重"过程",而且将业绩评价指标体系由财务指标系统扩展到了非财务指标系统。

5. 人力资源管理

人力资源管理是企业战略管理的重要组成部分,也是战略管理会计的重要内容。它包括为提高企业和个人绩效而进行的人事战略规划、日常人事管理以及一年一度的员工绩效评价。人事战略规划主要是人员招聘和员工培训方面的规划。战略管理会计的核心是以人为本,通过一定的方法和技能来激励员工,以期获取最大的人力资源价值,并采用一定的方法来确认和计量有关人力资源的价值与成本,进行人力资源相关的投资分析。

6. 风险管理

企业的任何一项行为都带有一定的风险。企业可能因冒风险而获取超额利润,也可能招致巨额损失。一般而言,报酬与风险是共存的,报酬越大,风险也越大。风险增加到一定程度,就会威胁企业的生存。由于战略管理会计着重研究全局的、长远的战略性问题,因此它必须经常考虑风险因素。战略管理会计针对企业在经营与投资管理中所面临的风险,采用一定的方法,如投资组合、资产重组、并购与联营等来分散和管理风险。

(二)战略管理会计的特征

对比传统管理会计,战略管理会计具有以下几方面的特征。

1. 全面性

众所周知,企业是由执行不同功能的部分组成的一个统一整体。从战略的角度来看,必须把企业管理作为一个整体进行全面的分析。战略管理会计着力于弥补这一缺陷,它从整体上去分析和评价企业的战略管理活动,着眼于信息的全面性,保证企业整体资源得以最优利用,企业局部资源利用的最优化必须从属于企业整体资源利用的最优化。

2. 多样性

企业战略管理是企业高层经理人竞争战略思想的具体化。为此,战略管理会计为有效地服务于企业的战略管理,就必须围绕企业、顾客和竞争对手组成的"战略三角",及时提供以外向型为主体的多样化信息和相应的分析研究资料。这里所说的多样化信息,突破了传统管理会计意义上的财务货币信息的局限,将信息扩展到更广的范围和更深的层次,包括财务、非财务、数量、质量、物质层面和精神层面等各方面的信息,借以帮助企业高层领导在进行战略思考时,能从更广阔的视野、更深层次的内涵进行由表及里、由此及彼的分析研究,为企业核心竞争力的培育创造有利条件。

3. 长期性

战略管理会计与企业战略管理相结合,着重反映企业经营管理行为是否与其长期发展战略相一致,使战略管理会计的目标与企业的目标具有一致性,即企业价值最大化。战略管理会计立足于企业的长远发展,从而克服了利润最大化的很多缺点,着重从长期竞争地位的变化中把握企业未来长远的发展方向。

4. 外向型

传统的管理会计是一种"内向型"管理会计,只强调服务于企业内部的管理职能,对企业的外部环境有所忽视,其视野基本上不涉及企业的顾客和竞争对手的相关信息,致使提供的信息失去战略相关性。而为了弥补这一缺陷,战略管理会计强调深入分析企业外部环境,跳出了单一企业这一狭小的研究范围,将管理会计的视角更多地投向了企业所处的整个行业市场和宏观经济状况等外部环境中去,尤其是企业直接竞争对手的状况。

三、战略管理会计的主要方法

作为一门新兴的学科,战略管理会计在传统管理会计的基础上,逐渐发展出一系列比较完善的战略管理会计方法。

(一)价值链分析法

价值链的概念最早是由美国学者迈克尔·波特于 1985 年提出的,他认为每一个企业都是在设计、生产、销售、发送和辅助生产的过程中进行种种活动的集合体,所有这些活动都可以用一个价值链来表示。由此,波特将企业的管理、技术发展、采购、内勤、经营、外勤、营销和服务等活动,构成了一个价值创造的动态过程,即价值链,并通过分析企业价值链上的所有活动,了解自身的经营管理状况,也可以将其与竞争对手的价值链进行比较分析,了解竞争对手的经营状况。企业通过战略的角度进行价值链分析,不仅可以从企业内部了解价值生产的过程,也可以从行业价值链分析中了解自己与上、下游价值链之间的关系,并通过竞争对手价值链分析了解自己与竞争对手之间的差异和相对的成本优势。

价值链分析的基本方法如下:首先要将企业的生产经营看做最终满足顾客需要而设定的一系列作业的集合体,并找出这一系列作业之间的关系,形成一个由此及彼、由内到外的作业链;然后根据每一个作业的投入价值、所消耗的资源以及所产出的价值,将作业链转化为价值链,并由作业的产出,一个接一个地转移到下一个作业中去,最终把价值凝聚在产品或劳务中提供给顾客;最后对企业的价值链进行分析和比较,得出相关信息,帮助企业进行经营管理。下面通过一个案例来具体说明什么是价值链分析。

【例 10-1】图 10-1 是我国造纸行业价值链示意图。

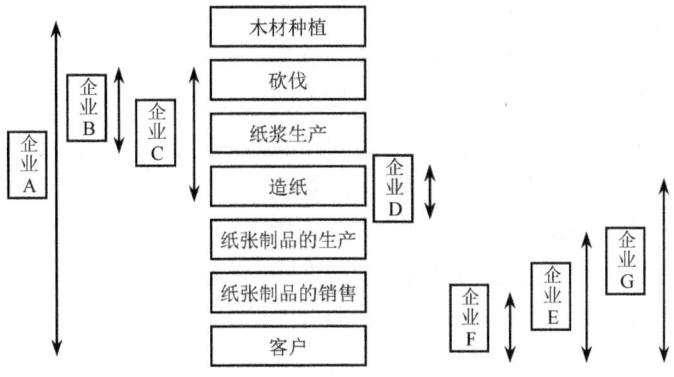

图 10-1　造纸行业价值链

要求：请根据图 10-1 对我国造纸行业的价值链进行分析。

【分析】从图 10-1 中可以看出，造纸行业是由许多经营范围不同的企业共同构成的。它们之间既存在着业务上的联系（供销关系），也存在着竞争。

在图 10-1 中，共有 A、B、C、D、E、F、G 七家企业。其中 A 企业的经营范围最广，既拥有自己的林场进行木材种植，也进行木材砍伐、纸浆生产、造纸直至纸张制品的销售的全部经营业务。A 企业是该行业中最大最全的企业，如果该企业在各个步骤之间的产品内部转移价格与外部竞争市场的价格一致的话，那么 A 企业可以计算各个生产步骤的资产收益率，制定相应的自制或外购战略。而企业 D 的经营范围只限于造纸，是一家高度专业化的企业，在整个行业价值链中处于中心地位。由于企业 D 的经营范围单一，其战略毫无疑问是提高生产专业化程度，降低生产成本，提高产品质量。

企业 B 从事木材砍伐和纸浆生产业务，企业 C 从事木材砍伐、纸浆生产以及造纸业务，它们都位于行业价值链中心的上游。这些企业都应该以"产品"为中心，通过技术、组织、管理等方面的不断创新，力求在新工艺、新产品的开拓和现有产品的改进上不断取得新的突破，使企业不断推出具有鲜明特色的优质产品，借以不断增强企业的核心竞争力。

如果说企业 B 和企业 C 是中心企业的上游企业的话，那么企业 E、F、G 都是位于中心企业下游的企业。这些企业在进行经营管理时应该以"用户"为中心。因为"纸张制品的生产"大多与文化制品具有直接的联系，而"文化制品"的需求量是和不同类型"用户群"的文化素养、兴趣、爱好直接相关的，因此"文化制品"的生产必须以充分掌握不同"用户群"的实际需要为基础，针对他们的需求分门别类地组织生产。

（二）成本动因分析法

成本动因是引发成本的推动力或驱动因素，即引起成本发生或变动的原因。在传统的管理会计中，把引起成本变动的主要原因归结为生产量、销售量等业务量的变化，并以此为基础引申出固定成本、变动成本的成本性态分析、变动成本法、盈亏平衡分析、弹性预算等一系列概念和分析方法。但现在，越来越多的研究表明，引起企业成本变动的原因绝不仅仅是生产量和销售量这两个因素，它还受许多其他因素的影响。

成本动因按照企业经营管理的不同层面，企业成本动因可分为经营性成本动因与战略性成本动因。微观层面的经营性成本动因主要是指影响企业经营活动的成本动因。按不同的标准可将其分为资源动因与作业动因、积极性动因与消极性动因、内部动因与外部动因等。战略成本动因是影响企业战略管理活动的成本动因，一般可以分为结构性成本动因和执行性成本动因。

1. 结构性成本动因

结构性成本动因是与企业的战略定位和经济结构密切相关的成本因素。结构性成本动因是由企业战略决定的，企业采取不同的战略选择会导致不同的经营方式，进而导致不同的成本动因。通常企业战略层可选择的结构性成本动因主要包括以下5个。

1）规模因素。规模因素是指一项投资将形成多大的生产、科研开发、市场营销等资源的组合。很显然，企业的经营规模越大，企业的成本也越大，引起成本发生变化的因素也越复杂。

2）范围因素。这里的范围是指纵向整合的深度，即企业纵向一体化程度，或企业跨越整个价值链的长度。

3）经验因素。经验因素是指企业过去从事该项产品或类似产品经营管理的经验。经验在某种程度上，也对企业的经营成本起着重要作用。如果企业进入一个自己以前从未涉及的、全新的领域，那么企业将冒很大的风险，经验不足而导致的经营管理不善有可能导致企业成本发生重要变化。

4）技术因素。技术因素是指企业价值链中每一步的生产、研发、营销等各个方面的技术，特别是生产技术对产品成本起着决定性的作用。

5）多元化因素。这里的多元化是指企业的横向经营范围，即企业经营多元化的程度。企业经营多元化程度越高，则相应的成本管理越复杂。

规模、范围、经验、技术、多元化这5个因素与企业自身的经营战略息息相关，是由企业战略因素决定的影响企业成本的宏观因素。

2. 执行性成本动因

战略执行性成本动因是与企业执行作业程序有关的成本动因，也就是影响企业成本态势的成本驱动因素。这些驱动因素一般包括：参与，指员工对企业生产经营的积极投入；全面质量管理，指企业针对产品与质量的信念及其如何达到；能力利用，指在企业规模确定的情况下（含员工、设备和管理能力）企业能力的利用和发挥；联系，指与供应商、客户、公司价值链的每一环节的关系的开发；工厂布局的效率，指工厂内部布局按照现代标准衡量的效率；产品外观，指产品设计或规模样式的效果等。

执行性成本动因的特点如下。

1）这些成本动因是在结构性成本动因确定以后才发生的成本动因。

2）这些成本动因多属于非量化的成本动因。

3）这些成本动因因企业不同而不同。也就是说，不同的企业有不同的执行性成本动因，并且是固定的因素。

4）战略执行性成本动因的形成与改变需要较长时间。

（三）竞争优势分析法

企业的生存和发展与周围的环境，特别是激烈的市场竞争息息相关，企业管理者只有时刻保持危机感，关注竞争对手，关注市场动态，并相应调整企业的战略和长远的规划，才能适应瞬息万变的外部环境，在竞争中取胜。因此，与传统管理会计不同的是，战略管理会计特别重视竞争优势的分析。

1. 竞争优势分析的内容

战略管理会计的主要特点之一就是超越了会计主体的限制，可以在竞争对手分析的基础上提供比较性的管理会计信息。竞争对手分析主要包括以下内容。

（1）竞争对手的认定分析

竞争对手的认定分析是指分析企业在与谁竞争，既包括与企业提供相同产品或服务的公司，又包括制造或提供不同产品，但可以提供相同的最终服务的公司。除此以外，潜在的竞争对手也是企业不可忽视的竞争对象。

（2）竞争对手的目标分析

不同的竞争对手及同一竞争对手不同发展阶段，在寻求良好的财务业绩、领先的技术、增长的市场份额及优良的质量等目标上不尽相同。通过竞争对手目标的分析，企业可以根据自身的特点和优势确定与调整其目标，并了解竞争对手可能采取的竞争手段，帮助企业确定应对措施。

（3）竞争对手竞争策略分析

企业要想在激烈的竞争中与对手抗衡，对竞争对手所采取的竞争策略，包括成本领先策略、差异化策略、专一化策略，必须做到心中有数，以便采取相应的竞争策略与之抗衡。

(4) 竞争对手的优势及劣势

竞争对手的优势及劣势是企业确定竞争分析、寻求抗衡点的关键所在，可以通过调查研究和发动广大职工，尤其是熟悉同类产品及市场的销售部门的职工，采用集思广益等多种方式获得这方面的情报与信息。

(5) 竞争对手在遇到新的竞争挑战时有何反应等

竞争对手在遇到新的竞争挑战时有何反应等分析，通常由企业管理会计人员、市场营销部门及企业高层管理人员共同完成。

2. 影响竞争优势的因素

竞争优势分析方面的专家、美国哈佛大学工商管理学院的迈克尔·波特教授以行业分析为基础提出，一个企业的竞争主要受新进入者的威胁、替代产品的威胁、行业内现有企业的竞争、供应商的讨价还价能力、消费者的讨价还价能力5个因素的影响。这5种竞争压力分别作用于价格、成本和投资，从而对行业的赢利水平产生巨大的影响。

(1) 新进入者的威胁

一个行业的新进入者将新的生产能力和资源带进来，希望得到一定的市场份额，这将打破原有行业的竞争格局，对所有已处于该行业中的企业都是一种极大的威胁。新进入者威胁的大小通常取决于该行业进入障碍和门槛的高低，以及原有企业的反应。

(2) 替代产品的威胁

通常替代产品可以以限制某种产品价格的方式来影响该行业的赢利能力。例如，即使铝合金门窗的供给严重不足，铝合金门窗的生产厂家也不能漫天要价，因为在市场上存在着钢门窗、木门窗等大量铝合金门窗的替代产品。

(3) 行业内现有企业的竞争

通常在任何行业中，各个企业都是互相竞争和互相影响的，它们共同构成一个行业的竞争平衡。例如，一个企业如果采取某种竞争手段对竞争对手产生显著影响，那么该竞争对手也一定会采取相应的对策，进行反击，它们之间的竞争和影响是相互的。

(4) 消费者讨价还价的能力

消费者可以通过讨价还价或要求企业提高产品质量和售后服务来降低企业的利润率。在下列情况下，消费者在与企业的博弈中占有较大的优势：消费者的购买量占企业销售量的比重较大，是企业的主要顾客；消费者可能通过沿自身价值链向前扩展来自己生产该产品；该行业有多家实力相近的企业，且产品质量差异不大；消费者改变供应渠道的成本很低等。

(5) 供应商讨价还价的能力

供应商可以通过提高产品售价或降低产品质量来提高自身利润率，增加企业利润。一般在以下情况下，供应商在与企业的竞争中占有优势地位：供应的产品被少数企业垄断且供小于求；所供应的产品属于不可替代产品；供应商有可能通过其自身价值链的向后扩展，参与该行业的竞争等。

3. 企业竞争战略

波特在提出以上影响企业竞争力的 5 个重要因素的基础上，进一步对企业所采取的竞争战略进行了深入的分析和研究，提出了企业的三种竞争战略，分别是低成本战略、高差异战略和集中型战略。

第二节 目标成本管理

一、目标成本管理概述

目标成本管理（Target Cost Management）起源于日本，又称"成本企划"。目标成本管理模式的核心是目标成本，通过对目标成本进行有效的管理和控制来建立企业的成本优势。目标成本管理是在设计阶段建立成本降低目标，从而致力于在产品生命周期各阶段实现成本降低的综合性成本管理工具。它由客户驱动，侧重于设计，并且贯穿于生产全过程。其目标是为企业设计一种能产生足够利润的生产过程。

目标成本既是一个目标概念，又是一个成本概念。作为目标概念，它是目标的一种具体形式，是企业预先确定的在一定时期内所要实现的成本目标。作为成本概念，它是企业作为奋斗目标和控制指标而预先制定的产品成本，即用货币表现的费用支出。可见，目标成本既有目标的属性，又有成本的属性，是两者的统一。

目标成本是企业内部的控制成本。它是在已确定的产品销售价格或市场能够接受的价格水平基础上，按照企业内部的目标利润测算的成本目标值。目标成本是企业实行目标成本管理的基础。

目标成本和目标成本管理是辩证统一的关系。目标成本是目标成本管理的对象和奋斗目标；目标成本管理是达到和实现目标成本的手段和方法。目标成本管理作为一种现代成本管理方法，主要有如下几个方面的特点。

1. 目标成本管理是以人为本的现代成本管理的具体体现

人是管理的核心和动力，没有人的积极性，任何管理工作都不可能做好。因而实行以人为本的成本管理是现代成本管理最重要的特征之一。目标成本管理非常重视对人的积极性、主动性和创造性的激励。通过发挥目标的多种功能来激励人们的工作热情，鼓舞人们的士气和斗志，同时把目标的确定、实施、实现的过程与责权利的划分和责任落实结合起来,以责任为压力、以利益为驱动、以权限为条件,促使人们齐心协力实现成本目标。

2. 目标成本管理是超前型成本管理

目标成本管理要求企业的成本管理,必须事先做好科学的成本预测,制定出正确的成本目标,并依据成本目标进行成本决策和成本企划,制定最优的成本方案和实施措施,预先考虑到成本变动的趋势和可能发生的情况,提前做好准备和安排,采取妥善的预防措施,从而把成本的超支和浪费消灭在成本发生之前。这样就使成本管理从过去的重"过程"转变为重"前期",使成本管理成为事前控制的超前型和预防型管理。

3. 目标成本管理是全面性成本管理

目标成本管理要求企业的成本管理必须建立在全环节、全过程、全方位和全员参加的成本控制网络上。因为产品成本是企业的一项综合性经济指标,它的形成贯穿于企业生产经营活动的全过程,与企业所有部门、单位和工作人员的工作质量密切相关。因此,要使目标成本得以实现,就必须做到各环节统一的、协调一致的成本经营管理,即围绕目标成本认真做好成本预测、决策、计划、控制、分析、核算、考核等工作,使成本管理的各环节相互衔接,保证实现企业内部全过程、全方位的成本管理。

二、目标成本规划

目标成本管理是一项涉及范围广的综合性工作,需要建立一个包括营销、开发与设计、采购、工程、财务与会计,甚至供应商与顾客在内的设计小组或超部门团队来进行。实施目标成本管理包括以下三个阶段。

1. 以市场为导向确定目标成本——市场驱动的成本规划

目标成本管理的第一个步骤是进行市场驱动的成本规划,旨在确定一个具有市场竞争力的允许成本(Allowable Cost),并通过允许成本的概念将市场竞争的压力转移到产品设计者甚至转移到产品零部件的供应商。确定目标成本,企业首先要进行市场调查、收集信息,了解消费者期望的功能、质量,同时还应掌握竞争对手或替代产品状况,确定市场可接受、具有竞争力的价格。从具有竞争优势、市场可接受的价格中扣除企业的目标利润就得到目标成本。相关公式为

$$目标成本 = 目标售价 - 目标利润 \quad (10\text{-}1)$$

2. 实现目标成本

具有竞争性的目标成本并非轻易实现的,企业需要评估差距,建立攻关团队攻克设计、技术等难题,最终实现目标成本。

(1) 分析成本差距

要使目标成本得以实现,首先应分析实现目标成本的难度,将目标成本与企业现时估

计成本（在现有技术等水准下，不积极从事降低成本活动时产生的成本）相比较，确定成本差距。目标成本与估计成本的差距就是要攻克的成本规划目标，公式为

$$估计成本-目标成本=成本差距(成本规划目标) \quad (10\text{-}2)$$

差距的大小决定了实现目标成本的难度。在分析成本差距、寻求降低成本措施的过程中，一般以同行业内某企业成本为标杆，向先进企业看齐，如汽车企业以日本丰田公司的高质量、低成本为标杆，确定汽车零部件目标成本。这种情况下的成本差距计算公式为

$$成本差距(成本规划目标)=估计成本-标杆成本 \quad (10\text{-}3)$$

（2）建立超部门团队攻关目标成本

根据产品生产工艺流程和所用材料等，分析产品生产所涉及的部门，建立一个超部门的攻关团队，确定负责人及具体措施和方法。

通常攻关团队包括市场营销、开发与设计、采购、工程、财务与会计，甚至供应商与主要顾客。

3. 运用持续改善成本法达到设定的目标成本

持续改善成本法是指在产品投产后继续寻求降低成本的措施，成本改善聚焦于产品生产过程而非产品本身。成本持续改善是一个永无止境的历程，每一次改善意味着成本管理系统对环境适应能力的调整。改善结果将形成一个具有多类直接成本及多个间接成本集合的成本体系。值得注意的是，对成本管理会计系统优劣的评价，主要看其是否有助于更好的管理决策。获取相关的成本数字，只是达到目的的手段，而不是目的本身。

三、目标成本的确定

目标成本的确定主要是针对标的产品的特性，根据目标价格和目标利润的水平确定目标成本应当实现的数值。相关公式如下：

$$目标成本=预期价格-预期利润 \quad (10\text{-}4)$$

1. 扣除法

扣除法是参照竞争对手或同行业同类产品的销售价格来预测研发中标的产品可能的价格，在扣除企业所要求的利润水平的基础上，得到标的产品目标成本的一种计算方法。

标的产品的预期价格一般与同行业同类产品进行比较，同时综合考虑产品可能占领的市场份额、可能的销售量以及销售区域的经济发展、企业的营销等各方面的情况而定。在确定目标利润时，要结合企业的经营战略、经营方针，同时考虑企业的长期投资政策、筹资政策、研发政策、投资报酬等因素。标的产品的预期价格减去目标利润得到的差额称为"允许成本"，也就是可能的最高成本限额。

2. 加算法

加算法以基准成本为基础，加上产品为追加新功能而要增加的各种成本，减去减少功能而可能消除的各方面的相关成本，得到产品可能的成本。加算法的特征就是沿着产品的设计思路，对产品各个功能领域的成本及其可能性进行分析、累加，从而得出产品可能的成本水平。按加算法确定产品成本的目标时，还应把企业各项重要的发展战略考虑进去。

3. 综合法

扣除法以市场为基础进行考虑，优点是考虑到市场对产品的需求和产品进入的可行性，但是与企业实际的生产经营能力脱节，没有考虑到技术上的可能性。而加算法以企业实际的生产经营能力为基础，优点在于考虑到了技术上与生产能力上的可行性，但与市场脱节，没有考虑到产品在市场上的销售情况。两种方法均有不合理的地方，因而结合扣除法与加算法的优点出现了综合法，使产品的成本同时具备生产技术上的可行性和占领市场的可行性。在日本，有一半以上的企业采用综合法。

第三节 作业成本管理制度

一、作业成本管理概述

作业成本管理（Activity-based Costing Management，ABCM）源于管理学，发展于会计学，是基于作业过程的管理。伴随科学技术进步的潮流，制造厂商纷纷改变其生产方式，由传统的人工操作方式逐渐转向高度自动化的生产方式。这些改变使人工成本在产品成本要素中所占的比例和重要性日益下降，取而代之的是制造费用。而全厂采用单一分摊基础来分配制造费用的方式，受到学术界和实务界的质疑，作业成本管理制度也就在此环境下逐渐受到各界的重视。20世纪80年代中期，美国的数学教授开始从事有关作业成本管理制度的研究，其中Cooper教授和Kaplan教授发表的一系列相关文章，明确指出传统管理会计系统的缺陷，并提示作业成本管理制度是弥补这些缺陷的最好方法。

作业成本法是一套全新的成本管理方法。它引入了多个特有概念。

1. 作业

作业（Activity）是经济组织所完成的一系列任务的总称，或指组织内为了某种目的而进行的消耗资源的活动。它是连接资源消耗与成本计算对象的桥梁。

2. 成本库

成本库是指作业所发生的成本的归集。在传统成本法中，按部门进行各类制造费用的归集；而在作业成本法中，则将每一个作业中心所发生的成本归集起来作为一个成本库。

一个成本库是由同质的成本动因所组成的，它对库内同质费用的耗费水平负有责任。当所生产的各种产品耗用某些制造费用的动因相同时，这些制造费用作业即为同质的，可划归同一成本库。

3. 成本动因

微观层面的经营性成本动因主要是指影响企业经营活动的成本动因。成本动因（Cost Driver）是作业成本计算的核心范畴，是指诱导成本发生的原因，是确定成本的决定性因素。成本发生的基础因子是资源，没有人、财、物等资源的耗费，成本就无从谈起，所以资源可称为成本基础因子。但成本基础因子并非产出成本的充要条件，还必须实施作业以驱动资源，所以作业是成本的驱动因子。成本动因重在提示具体的成本驱动因子，即作业消耗资源的量化基准，如设备调整次数、物品供应次数等。

按照不同的标准，可将成本动因分成不同的类别。

（1）根据成本动因在资源流动过程中所处的位置，可将其分为资源动因和作业动因

1）资源动因（Resource Driver）。

由于作业量多少决定着资源的耗用量，资源耗用量的大小与最终的产出没有直接关系，而与驱动资源耗费的作业量相关。因此通常将驱动资源耗费的作业量称为资源动因。例如，当"检验部门"被定义为一个作业中心时，"检验小时"就是一个资源动因，它驱动检验部门的资源耗费。资源动因可以用于评价作业使用资源的效率。

2）作业动因。

作业动因（Activity Driver）作为成本动因的另一种形式，它是将作业中心的成本分配到成本标的的依据，它也是将资源消耗与最终产出相联系的中介。例如，产品 A 比产品 B 需要更多的原材料、零部件订货单，所以产品 A 应从采购成本库中分配到更多的采购作业成本。这里，产品 A 和产品 B 是成本标的，订货单数目就是作业动因。依据两种产品所需的订货单数目，能够较准确地把材料采购作业成本分配到 A、B 产品中去。

（2）根据成本性态的不同，可将成本动因分为数量基础成本动因、作业基础成本动因和固定成本动因。

1）数量基础成本动因。

数量基础成本动因是驱动变动成本发生的基础，与变动成本呈正比关系。例如，构成产品实体的材料费属变动成本，其成本动因即是产品的产量。

2）作业基础成本动因。

作业基础成本动因是驱动作业成本发生的基础，是作业成本产生的诱因。这类成本动因又可细分为批别成本动因和品种成本动因。前者如对产品分批检验的次数、产品分批投产情况下的机器调整次数等，它们分别驱动了产品检验作业成本和机器调整作业成本的发

生；后者如需要分别进行工艺设计的产品品种数，它驱动了产品工艺设计作业成本的发生。

3）固定成本动因。

固定成本动因是驱动企业固定成本发生的基础。由于固定成本的发生与企业战略决策密切相关，如机器及厂房的购置、组织机构的设置与变革等，因此固定成本动因也称战略性成本动因。由于企业的战略决策并不经常进行，因此由战略决策所形成的固定成本可以在较长时间内保持不变。

作业成本管理通过对作业及作业成本的确认、计量，计算产品成本，同时将成本计算深入到作业层次，为企业决策提供准确信息，指导企业有效地执行必要的作业，消除和精简不能创造价值的作业，从而达到降低成本、提高效率的目的。

二、作业成本计算的基本理论

作业成本计算认为，由于作业消耗了资源，产出消耗了作业，因此资源应该通过资源动因基准分配给作业，形成作业成本，而作业成本应通过作业动因基准分配给产出。成本动因是重要的量化基准，即作业动因是产出消耗作业的量化基准，资源动因是作业消耗资源的量化基准。作业成本计算涉及两个阶段的制造费用分配过程：第一阶段，把有关生产或服务的制造费用（资源）归集到作业中心，形成作业成本；第二阶段，通过作业动因把作业成本库中归集的成本分配到产品或服务（成本标的）中去，最终得到产出成本。作业成本计算原理如图10-2所示。

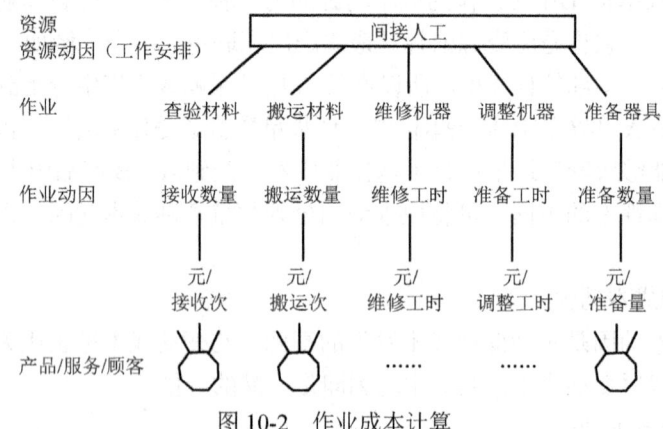

图 10-2　作业成本计算

根据上述基本原理，作业成本计算法的具体步骤如下。

1）确认主要作业和作业中心。一个作业中心就是生产程序或流程的一个部分。例如，检验部门就是一个作业中心。如何确认作业和作业中心涉及"作业"的概念。如前所述，

"作业"是企业组织为了特定目的而消耗资源的活动或事项。

2）将归集起来的投入成本或资源分配到各个作业中心的成本库，每个成本库所代表的是其所在作业中心执行的作业。因此，这一步的成本动因是确认每个成本中心的资源耗用量。这一步的分配工作，反映了作业成本计算法的基本前提：作业量的多少决定着资源的耗用量，资源耗用量的大小与最终的产出量没有直接的关系。这种资源消耗量与作业量之间的关系就是"资源动因"，"资源动因"是这一步分配的基础。例如，当"检验部门"被定义为一个作业中心时，"检验小时"就成为一个资源动因。这时，许多与检验有关的成本都将归集到消耗这项资源的作业中心。

3）将各个作业中心的成本分配到成本对象。例如，准备作业的成本动因是准备小时或准备次数。对于准备次数，假定每次准备作业耗用的资源都是相同的；对于准备小时，则假定资源的消耗量是随着产品所需要的准备次数的变动而变动的。这一步的分配工作反映了作业成本计算法的基本前提：产出量的多少决定着作业的消耗量。这种作业消耗量与企业组织产出量之间的关系就是"作业动因"。

三、作业成本计算

下面通过一个例题说明作业成本法与传统成本计算法的主要区别。

【例 10-2】光明企业生产甲、乙两种产品的有关资料如下。

1）甲、乙两种产品的直接成本资料如表 10-1 所示。

表 10-1 甲、乙两种产品的直接成本资料

产品名称	月产量（件）	单位产品机器小时	直接材料单位成本（元）	直接人工单位成本（元）
甲	100	2	10	20
乙	400	2	25	10

2）企业每年制造费用总额为 10 000 元，甲、乙两种产品复杂程度不同，耗用的作业量也不一样。与制造费用相关的作业有 5 项，分别设置 5 个成本库。有关资料如表 10-2 所示。

表 10-2 制造费用及作业资料

作业名称	成本动因	作业成本（元）	作业动因数		
			甲产品	乙产品	合计
原料进货	进货次数	2 000	8	2	10
订单处理	生产订单份数	1 000	70	30	100

续表

作业名称	成本动因	作业成本（元）	作业动因数		
			甲产品	乙产品	合计
机器调整准备	机器调整准备次数	800	30	10	40
机器运行	机器小时数	5 000	200	800	1 000
质量检验	检验次数	1 200	60	40	100
合计	—	10 000	—	—	—

要求：分别用作业成本法与传统成本计算法计算上述两种产品的单位成本。

解：1）先用作业成本法计算各项作业的成本动因分配率，计算结果如表10-3所示。

2）利用作业成本法计算两种产品的制造费用。计算过程与结果如下。

表10-3 作业成本动因分配率

作业名称	成本动因	作业成本（元）	作业量			
			甲产品	乙产品	合计	分配率
原料进货	进货次数	2 000	8	2	10	200
订单处理	生产订单份数	1 000	70	30	100	10
机器调整准备	机器调整准备次数	800	30	10	40	20
机器运行	机器小时数	5 000	200	800	1 000	5
质量检验	检验次数	1 200	60	40	100	12
合计	—	10 000				

甲产品制造费用=8×200+70×10+30×20+200×5+60×12=4620（元）

乙产品制造费用=2×200+30×10+10×20+800×5+40×12=5380（元）

3）利用传统成本计算法分别计算上述两种产品的制造费用。

甲、乙两种产品的机器小时总数分别为200和800，且制造费用总额为10 000元，则：

$$制造费用分配率 = \frac{10\,000}{1000} = 10（元）$$

甲产品制造费用=200×10=2000（元）

乙产品制造费用=800×10=8000（元）

4）利用两种成本计算法计算产品成本，相关结果如表10-4所示。

表 10-4 作业成本法与传统成本法计算结果比较   单位：元

项目	甲产品（产量 100 件）				乙产品（产量 400 件）			
	总成本		单位成本		总成本		单位成本	
	传统方法	ABC 方法	传统方法	ABC 方法	传统方法	ABC 方法	传统方法	ABC 方法
直接材料	1 000	1 000	10	10	10 000	10 000	25	25
直接人工	2 000	2 000	20	20	4 000	4 000	10	10
制造费用	2 000	4 620	20	46.2	8 000	5 380	20	13.45
合计	5 000	7 620	50	76.2	22 000	19 380	55	48.45

【例 10-2】说明，在传统成本计算法下，高产量、生产过程简单的产品（乙产品）的成本计算结果明显大于作业成本法的计算结果；而低产量、生产过程复杂的产品（甲产品）的计算结果则恰恰相反。造成这种结果的根本原因在于，后一类产品每件所消耗的间接费用明显高于前一类，而传统成本计算法无法对此做出合理反映。

案例分析

新河机床厂生产甲、乙两种产品，这两种产品的生产工艺过程基本相同，两者的区别在于：甲产品属于标准配件，批量大，产量高，加工过程简单，每批产量为 2 000 件；乙产品属于非标准配件，批量小，产量低，加工过程复杂，每批只能生产 10 件。该厂采用作业成本法计算产品成本，所涉及的作业主要有 6 项：车削、镗床设备调整、镗孔、成品检验、产品设计改良、一般管理。

其他有关资料具体如下。

（1）本月该厂共生产甲产品 5 批，共计 10 000 件；乙产品 100 批，共计 1 000 件。

（2）车床共 5 台，全月总共能提供 600 机时的生产能力。车床调整可在较短时间内由机器自动完成，因此没有必要单独作为一项作业来处理。车床如果用于加工甲产品，每件需 3 分钟；如果用于加工乙产品，每件则需 3.6 分钟。

（3）镗床共 4 台，全月总共可利用 600 机时，但不能全部用于生产，因为机器调整会消耗一定的时间。镗床每生产一批新的产品，需要调整一次，在连续生产同一批产品件数达到 500 件时也需要进行一次调整，每台镗床调整一次需要 36 分钟。镗床如果用于加工甲产品，每件需 2.4 分钟；如果用于加工乙产品，每件则需 4.2 分钟。

（4）成品检验：甲、乙两种产品的检验过程完全相同。该厂全月有能力检验 675 件产品。对于甲产品，每批需要随机抽样 40 件进行检验；对于乙产品，每批需要随机抽样

3 件进行检验。

（5）该厂进行"设计改良"作业是采用计算机辅助设计系统来完成的。该系统全月总共能提供 721 机时。本月用于甲产品设计改良的机时数为 240 机时，用于乙产品设计改良的机时数为 380 机时。

（6）一般管理：本月人员及设施等利用程度为 80%。该厂车床、镗床、成品检验、设计改良、一般管理工作岗位上的员工人数分别为 6、5、4、4、3，其月工资分别为 1 000 元、1 200 元、1 250 元、1 325 元、1 500 元。该厂的用电价格为 0.50 元/度，车床、镗床、成品检验、设计改良、一般管理工作岗位的用电度数分别为 2 600 度、3 200 度、2 000 度、1 600 度和 800 度。以上各岗位的固定资产折旧费和办公费如表 10-5 所示。

表 10-5 固定资产折旧费及办公费　　　　　　　　　　　　　　　　单位：元

资　　源	车　　床	镗　　床	成品检验	设计改良	一般管理
折旧费	5 000	5 600	6 000	2 400	2 000
办公费	600	1 400	1 500	1 600	2 000

（7）甲产品每件消耗直接材料 2 元，乙产品每件消耗直接材料 3 元。

要求：用作业成本法计算以上两种产品的成本。

课后复习题

一、简答题

1. 什么是战略管理会计？与传统的管理会计相比，它有何特点？
2. 什么是成本动因？什么是成本动因分析？试结合一个实际例子讲述成本动因分析的基本原理和程序。
3. 什么是目标成本管理？如何确定目标成本？
4. 作业成本计算的基本程序是什么？可以分为哪几个步骤？
5. 作业成本管理与传统的制造成本管理的区别体现在哪里？

二、综合题

1. 光明企业生产甲、乙两种产品，其中甲产品 900 件，乙产品 300 件，其作业情况如表 10-6 所示。

表 10-6　企业作业情况　　　　　　　　　　　　　单位：元

作业中心	资源耗用	动因	动因量（甲产品）	动因量（乙产品）	合计
材料处理	18 000	移动次数	400	200	600
材料采购	25 000	订单件数	350	150	500
使用机器	35 000	机器小时	12 000	800	20 000
设备维修	22 000	维修小时	700	400	1 100
质量控制	20 000	质检次数	250	150	400
产品运输	16 000	运输次数	50	30	80
合计	136 000	—	—	—	—

要求：用作业成本法计算甲、乙两种产品的成本。

2．光明公司是一家钟表制造公司，采用作业成本法计算分配间接费用。2010 年 5 月，该企业作业情况如表 10-7 所示。

表 10-7　企业作业情况　　　　　　　　　　　　　单位：元

作　业	成本动因	成　本	作业水平	
			时　钟	手　表
生产准备	准备次数	70 000	30	20
材料管理	零件数	20 000	15	25
包装与运输	运输数量	45 000	5 000	7 000
间接费用合计	—	135 000	—	—

要求：

（1）用作业成本法计算分配每种产品的间接费用总额。

（2）以人工工时作为分配基础，计算分配各产品的间接费用总额。假定装配每只时钟的小时数是 0.5 小时，装配每只手表的小时数是 1 小时。时钟的生产量为 5 000 只，手表为 7 000 只。

（3）基于上述计算结果，比较分析传统成本计算法与作业成本计算法的理论差异。

第十一章
企业战略绩效评价

> 学习目标
> 1. 了解传统的基于财务指标的绩效考核与评价系统及其缺陷。
> 2. 理解经济增加值绩效评价系统的基本内容。
> 3. 了解平衡计分卡的四个维度的内容,重点掌握其绩效评价的主要财务指标和非财务指标。

第一节 绩效考核与评价

一、绩效考核与评价系统概述

企业绩效考核与评价是为了实现企业目标,按照企业管理的要求设计考核与评价指标体系,参照考核与评价标准,采用特定的方法,按照一定的程序,对企业价值实现进行判断的活动。绩效考核与评价既是衡量企业一定经营期间的经营效益和经营者业绩以及努力程度的综合性评判方法,也是对企业经营者进行考核与评价、激励的重要依据。

从企业的发展来看,绩效评价可以核算企业一定时期的经营成果,比较不同年份绩效考核的标准,不断完善企业的规章制度,及时发现制约企业发展的瓶颈。

从企业的管理来看,在企业经营权与所有权"两权分离"的情况下,由于委托人与代理人的利益不对称和信息不对称,委托人无法准确知道代理人是否做出了最优决策,其行为是否符合委托人的最大利益。进行绩效考核与评价可以为出资人选择经营者提供重要依据，可以加强对企业经营者的监管和约束，同时也为有效激励经营者提供可靠依据。

从战略层面来看，绩效评价与组织的战略目标相连，绩效评价可以将企业的战略使命转化成具体的目标和评价指标，企业的所有者能够快速、全面地了解企业的现状和预测未来。企业可以将战略目标融入绩效考核中，使企业的战略得到实施。另外绩效评价对于员工的行为具有很强的导向作用，有利于把员工的行为统一到战略目标上来。

二、传统的基于财务指标的绩效评价系统

企业绩效是指一定经营期的企业经济效益和经营者业绩。企业经营水平主要表现在赢利能力、资产运营水平、偿债能力和后续发展能力等方面。经营者业绩主要通过经营者在管理企业的过程中对企业经营、成长、发展所取得的成果和所作出的贡献来体现。企业绩效评价包括了企业经营效益和经营者业绩两个方面的评判。由于来自企业外部的会计准则和各种规范越来越多，这就使企业将越来越多的注意力集中在编制对外财务报告上，而不是用于改善为企业内部管理决策和控制服务的信息方面。绩效考核与评价应用最为广泛的评价指标是利润、投资报酬率（ROI）和权益报酬率（ROE）。

（一）基于利润的绩效考核与评价

企业的目标之一在于实现利润，因此财务控制是必不可少的。以利润为基础的绩效计量指标主要有营业利润率、销售毛利率、销售净利率、成本费用利润率、总资产报酬率、每股收益等。下面着重介绍几种比较常用的评价指标。

1）销售净利率，又称销售净利润率，体现企业实现的净利润与销售收入的对比关系，用以衡量企业在一定时期的获利能力，是净利润占销售收入的百分比。

$$销售净利率 = 净利润 \div 销售收入 \times 100\% \quad (11-1)$$

该指标反映每一元销售收入带来的净利润，表示销售收入的收益水平。

2）总资产报酬率是指企业一定时期内获得的报酬总额与平均资产总额的比率。

$$总资产报酬率 = 息税前利润 \div 平均资产总额 \times 100\% \quad (11-2)$$

它用于评价企业运用全部资产的整体获利能力，是评价企业资产运营效益的重要指标。

3）每股收益即每股赢利，指税后利润与股本总数的比率。它是普通股股东每持有一股所能享有的企业净利润或需要承担的企业净亏损。

$$基本每股收益 = 归属于普通股股东的当期净利润 \div 当期发行在外普通股的加权平均数 \quad (11-3)$$

若公司只有普通股，则净收益是税后净利，股份数是指流通在外的普通股股数。如果公司还有优先股，应从税后净利中扣除分派给优先股东的股息。

每股收益通常被用来反映企业的经营成果，衡量普通股的获利水平及投资风险，是投资者等信息使用者据以评价企业赢利能力、预测企业成长潜力，进而做出相关经济决策的

重要财务指标之一。

基于利润的绩效考核与评价的局限性在于以下几点。

1）采用单个指标虽然可以分别衡量影响企业获利能力的不同因素，但不足以全面、综合评价企业的整体财务状况以及经营成果。许多对企业经营管理有着重要影响的非财务因素难以进入财务报表并进行可靠的财务评估，如客户与合作伙伴为公司创造的价值。

2）可能造成短视行为，无法全面反映企业的长远利益。

3）评价环节单一。基于对过去经营数据的评价，只能获取滞后指标。即便对于过去的行动，财务绩效评价也只能评价企业经营活动的一部分而不是全部。

（二）基于杜邦分析法的绩效考核与评价

1. 杜邦分析法的原理

杜邦分析（DuPont Analysis）法是利用几种主要的财务比率之间的关系来综合地分析企业的财务状况的方法。具体来说，它是一种用来评价企业赢利能力和股东权益回报水平，从财务角度评价企业绩效的经典方法。由于这种分析方法最早由美国杜邦公司使用，故名杜邦分析法。

其基本思想是从评价企业的权益净利率出发，利用各主要财务比率指标间的内在有机联系，将指标层层分解，将反映企业赢利状况的总资产净利率、反映资产营运状况的总资产周转率和反映偿债能力的资产负债率按其内在联系有机结合起来，并将这些比率进一步分解为资产、成本、费用等各会计要素，形成完整的指标体系。在这个指标体系中，权益净利率是分析的出发点，也是一个综合性最强的财务分析指标，是杜邦分析系统的核心。通过分析指标变动的原因和趋势，可以帮助投资者通过财务分析做出投资决策，帮助经营者通过财务分析进行绩效评价，从而可以在企业的经营目标出现偏差时，及时查明原因并加以修正，以改进企业管理。因此，杜邦分析法是企业有效的管理工具。相关计算公式为

$$权益净利率=资产净利率\times权益乘数=销售净利率\times总资产周转率\times权益乘数 \quad (11\text{-}4)$$

权益乘数又称股本乘数，是指资产总额相当于股东权益的倍数。它表示企业的负债程度，权益乘数越大，企业负债程度越高，一般会导致企业财务杠杆率较高，财务风险较大。

$$权益乘数=资产总额\div股东权益总额=1\div(1-资产负债率) \quad (11\text{-}5)$$

总资产周转率是指企业在一定时期营业收入净额同平均资产总额的比率。

$$总资产周转率（次）=营业收入净额\div平均资产总额 \quad (11\text{-}6)$$

总资产周转率是考察企业资产运营效率的一项重要指标，体现了企业经营期间全部资产从投入到产出的流转速度，反映了企业全部资产的管理质量和利用效率。一般情况下，该数值越高，表明企业总资产周转速度越快。

权益净利率的分解如图 11-1 所示。

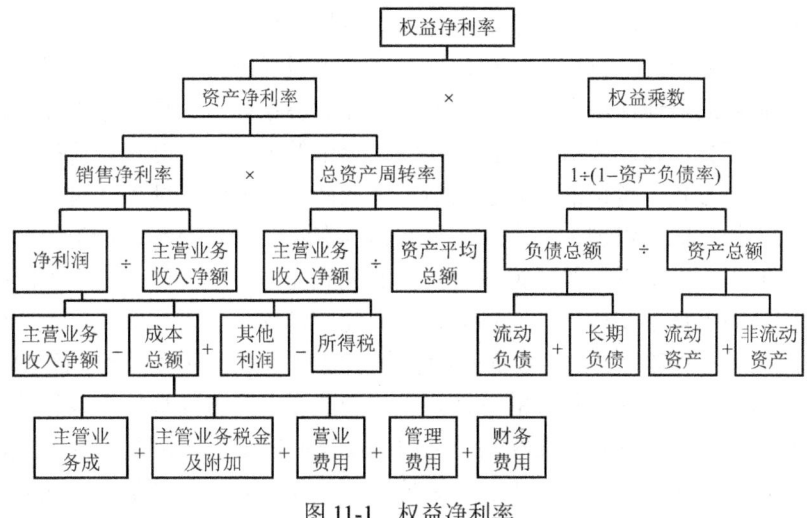

图 11-1 权益净利率

2. 杜邦分析法的局限性

从企业业绩评价的角度来看,杜邦分析法只包括财务方面的信息,不能全面反映企业的实力,有很大的局限性,在实际运用中需要加以注意,必须结合企业的其他信息加以分析。其局限性主要表现在以下几方面。

(1) 短期性

由于杜邦分析法主要采用的指标是短期财务指标,因此可能诱使企业管理层采取一些短期行为,忽视了企业最为重要的中心工作——企业长期价值创造。

(2) 时效性

财务指标主要反映的是企业过去的经营业绩,对影响企业经营的新因素无能为力。在目前的知识经济时代,顾客、供应商、雇员、技术创新等因素对企业经营业绩的影响越来越大,而杜邦分析法在这些方面是无能为力的。

(3) 忽视现金流信息

杜邦分析法采用的资产负债率利用了资产负债表的信息,销售净利率利用了利润表的信息,总资产周转率利用了资产负债表和利润表的信息。但遗憾的是杜邦分析法没有利用现金流量表的信息,不能够有效地反映企业的现金流状况。在市场经济条件下,企业现金流量在很大程度上决定着企业的偿债能力和赢利能力,如果企业的现金流量不足,现金周转不畅,现金调配不灵,将会影响企业的生存和发展。

三、战略绩效评价系统

从战略管理的角度看,绩效评价是连接战略目标和日常经营活动的桥梁。良好的绩效评价体系可以将企业的战略目标具体化,并且有效地引导管理者的行为。平衡计分卡将战略思想贯穿于企业的业绩评价之中,运用财务和非财务指标,利用战略性业绩评价来保持企业的长期竞争优势,强调非财务指标在业绩评价中的重要性。它将企业的战略目标转变为系统的绩效平衡方式,考核的内容包括财务绩效衡量与非财务绩效衡量。财务绩效的衡量着眼于收入增长、成本管理、资产使用等,指标有净资产收益率、投资报酬率、销售利润率、成本降低率、现金流量等,据以对企业的赢利能力、偿债能力和成本因素等进行分析。非财务绩效的衡量主要体现在对顾客、内部经营过程、学习和成长三个方面的考核。在客户方面,管理层要确定企业将要面对的竞争性客户和市场份额,通过对客户满意程度、客户保留率、新客户获得率等指标的考核,检验企业在客户方面战略的执行情况;内部经营过程将重点放在对客户满意程度和对企业财务状况有重要影响的生产经营上,考核指标为产品制造周期、产品设计水平、工艺改造能力等;学习和成长是确保企业实现其战略目标、在日益激烈的全球竞争中保持可持续发展的基础,这方面的指标有员工满意程度、员工知识水平和培训次数、新产品开发能力等。战略绩效评价理论逐渐成熟,其中典型代表有基于 EVA 的绩效评价系统和基于平衡计分卡的绩效评价系统。本节只介绍基于 EVA 的绩效评价系统。

从价值判断的主体上看,企业存在两种不同的价值导向:股东价值导向和利益相关者价值导向。

股东价值导向的观点认为,股东是企业的所有者,企业的首要任务是为股东创造价值。在股东价值导向下,企业绩效评价表现为股东利益至上的评价模式。

利益相关者理论则认为,企业是利益相关者的合约,这些利益相关者包括投资者、管理者、员工、顾客、供应商、政府、社区,甚至还包括环境和后人,他们都向企业投入了某种资源并承担由此所带来的风险,因此企业不仅要关注股东利益,还要促进相关者利益的均衡和发展。企业目标不再是单纯追求股东利益最大化,而是按照持续性和协调性的原则,为利益相关者创造持续发展的价值。在利益相关者价值导向下,企业以可持续发展为根本目标,企业绩效评价表现为利益相关者共同利益的评价模式。因此,引入了基于股东价值取向的绩效考核与评价——经济增加值。

(一)经济增加值产生的背景

20 世纪 80 年代以来,股东价值观念在美国掀起了第二次浪潮,"价值基础管理"和"股东价值分析"这些观念更加深入人心。企业管理思想的改变同时也影响着传统企业业绩评价方法的改变。在这种背景下,美国先后出现了几种新的企业业绩评价方法,其中最引人注目和应用最广泛的就是经济增加值（Economic Value Added，EVA）方法。

EVA 的产生并不是一项全新的创造，它吸收了剩余收益概念的"合理内核"。EVA 的理论源于诺贝尔经济学奖获得者默顿·米勒（Merton Miller）和弗兰科·莫迪利亚尼（Franco Modigliani）1958—1961 年关于公司价值的经济模型的一系列论文。美国纽约斯特恩·斯图尔特（Stern & Stewart）咨询公司针对剩余收益指标作为单一期间业绩评价指标所存在的局限性，开发出了注册商标为 EVAQ 的经济增加值指标，并在 1993 年 9 月《财富》杂志上完整地将其表述出来。

管理学之父彼得·德鲁克在哈佛商业评论上的一篇文章中指出："作为一种度量全要素生产率的关键指标，EVA 反映了管理价值的所有方面。"EVA 不仅是一个全面的绩效衡量指标，还是一个全面财务管理的框架、一种经理人的薪酬激励机制。从本质上说，EVA 管理是基于价值的管理，它指出了创造财富的真正关键所在，是一种变革性战略。

美国的可口可乐公司、通用电气公司、联邦快递公司，德国的西门子公司，新西兰电信公司和新西兰航空公司等企业都采用了 EVA 并取得了可观的效果。

（二）EVA 的定义与计算公式

1. EVA 的定义

EVA 就是企业一定时期经过调整的税后净营业利润中扣除包括股权和债务的所有资金成本后的余额。EVA 不仅对债务计算成本，而且对股权资本也计算成本，实际上就是一种机会成本。如果得到的 EVA 是正值，说明企业产生的收益大于其占用资产的成本，大于 0 的部分是为股东创造的剩余价值；如果为负值，表明企业在耗费自己的资产，股东财富受到侵蚀；如果为 0，表示企业的利润仅能满足债权人和投资者预期获得的收益。也就是说，只有企业创造的利润减去这些成本后有剩余，才是真正为投资者创造了财富。

2. EVA 的计算公式

$$EVA=税后净营业利润-加权平均资本成本率\times投入资本 \quad (11-7)$$

式中，税后净营业利润等于税前净营业利润减 EVA 税收调整；加权平均资本成本率相当于同等风险条件下投资者在股票和债券的组合上所获得的收益率；投入资本是企业投入使用的全部资本，包括股权资本和债务资本。

$$税后净营业利润=营业利润+利息支出+少数股东损益+递延所得税负债余额的增加+\\各种资产减值准备金额的增加+资本化研究开发费用-\\资本化研究开发费用在本年的摊销-EVA税收调整 \quad (11-8)$$

$$加权平均资本成本=税后债务资本成本\times债务比例+股权资本成本\times股权比例$$

$$税后债务资本成本=税前债务资本成本\times(1-所得税税率) \quad (11-9)$$

股权资本成本基于"资本资产定价模型"计算公式为

$$\text{股权资本成本}=\text{无风险收益率}+\text{风险收益率}=R_\text{f}+\beta\times(R_\text{m}-R_\text{f}) \qquad (11\text{-}10)$$

式中，R_f 表示无风险收益率；β 表示单支股票变动率与市场投资组合回报风险的衡量值；R_m 表示市场组合收益率。

斯图尔特提到的可能对税后净营业利润的调整项目达到 160 多项，调整的数量越多，计算的结果越精确，但是计算也就越复杂、越艰难。因此，必须在精确性和复杂性之间进行衡量和选择。在实际操作中，大多数企业将调整数量限制在 5~10 项。

一项调整是否重要可以参考一定的标准，如这项调整是否对股东财富有影响，是否影响管理者的决策，调整所需的资料是否容易取得等。

（三）EVA 的评价

EVA 的优势在于以下几方面。

1）能够更加真实地反映企业的经营业绩，维护股东正当权益。EVA 考虑了全部资本成本，只有考虑了股权资本成本，才能计算出真正的价值溢价，反映企业的真实赢利能力，准确地衡量股东财富增加与否。只有企业的收益超过企业的所有资本的成本，才能说明经营者为股东创造了财富。

2）提高了会计信息质量。传统的评价指标如会计收益是在公认会计准则的基础上计算出来的，因此在某种程度上存在着会计信息失真，可能会歪曲真实经营业绩。而 EVA 在财务报表基础上，对相关会计信息进行了必要的调整，尽量消除会计准则所造成的扭曲性影响，从而更加真实、更完整地评价企业的经营业绩。

3）能够在一定程度上减少短期行为。EVA 着眼于企业的长期发展，而不像净利润那样仅仅是一种短期指标，它鼓励企业经营者做出能给企业带来长远利益的投资决策，如新产品的研究与开发等。这样在一定程度上能减少企业经营者短期行为的发生。

4）EVA 是一种新型的企业价值观。EVA 绩效的改善是同企业价值的提高相联系的，EVA 为经营者提供了一个考察企业的新角度，可以使其对企业业务的经济规律有更清晰的了解，从而能够做出更好的决策。

EVA 的缺陷在于以下几方面。

1）EVA 在计算时进行的必要调整可能并不符合成本效益原则。根据 EVA 的原理，为了消除会计信息的失真，需要对按照公认会计原则编制的财务报表进行调整。目前，计算 EVA 需要做高达 160 余项的调整，这需要操作者对 EVA 与原来按照公认会计准则编制的财务报表之间存在的差异有比较准确的理解，还要有比较高超的调整差异的技术水平。因此，本书认为这种对会计利润的调整并不符合成本效益原则。

2）不同规模企业之间的 EVA 无法简单地进行比较。EVA 作为一个数量指标，对于经济效益的反映是有缺陷的。效益既可以是投入与产出之差，也可以是投入与产出之比，而

EVA 是一个绝对量指标，只能反映经济效益的大小，而不能体现经济效益的相对高低。尤其在对不同规模的部门或企业进行比较时，很难判断 EVA 较高者是因为具有较高的效益水平还是仅仅因为具有较大的资本投入。

3）EVA 仅能揭示影响经营绩效的财务动因。EVA 指标评价体系对非财务动因重视不够，认为财务资本是驱动企业成长的主要因素，而非财务资本如人力资本、客户资本、创新资本等都是由财务资本驱动的，而这些非财务资本恰恰是促使企业成长的重要内在因素。

4）EVA 没有考虑企业的现金流量。现金流与企业价值基本上是正相关的，即使 EVA 很大，但若现金流小于 0，那么企业价值也不能达到最大化；另外，当企业的 EVA 大于 0 时，现金流量未必能够满足企业销售增长所需的资金，那么企业未来的价值增长将受到阻碍。

5）EVA 指标在识别风险上存在不足。EVA 仍然是以会计利润为基础计算的，而会计利润很容易被经营者操纵。为了提高 EVA，经营者很可能使用虚拟交易等手段提高利润，这就增大了企业的经营风险。另外，经营者可能为了获得即期的经济利益，放弃开发周期长却具有更大赢利能力的项目，损害了企业的长远利益。

（四）基于 EVA 绩效评价的案例分析

中国电信集团公司成立于 2002 年，是中国特大型国有通信企业，连续多年入选"世界 500 强企业"，主要经营固定电话、移动通信、互联网接入及应用等综合信息服务。截至 2008 年底，拥有固定电话用户 2.14 亿户、移动电话用户 3 544 万户、宽带用户 4 718 万户，集团公司总资产达 6 322 亿元，全年业务收入超过 2 200 亿元，人员有 67 万人。2011 年 3 月 31 日，中国电信天翼移动用户破亿，成为全球最大的 CDMA 网络运营商。

2006 年中国电信进行引入 EVA 绩效考核的试点。为了探索建立能促进企业长远价值增长的全面 EVA 管理体系，从分析公司的经济增加值入手，从评价体系、激励制度、理念体系等方面提出建立使公司内部各级管理层的管理理念、管理方法和管理行为都致力于企业价值最大化的管理机制。

1. 建立 EVA 分析评价体系

建立以创造企业长期价值为导向的绩效考核体系。通过与企业的战略规划和业务发展方向紧密结合，实现目标考核管理。同时，通过对行业和竞争对手的分析、从企业经营角度发现影响价值创造变动的因素分析、公司创造价值的大小和效率分析等设定考核指标，实现对企业的正确引导。不断实践、修正、完善，最后各个部门达成共识，建立一个完备的、适用的、合理的且易于执行的 EVA 考核统计指标体系。

2. 建立以 EVA 为核心的激励机制

基于 EVA 计算经营者奖金，并引入 EVA 奖金库的运作方式，采取当期支付与延期支付相结合的办法，避免经营者短视行为，激励经营者规划有利于企业长期可持续发展的计划。将 EVA 激励机制融入公司价值管理体系中，充分发挥 EVA 激励方案（如建立年薪制）的有效性，鼓励公司内部合作，实现股东、管理者和员工三者利益在同一目标下的有机结合，达到公司整体利益最大化。

3. 建立价值创造的公司理念

对企业核心员工进行 EVA 知识培训，促进公司内部对 EVA 理论的认同，并开展广泛且深入的沟通，使 EVA 成为联系、沟通管理各方面要素的杠杆，从而建立鼓励价值创造的公司文化，形成"一切财力资源的使用必须有利于增加 EVA，一切人力资源的配置必须有利于创造 EVA，一切管理工作的开展必须有利于改善 EVA"的观念、文化与习惯。

2006 年，企业的税后净营业利润为 237 亿元，资本成本为 198 亿元，经济增加值为 39 亿元；2007 年，税后净营业利润为 242 亿元，资本成本为 242 亿元，经济增加值为 0 亿元；2008 年税后净营业利润为 8 亿元，资本成本为 228 亿元，经济增加值为–220 亿元。集团公司近三年整体 EVA 水平波动较大，未来持续改善难度较大。2007 年由于执行新会计准则引起投入资本增加，导致 EVA 下降。2008 年由于 C 网收购，导致 EVA 下降。2009 年以后集团整体 EVA 水平得到一定改善，但短期内实现 EVA 快速由负转正挑战较大。

第二节 平衡计分卡理论

战略性业绩评价指综合绩效评价制度，也称平衡计分卡，是基于企业可持续发展的一种业绩评价制度。传统的绩效评价体系以财务评价为主，财务指标过分依赖以历史成本为基础的会计核算体系，指标反映的信息具有滞后性和短期化趋势，财务评价并不能全面反映企业管理者在企业持续发展能力方面所作的努力。而基于价值评价体系由于受资本市场有效性的限制，存在严重的噪声干扰以及利润操纵等人为因素。为突破传统绩效评价方法的局限，1992 年美国哈佛大学的卡普兰教授等人提出了一种全新的企业综合评价测评体系——平衡计分卡(Balanced Score Card)。

一、平衡计分卡的产生

20 世纪 90 年代，哈佛大学教授卡普兰（Robert S. Kaplan）和诺兰诺顿研究所最高执行长戴维·诺顿（David P.Norton）开展了"未来组织绩效衡量方法"的研究计划，他们发现了一套绩效评价和管理系统，能够"兼顾长短期目标、财务和非财务指标、滞后和先行指标，以及内部和外部指标"，即平衡计分卡，通过传统的财务指标和驱动未来财务效益的非财务指标四个相互联系的层面来全方位地衡量和管理企业经营业绩。

平衡计分卡的核心思想是通过财务、客户、内部业务流程、学习与成长这四个层面的指标之间相互驱动的关系展现企业的综合绩效，实现绩效评价以及促进战略实施的目标。平衡计分卡是一种全方位的、财务指标和非财务指标相结合的策略性评价指标体系，一方面从财务角度保持对短期绩效的关注，另一方面可找到长期的财务和竞争优势的真正驱动因素。设计精良的平衡计分卡不仅能够反映企业的战略，而且能够将企业的战略转化为一系列相互联系的指标，通过四个层面来实施战略管理。因此，人们通常称平衡计分卡是增强企业战略执行力的最有效的战略管理工具。

从内容上讲，平衡计分卡主要包含下面4个领域。

1）财务——公司是否能够为股东创造价值？

2）客户——购买公司提供的产品和服务的直接客户是如何评判公司的业绩表现的？

3）内部业务流程——公司如何管理内部业务运作以满足客户的期望？这些内部运作包括满足客户需求、保留客户、财务计划等。

4）学习与成长——公司是否有能力不断创新，改善，从而实现持续增长？

平衡计分卡的四个维度如图11-2所示。

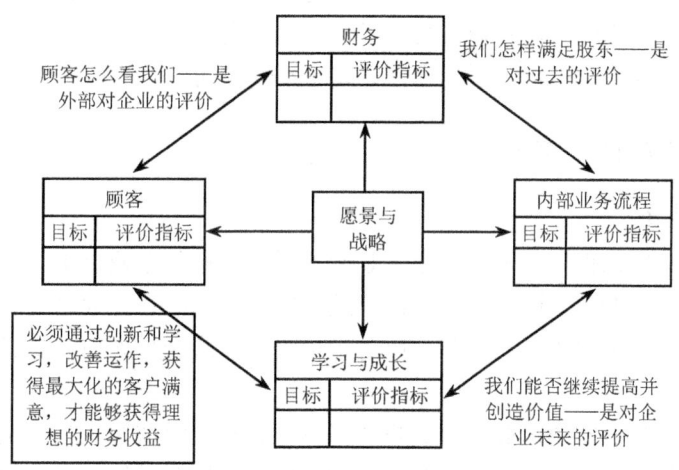

图11-2 平衡计分卡的四个维度

平衡计分卡突破了财务指标作为唯一指标的局限，做到了多个方面的平衡，所以平衡计分卡与传统评价体系比较，具有如下特点。

1. 平衡计分卡为企业的战略管理提供强有力的支持

随着全球经济一体化进程的不断发展，以及市场竞争的不断加剧，战略管理对企业持续发展而言更为重要。平衡计分卡并不是简单地将财务指标和非财务指标结合在一起，而是与企业战略目标和使命紧紧相连，用以反映企业长期战略目标以及实现这些目标的方式的绩效指标，企业战略的实施可以通过对平衡计分卡的全面管理来完成。

2. 平衡计分卡可以提高企业整体管理效率

平衡计分卡所涉及的四个维度，都是企业未来发展成功的关键要素，通过平衡计分卡所提供的管理报告，将看似不相关的要素有机地结合在一起，可以大大节约企业管理者的时间，提高企业管理的整体效率，为企业未来成功发展奠定坚实的基础。

3. 注重团队合作，防止企业管理机能失调

团队精神是一个企业文化的集中表现，平衡计分卡通过对企业各要素的组合，让管理者能同时考虑企业各职能部门在企业整体中的不同作用与功能，使他们认识到某一领域的工作改进可能造成其他领域的退步，促使企业管理部门决策时从企业整体出发，慎重选择可行方案。

4. 平衡计分卡可增强企业激励作用

传统的绩效评价体系强调管理者希望下属采取什么行动，通过评价来证实下属是否采取了行动以及行动的结果如何，强调的是对行为结果的控制与考核。而平衡计分卡则强调目标管理，鼓励下属主动地达到目标，强调的是激励动力。因为在具体管理问题上，企业高层管理者并不一定比中下层管理人员更了解情况，所做出的决策也不一定比下属更明智，所以由企业高层管理人员规定下属的行为方式是不恰当的。

二、平衡计分卡的四个维度

（一）财务维度

平衡计分卡之所以保留了财务维度，是因为财务指标是企业追求的最终目标。其他各个层面的目标最终都归集到财务上来。财务绩效的衡量表明企业战略及其实施与执行是否正在为最终经营结果的改善作出贡献。财务指标用来反映企业如何满足股东的需要，创造股东财富。

典型的财务指标有净资产收益率、投资报酬率、每股收益等。它们是公司股东最关注的反映企业业绩的重要参数，而且这类指标能全面综合地衡量经营活动的最终成果，衡量公司创造股东财富的能力。

企业在不同的生命周期阶段，有不同的财务目标，而企业的生命周期与衡量策略的财务议题可相互结合。平衡计分卡将企业的生命周期分为成长、维持、收获三个阶段，各个阶段的财务衡量重点不同。

成长阶段：侧重于增长百分比，如收入增长率等。

维持阶段：侧重于衡量获利能力，如权益净利率、投资回报率、经济增加值等。

收获阶段：侧重于衡量现金流量，企业应特别关注投资的收回，力争实现现金流量最

大化,并减少营运资金占用。

(二) 客户维度

为了实现企业自身的财务目标,企业必须对它的客户给予足够的重视。因此,客户成为平衡计分卡指标体系中的一部分。客户是企业获利的主要来源,因此满足客户的需求便成为企业追求的目标。平衡计分卡为解决客户方面的问题,选择了两套评价方法。一套是企业在客户维度所期望达到业绩的绩效评价指标,主要包括市场占有率、客户留住率、客户获得率、客户满意程度、客户给企业带来的利润率等。

市场占有率反映目标市场的渗透程度,说明所实施的战略是否在目标市场取得预期效果。扩大市场占有率的一种方法就是留住现有的客户并增加新的客户。而提高客户满意度是增加新的客户的必要条件。

主要客户业绩衡量指标如表11-1所示。

表 11-1 主要客户业绩衡量指标

指　标	反映内容
市场占有率	反映一个企业在既有市场中所占的比例
新客户开发率	反映一个企业吸引或赢得新顾客或新业务的比例
客户重复购买率	反映一个企业与既有顾客保持和维系关系的比例
客户满意度	根据顾客目标价值中的特定业绩标准,评估顾客的满意程度
从客户处的获利率	衡量企业扣除在顾客方面所支付费用的利润率

这些衡量指标构成的因果关系链如图11-3所示。

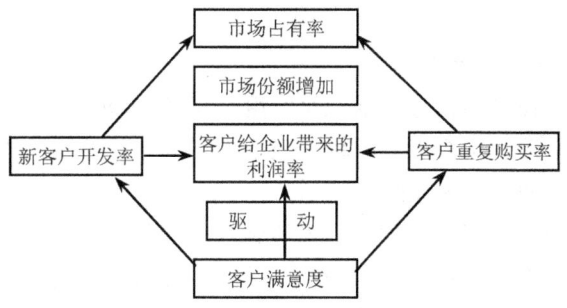

图 11-3 主要客户业绩衡量指标因果关系链

在图 11-3 中,"客户给企业带来的利润率"这个指标尤为重要。因为市场占有率只是实现财务目标的基础,市场占有率大未必会给企业创造价值,只有能够给企业带来利润率的客户所形成的市场占有才能为企业创造价值。"客户给企业带来的利润率"这个指标是检验市场占有率有效性的重要指标，同时也是连接平衡计分卡的财务维度与客户维度的桥梁。

另一套评价方法是针对第一套评价方法中的各项指标，分析达到各项指标应采取的措施及影响因素，而后加以测评。而对于各项指标，又制定细分评估手段。主要衡量指标有顾客满意度、顾客忠诚度、存货周转率、应收账款回收率、应收账款回收天数、坏账损失率、顾客抱怨率等。

（三）企业内部业务流程维度

内部业务流程指的是企业从输入各种原材料和顾客需求，到创造出对顾客有价值的产品（或服务）过程中的一系列活动。

内部业务流程维度的目的主要在于满足股东及达成客户维度目标，因此在制定这个维度的目标与度量时，应先做企业价值链分析，将旧有的营运流程进行改进，以达到满足财务及客户方面的目标，建立一个既能解决目前需求又能解决未来需求的完整内部过程价值链。一个企业共通的内部价值链模式，包含三个主要的流程：研究与开发过程、经营过程及售后服务过程，由了解顾客需求以创新，设计新的营运流程，再经由售后服务流程到内部价值链来满足客户和股东，如图11-4所示。

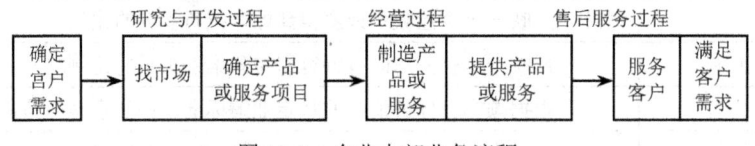

图11-4　企业内部业务流程

企业的内部业务流程如何满足客户日新月异的需求变化？显然要通过企业的学习与成长。

（四）企业的学习与成长维度

学习的主要目的是使平衡计分卡前三个维度（财务、客户、内部业务流程）的目标能顺利完成。平衡计分卡前三个维度的目标一般会揭示人才、系统和程序的现有能力和实现突破性业绩所需能力之间的巨大差距。

企业只有不断学习，才能不断创新，才能弥补这些差距，从而不断成长。企业必须在资产和研发之外增加对人员、系统和组织程序等基础方面的投资，才能保证长期的发展和改进。该维度的主要指标有提高员工能力、增强信息系统的能力，以及增加激励、授权和联合。

1）提高员工的能力是指要不断通过新知识和新技术培训提高员工能力。主要指标有员工满意程度（员工留住率、员工意见采纳比）、人均在岗培训费用、受培训职工比例、员工生产力、人才投资率等。

2）信息系统能力主要衡量信息系统对一线员工工作支持的比例、一线员工工作对信息系统的依赖程度、职能化信息系统的健全比例与信息系统的整合比例等。

3）激励、授权和联合。激励与授权指标主要用来衡量员工工作的积极性激发方面的情况，通过建立良好的激励机制以激发员工积极性；联合主要是指个人之间与部门之间的协作，主要取决于个人目标、部门目标是否与公司的整体目标相一致。

三、平衡计分卡的评价

实施平衡计分卡的管理方法主要有以下优点。

1）克服财务评估方法的短期行为。

2）保持组织所有资源协调一致，并服务于战略目标。

3）能有效地将组织的战略转化为组织各层的绩效指标和行动，克服了企业的战略规划操作性差的缺点。

4）有利于各级员工对组织目标和战略的沟通和理解，保证了组织的年度计划和组织的长远发展方向得到有效的结合。

5）有利于组织和员工的学习成长和核心能力的培养。

平衡计分卡在绩效考核层面运用时，是对传统绩效考核与评价方法的一种突破，但是不可避免地也存在自身的一些缺点。

1）实施难度大。平衡计分卡的实施要求企业有明确的组织战略，高层管理者具备分解和沟通战略的能力和意愿，中高层管理者具有指标创新的能力和意愿。因此，管理基础差的企业不可以直接引入平衡计分卡，必须先提高自己的管理水平，然后循序渐进地引进平衡计分卡。

2）指标体系的建立较困难。平衡计分卡对传统绩效评价体系的突破就在于它引进了非财务指标，克服了单纯依靠财务指标评价的局限性。然而，这又带来了另外的问题，即如何建立非财务指标体系、如何确立非财务指标的标准以及如何评价非财务指标。而且指标数量过多，指标间的因果关系很难做到真实、明确。如果指标之间不是呈完全正相关的关系，那么在评价最终结果的时候，应该选择哪个指标作为评价的依据？如果舍掉部分指标，是不是会导致绩效评价的不完整性？这些都是在应用平衡计分卡时要考虑的问题。

3）各指标权重的分配比较困难。要对企业绩效进行评价，就必然要综合考虑上述四个层面的因素，这就涉及权重分配问题。更加复杂的是，不但要在不同层面之间分配权重，而且要在同一层面的不同指标之间分配权重。不同的层面及同一层面的不同指标分配的权重不同，可能会导致不同的评价结果。而且平衡计分卡也没有说明针对不同的发展阶段与战略需要确定指标权重的方法，故而权重的制定并没有一个客观标准，这就不可避免地使得权重的分配带有浓厚的主观色彩。

4）实施成本大。平衡计分卡要求企业从财务、客户、内部业务流程、学习与成长四个方面考虑战略目标的实施，并为每个方面制定详细而明确的目标和指标。除对战略的深刻理解外，还需要消耗大量精力和时间把它分解到部门，并找出恰当的指标。而落实到最后，指标可能会多达15～20个，在考核与数据收集时，也是一个不小的负担。

四、平衡计分卡应用案例

（一）公司的背景

青岛啤酒股份有限公司前身是1903年8月由德国商人和英国商人合资在青岛创建的日耳曼啤酒公司青岛股份公司，它是中国历史悠久的啤酒制造厂商。

1993年7月15日，青岛啤酒股票（0168）在中国香港交易所上市。同年8月27日，青岛啤酒（600600）在上海证券交易所上市，成为中国首家在两地同时上市的公司。

20世纪90年代后期，运用兼并重组、破产收购、合资建厂等多种资本运作方式，青岛啤酒在中国18个省、市、自治区拥有50多家啤酒生产基地，基本完成了全国性的战略布局。

2009年，青岛啤酒实现啤酒销售量591万千升，同比增长9.9%；实现销售收入177亿元人民币，同比增长12.5%；净利润达12.53亿元人民币，同比增长79.2%。青岛啤酒远销美国、日本、德国、法国、英国、意大利、加拿大、巴西等70多个国家和地区。

（二）青岛啤酒实施平衡计分卡的背景

2002年实施战略整合之后，青岛啤酒就面临着很大的困惑：公司扩张并购的那些企业应该如何管理？如何让它们在自己手里比别人管理的价值更大？用什么方法把战略转型落实到每一个业务单元？要解决这些问题，需要一个工具，考虑到平衡计分卡这个方法还是比较切合实际的，简单易行，青岛啤酒引入了平衡计分卡。从公司战略目标出发，然后按照财务、客户、内部业务流程和学习与成长四个维度来分解，做到每一个人、每一个组织、每一个部门都有一个平衡计分卡。

（三）平衡计分卡的实施

青岛啤酒认识到平衡计分卡是提升集团战略执行力和组织协同力的有效方法，并建立了平衡计分卡体系。该公司实施BSC的流程如下。

1）公司领导高度重视战略执行体系的建设。集团总裁将平衡计分卡列为集团级10项重点工作之一，并进行组织实施。

2）将战略转化为可操作的行动。集团借助平衡计分卡对战略进行了全面梳理，并首先开发出公司层面战略图和计分卡，确定集团核心的战略目标、衡量指标以及关键战略举措。

3) 以战略为中心整合组织。在明确了集团的战略图与计分卡后,遵循战略分解的原则,逐级开发和建立了各级事业部及职能部门的平衡计分卡。

4) 让战略成为每个人的工作。集团各部门平衡计分卡的应用基本顺畅后,进一步将平衡计分卡与岗位员工绩效管理实现了关联,使员工绩效目标与公司战略目标保持一致。

5) 使战略变成可持续的流程。集团强化了战略管理的组织,使其从过去侧重于战略规划转变为同时监控和评价战略的执行过程,并建立了基于平衡计分卡的战略执行回顾报告及会议制度,将战略的动态管理作为一个流程持续下去。平衡计分卡实施流程如图11-5所示。

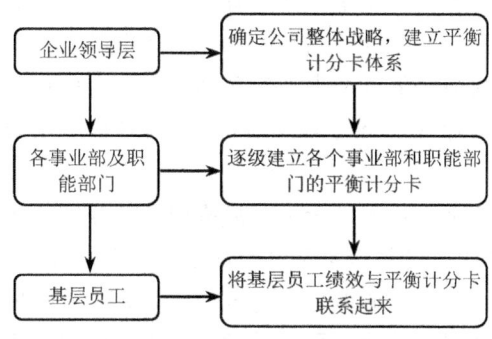

图11-5　平衡计分卡实施流程

通过平衡计分卡的实施,青岛啤酒建立了战略执行体系,其战略结果都是原则性的东西,如满足股东、满足客户、高效的流程、有动力的团队。通过一系列的步骤,公司达成了战略共识,把战略和运营有效联系起来,还建立了一个双循环的控制体系。另外青岛啤酒制定了公司的战略图,把四个维度的战略目标清晰地画出来,同时也为工厂的业务单元和职能部门建立了战略图。通过战略图,每一个人都明确了公司的整体目标是什么,围绕这个目标,公司的各个业务单元,包括职能部门,乃至每一个员工要做什么,都实现了战略的清晰和目标的明确。

公司还运用平衡计分卡落实了考核,对考核的目标进行量化,同时战略回顾和资源分配也都是按照平衡计分卡进行落实的。公司把平衡计分卡的结果和激励考核机制结合起来,对每一个业务单元进行绩效考核与评价,考核的结果和管理者的年薪挂钩。对于每一个员工的绩效,其平衡计分卡占70%,另外结合员工能力素质的开发,最后确定员工的奖金。公司所有的业务单元、职能部门都承担着为公司创造价值的使命,平衡计分卡让员工清楚地知道公司需要自己创造什么价值和怎样衡量自己创造的价值,而不是按照每个人的想象随意地创造"价值"。这样,就实现了价值导向、资源聚焦的公司价值链的协同。

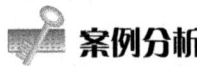 **案例分析**

平衡计分卡给飞利浦集团带来的价值

飞利浦电子在全球150个国家共有25万名员工,飞利浦运用平衡计分卡明晰了企业愿景,使员工关注重要工作,并指导他们什么是绩效驱动因素。飞利浦管理团队运用平衡计分卡指导每季度的全球管理回顾,并把它作为一个机制,鼓励持续改进和组织学习。

飞利浦运用一套全球统一的战略分解流程和平衡计分卡关系系统,把战略落实成具体可衡量的目标,保证所有员工都聚焦关键目标和首要任务。高级管理层从设定年度运作目标和目标值开始,然后把它分解到整个组织的各个层面,最终落实到全球各分支机构和事业部的目标。飞利浦平衡计分卡小组复制考核当前取得的进展与企业愿景之间的差距,把长期战略与短期行动连接起来,并帮助员工理解他们的行动对公司实现目标的影响力。

飞利浦电子设定了三个层次的计分卡:战略回顾计分卡、运作回顾计分卡和经营单位计分卡。而且在2003年引进第四个层次的计分卡,即员工个人计分卡。

各经营单位为其平衡计分卡的四个角度都制定了关键成功因素,管理团队一起讨论并最终决定哪些关键成功因素使他们区别于竞争对手。他们使用了"价值图"的方法,从而确定客户角度的关键成功因素。经营单位的管理团队通过这些客户需求及客户角度的关键因素,发现了哪些流程角度的关键成功因素对实现客户的关键成功因素作用最大。他们认为客户与流程角度的关键成功因素关系最为密切,能力的关键成功因素是从对其他三个角度目标的综合分析得来的。财务方面关键成功因素则是标准的财务回报指标。

各经营单位设定了当年、2年后和4年后的绩效目标。这些目标基于对多个因素的分析:客户基数、市场大小、品牌资产净值、创新能力、达到世界级绩效的要求。

各经营单位四个角度的绩效指标的例子如下。

财务:赢利、运营收入和现金流、运营资金和库存周转率。

客户:市场份额、客户调查排名、重复订单和客户投诉。

流程:流程周期"缩短比例"、工程改变数量、设备利用率、订单响应时间、流程能力。

能力:领导能力、每位员工培训天数、参与质量改进小组工作。

经营单位的这些绩效指标通常源于高层组织常见的六个驱动指标:赢利收入增长、愉悦客户、满足员工、优异运作、组织发展和IT支持。这六个因素分别从四个角度驱动绩效改进,它们就像是平衡计分卡的音律,每个季度都用来回顾各个事业部的绩效。他们开发了运作计分卡监控业绩的系统。绩效数据从内部信息汇报系统传入在线平衡计分卡系统并生成报告。平衡计分卡使员工清楚每天应该做什么才能实现业绩。在线平衡计分卡系统使用不同的颜色直接表示当前绩效是否成功地实现着目标值。

平衡计分卡给飞利浦集团带来的价值是，它创造了一个全球沟通系统，所有分支结构都能够分享最佳实践，共同协作并解决问题。平衡计分卡方法对飞利浦的文化变革流程也起到了极大的作用，使飞利浦变成了一个学习氛围更浓厚的学习型组织。

（本案例摘自周亚力：《管理会计——理论、方法、案例》，上海立信会计出版社，2006）

要求：请结合案例及所学的平衡计分卡知识，谈谈平衡计分卡在企业绩效评价中的作用。

课后复习题

1. 阐述经济增加值计算的基本理论，并说明其计算方法与结果和传统的会计利润的差别。
2. 说明剩余收益与经济增加值指标之间的关系。
3. 简述以 EVA 作为企业业绩评价指标有什么优缺点。
4. 简述平衡计分卡的基本框架和应用步骤。

附录 A
常用表格

表 A-1 1元复利终值

n	1%	2%	3%	4%	5%	6%	7%	8%	9%	10%
1	1.010 0	1.020 0	1.030 0	1.040 0	1.050 0	1.060 0	1.070 0	1.080 0	1.090 0	1.100 0
2	1.020 1	1.040 4	1.060 9	1.081 6	1.102 5	1.123 6	1.144 9	1.166 4	1.188 1	1.210 0
3	1.030 3	1.061 2	1.092 7	1.124 9	1.157 6	1.191 0	1.225 0	1.259 7	1.295 0	1.331 0
4	1.040 6	1.082 4	1.125 5	1.169 9	1.215 5	1.262 5	1.310 8	1.360 5	1.411 6	1.464 1
5	1.051 0	1.104 1	1.159 3	1.216 7	1.276 3	1.338 2	1.402 6	1.469 3	1.538 6	1.610 5
6	1.061 5	1.126 2	1.194 1	1.265 3	1.340 1	1.418 5	1.500 7	1.580 9	1.677 1	1.771 6
7	1.072 1	1.148 7	1.229 9	1.315 9	1.407 1	1.503 6	1.605 8	1.713 8	1.828 0	1.948 7
8	1.082 9	1.171 7	1.266 8	1.368 6	1.477 5	1.593 8	1.718 2	1.850 9	1.992 6	2.143 6
9	1.093 7	1.195 1	1.304 8	1.423 3	1.551 3	1.689 5	1.838 5	1.999 0	2.171 9	2.357 9
10	1.104 6	1.219 0	1.343 9	1.480 2	1.628 9	1.790 8	1.967 2	2.158 9	2.367 4	2.593 7
11	1.115 7	1.243 4	1.384 2	1.539 5	1.710 3	1.898 3	2.104 9	2.331 6	2.580 4	2.853 1
12	1.126 8	1.268 2	1.425 8	1.601 0	1.795 9	2.012 2	2.252 2	2.518 2	2.812 7	3.138 4
13	1.138 1	1.293 6	1.468 5	1.665 1	1.885 6	2.132 9	2.409 8	2.719 6	3.065 8	3.452 3
14	1.149 5	1.319 5	1.512 6	1.731 7	1.979 9	2.260 9	2.578 5	2.937 2	3.341 7	3.797 5
15	1.161 0	1.345 9	1.558 0	1.800 9	2.078 9	2.396 6	2.759 0	3.172 2	3.642 5	4.177 2
16	1.172 6	1.372 8	1.604 7	1.873 0	2.182 9	2.540 4	2.952 2	3.425 9	3.970 3	4.595 0
17	1.184 3	1.400 2	1.652 8	1.947 9	2.292 0	2.692 8	3.158 8	3.700 0	4.327 6	5.054 5
18	1.196 1	1.428 2	1.702 4	2.025 8	2.406 6	2.854 3	3.379 9	3.996 0	4.717 1	5.559 9
19	1.208 1	1.456 8	1.753 5	2.106 8	2.527 0	3.025 6	3.616 5	4.315 7	5.141 7	6.115 9
20	1.220 2	1.485 9	1.806 1	2.191 1	2.653 3	3.207 1	3.869 7	4.661 0	5.604 4	6.727 5
21	1.232 4	1.515 7	1.860 3	2.278 8	2.786 0	3.399 6	4.140 6	5.033 8	6.108 8	7.400 2
22	1.244 7	1.546 0	1.916 1	2.369 9	2.925 3	3.603 5	4.430 4	5.436 5	6.658 6	8.140 3
23	1.257 2	1.576 9	1.973 6	2.464 7	3.071 5	3.819 7	4.740 5	5.871 5	7.257 9	8.254 3
24	1.269 7	1.608 4	2.032 8	2.563 3	3.225 1	4.048 9	5.072 4	6.341 2	7.911 1	9.849 7
25	1.282 4	1.640 6	2.093 8	2.665 8	3.386 4	4.291 9	5.427 4	6.848 5	8.623 1	10.835
26	1.295 3	1.673 4	2.156 6	2.772 5	3.555 7	4.549 4	5.807 4	7.396 4	9.399 2	11.918
27	1.308 2	1.706 9	2.221 3	2.883 4	3.733 5	4.882 3	6.213 9	7.988 1	10.245	13.110
28	1.321 3	1.741 0	2.287 9	2.998 7	3.920 1	5.111 7	6.648 8	8.627 1	11.167	14.421
29	1.334 5	1.775 8	2.356 6	3.118 7	4.116 1	5.418 4	7.114 3	9.317 3	12.172	15.863
30	1.347 8	1.811 4	2.427 3	3.243 4	4.321 9	5.743 5	7.612 3	10.063	13.268	17.449
40	1.488 9	2.208 0	3.262 0	4.801 0	7.040 0	10.286	14.794	21.725	31.408	45.259
50	1.644 6	2.691 6	4.383 9	7.106 7	11.467	18.420	29.457	46.902	74.358	117.39
60	1.816 7	3.281 0	5.891 6	10.520	18.679	32.988	57.946	101.26	176.03	304.48

续表

n	12%	14%	15%	16%	18%	20%	24%	28%	32%	36%
1	1.120 0	1.140 0	1.150 0	1.160 0	1.180 0	1.200 0	1.240 0	1.280 0	1.320 0	1.360 0
2	1.254 4	1.299 6	1.322 5	1.345 6	1.392 4	1.440 0	1.537 6	1.638 4	1.742 4	1.849 6
3	1.404 9	1.481 5	1.520 9	1.560 9	1.643 0	1.728 0	1.906 6	2.087 2	2.300 0	2.515 5
4	1.573 5	1.689 0	1.749 0	1.810 6	1.938 8	2.073 6	2.364 2	2.684 4	3.036 0	3.421 0
5	1.762 3	1.925 4	2.011 4	2.100 3	2.287 8	2.488 3	2.931 6	3.436 0	4.007 5	4.652 6
6	1.973 8	2.195 0	2.313 1	2.436 4	2.699 6	2.986 0	3.635 2	4.398 0	5.289 9	6.327 5
7	2.210 7	2.502 3	2.660 0	2.826 2	3.185 5	3.583 2	4.507 7	5.629 5	6.982 6	8.605 4
8	2.476 0	2.852 6	3.059 0	3.278 4	3.758 9	4.299 8	5.589 5	7.205 8	9.217 0	11.703
9	2.773 1	3.251 9	3.517 9	3.803 0	4.435 5	5.159 8	6.931 0	9.223 4	12.166	15.917
10	3.105 8	3.707 2	4.045 6	4.411 4	5.233 8	6.191 7	8.594 4	11.806	16.060	21.647
11	3.478 5	4.226 2	4.652 4	5.117 3	6.175 9	7.430 1	10.657	15.112	21.199	29.439
12	3.896 0	4.817 9	5.350 3	5.936 0	7.287 6	8.916 1	13.215	19.343	27.983	40.037
13	4.363 5	5.492 4	6.152 8	6.885 8	8.599 4	10.699	16.386	24.759	36.937	54.451
14	4.887 1	6.261 3	7.075 7	7.987 5	10.147	12.839	20.319	31.691	48.757	74.053
15	5.473 6	7.137 9	8.137 1	9.265 5	11.974	15.407	25.196	40.565	64.359	100.71
16	6.130 4	8.137 2	9.357 6	10.748	14.129	18.488	31.243	51.923	84.954	136.97
17	6.866 0	9.276 5	10.761	12.468	16.672	22.186	38.741	66.461	112.14	186.28
18	7.690 0	10.575	12.375	14.463	19.673	26.623	48.039	86.071	148.02	253.34
19	8.612 8	12.056	14.232	16.777	23.214	31.948	59.568	108.89	195.39	344.54
20	9.646 3	13.743	16.367	19.461	27.393	38.338	73.864	139.38	257.92	468.57
21	10.804	15.668	18.822	22.574	32.324	46.005	91.592	178.41	340.45	637.26
22	12.100	17.861	21.645	26.186	38.142	55.206	113.57	228.36	449.39	866.67
23	13.552	20.362	24.891	30.376	45.008	66.247	140.83	292.30	593.20	1 178.7
24	15.179	23.212	28.625	35.236	53.109	79.497	174.63	374.14	783.02	1 603.0
25	17.000	26.462	32.919	40.874	62.669	95.396	216.54	478.90	1 033.6	2 180.1
26	19.040	30.167	37.857	47.414	73.949	114.48	268.51	613.00	1 364.3	2 964.9
27	21.325	34.390	43.535	55.000	87.260	137.37	332.95	784.64	1 800.9	4 032.3
28	23.884	39.204	50.066	63.800	102.97	164.84	412.86	1 004.3	2 377.2	5 483.9
29	26.750	44.693	57.575	74.009	121.50	197.81	511.95	1 285.6	3 137.9	7 458.1
30	29.960	50.950	66.212	85.850	143.37	237.38	634.82	1 645.5	4 142.1	10 143.
40	93.051	188.83	267.86	378.72	750.38	1 469.8	5 455.9	19 427	66 521	*
50	289.00	700.23	1 083.7	1 670.7	3 927.4	9 100.4	46 890	*	*	*
60	897.60	2 595.9	4 384.0	7 370.2	20 555.	56 348.	*	*	*	*

* > 99 999

表 A-2　1 元复利现值

n	1%	2%	3%	4%	5%	6%	7%	8%	9%	10%
1	0.990 1	0.980 4	0.970 9	0.961 5	0.952 4	0.943 4	0.934 6	0.925 9	0.917 4	0.909 1
2	0.980 3	0.971 2	0.942 6	0.924 6	0.907 0	0.890 0	0.873 4	0.857 3	0.841 7	0.826 4
3	0.970 6	0.942 3	0.915 1	0.889 0	0.863 8	0.839 6	0.816 3	0.793 8	0.772 2	0.751 3
4	0.961 0	0.923 8	0.888 5	0.854 8	0.822 7	0.792 1	0.762 9	0.735 0	0.708 4	0.683 0
5	0.951 5	0.905 7	0.862 6	0.821 9	0.783 5	0.747 3	0.713 0	0.680 6	0.649 9	0.620 9
6	0.942 0	0.888 0	0.837 5	0.790 3	0.746 2	0.705 0	0.666 3	0.630 2	0.596 3	0.564 5
7	0.932 7	0.860 6	0.813 1	0.759 9	0.710 7	0.665 1	0.622 7	0.583 5	0.547 0	0.513 2
8	0.923 5	0.853 5	0.787 4	0.730 7	0.676 8	0.627 4	0.582 0	0.540 3	0.501 9	0.466 5
9	0.914 3	0.836 8	0.766 4	0.702 6	0.644 6	0.591 9	0.543 9	0.500 2	0.460 4	0.424 1
10	0.905 3	0.820 3	0.744 1	0.675 6	0.613 9	0.558 4	0.508 3	0.463 2	0.422 4	0.385 5
11	0.896 3	0.804 3	0.722 4	0.649 6	0.584 7	0.526 8	0.475 1	0.428 9	0.387 5	0.350 5
12	0.887 4	0.788 5	0.701 4	0.624 6	0.556 8	0.497 0	0.444 0	0.397 1	0.355 5	0.318 6
13	0.878 7	0.773 0	0.681 0	0.600 6	0.530 3	0.468 8	0.415 0	0.367 7	0.326 2	0.289 7
14	0.870 0	0.757 9	0.661 1	0.577 5	0.505 1	0.442 3	0.387 8	0.340 5	0.299 2	0.263 3
15	0.861 3	0.743 0	0.641 9	0.555 3	0.481 0	0.417 3	0.362 4	0.315 2	0.274 5	0.239 4
16	0.852 8	0.728 4	0.623 2	0.533 9	0.458 1	0.393 6	0.338 7	0.291 9	0.251 9	0.217 6
17	0.844 4	0.714 2	0.605 0	0.513 4	0.436 3	0.371 4	0.316 6	0.270 3	0.231 1	0.197 8
18	0.836 0	0.700 2	0.587 4	0.493 6	0.415 5	0.350 3	0.295 9	0.250 2	0.212 0	0.179 9
19	0.827 7	0.686 4	0.570 3	0.474 6	0.395 7	0.330 5	0.276 5	0.231 7	0.194 5	0.163 5
20	0.819 5	0.673 0	0.553 7	0.456 4	0.376 9	0.311 8	0.258 4	0.214 5	0.178 4	0.148 6
21	0.811 4	0.659 8	0.537 5	0.438 8	0.358 9	0.294 2	0.241 5	0.198 7	0.163 7	0.135 1
22	0.803 4	0.646 8	0.521 9	0.422 0	0.341 8	0.277 5	0.225 7	0.183 9	0.150 2	0.122 8
23	0.795 4	0.634 2	0.506 7	0.405 7	0.325 6	0.261 8	0.210 9	0.170 3	0.137 8	0.111 7
24	0.787 6	0.621 7	0.491 9	0.390 1	0.310 1	0.247 0	0.197 1	0.157 7	0.126 4	0.101 5
25	0.779 8	0.609 5	0.477 6	0.375 1	0.295 3	0.233 0	0.184 2	0.146 0	0.116 0	0.092 3
26	0.772 0	0.597 6	0.463 7	0.360 4	0.281 2	0.219 8	0.172 2	0.135 2	0.106 4	0.083 9
27	0.764 4	0.585 9	0.450 2	0.346 8	0.267 8	0.207 4	0.160 9	0.125 2	0.097 6	0.076 3
28	0.756 8	0.574 4	0.437 1	0.333 5	0.255 1	0.195 6	0.150 4	0.115 9	0.089 5	0.069 3
29	0.749 3	0.563 1	0.424 3	0.320 7	0.242 9	0.184 6	0.140 6	0.107 3	0.082 2	0.063 0
30	0.741 9	0.552 1	0.412 0	0.308 3	0.231 4	0.174 1	0.131 4	0.099 4	0.075 4	0.057 3
35	0.705 9	0.500 0	0.355 4	0.253 4	0.181 3	0.130 1	0.093 7	0.067 6	0.049 0	0.035 6
40	0.671 7	0.452 9	0.306 6	0.208 3	0.142 0	0.097 2	0.066 8	0.046 0	0.031 8	0.022 1
45	0.649 1	0.410 2	0.264 4	0.171 2	0.111 3	0.072 7	0.047 6	0.031 3	0.020 7	0.013 7
50	0.608 0	0.371 5	0.228 1	0.140 7	0.087 2	0.054 3	0.033 9	0.021 3	0.013 4	0.008 5
55	0.578 5	0.336 5	0.196 8	0.115 7	0.068 3	0.040 6	0.024 2	0.014 5	0.008 7	0.005 3

续表

n	12%	14%	15%	16%	18%	20%	24%	28%	32%	36%
1	0.8929	0.8772	0.8696	0.8621	0.8475	0.8333	0.8065	0.7813	0.7576	0.7353
2	0.7972	0.7695	0.7561	0.7432	0.7182	0.6944	0.6504	0.6104	0.5739	0.5407
3	0.7118	0.6750	0.6575	0.6407	0.6086	0.5787	0.5245	0.4768	0.4348	0.3975
4	0.6355	0.5921	0.5718	0.5523	0.5158	0.4823	0.4230	0.3725	0.3294	0.2923
5	0.5674	0.5194	0.4972	0.4762	0.4371	0.4019	0.3411	0.2910	0.2495	0.2149
6	0.5066	0.4556	0.4323	0.4104	0.3704	0.3349	0.2751	0.2274	0.1890	0.1580
7	0.4523	0.3996	0.3759	0.3538	0.3139	0.2791	0.2218	0.1776	0.1432	0.1162
8	0.4039	0.3506	0.3269	0.3050	0.2660	0.2326	0.1789	0.1388	0.1085	0.0854
9	0.3606	0.3075	0.2843	0.2630	0.2255	0.1938	0.1443	0.1084	0.0822	0.0628
10	0.3220	0.2697	0.2472	0.2267	0.1911	0.1615	0.1164	0.0847	0.0623	0.0462
11	0.2875	0.2366	0.2149	0.1954	0.1619	0.1346	0.0938	0.0662	0.0472	0.0340
12	0.2567	0.2076	0.1869	0.1685	0.1373	0.1122	0.0557	0.0517	0.0357	0.0250
13	0.2292	0.1821	0.1625	0.1452	0.1163	0.0935	0.0610	0.0404	0.0271	0.0184
14	0.2046	0.1597	0.1413	0.1252	0.0985	0.0779	0.0492	0.0316	0.0205	0.0135
15	0.1827	0.1401	0.1229	0.1079	0.0835	0.0649	0.0397	0.0247	0.0155	0.0099
16	0.1631	0.1229	0.1069	0.0980	0.0709	0.0541	0.0320	0.0193	0.0118	0.0073
17	0.1456	0.1078	0.0929	0.0802	0.0600	0.0451	0.0259	0.0150	0.0089	0.0054
18	0.1300	0.0946	0.0808	0.0691	0.0508	0.0376	0.0208	0.0118	0.0068	0.0039
19	0.1161	0.0829	0.0703	0.0596	0.0431	0.0313	0.0168	0.0092	0.0051	0.0029
20	0.1037	0.0728	0.0611	0.0514	0.0365	0.0261	0.0135	0.0072	0.0039	0.0021
21	0.0926	0.0638	0.0531	0.0443	0.0309	0.0217	0.0109	0.0056	0.0029	0.0016
22	0.0826	0.0560	0.0462	0.0382	0.0262	0.0181	0.0088	0.0044	0.0022	0.0012
23	0.0738	0.0491	0.0402	0.0329	0.0222	0.0151	0.0071	0.0034	0.0017	0.0008
24	0.0659	0.0431	0.0349	0.0284	0.0188	0.0126	0.0057	0.0027	0.0013	0.0006
25	0.0588	0.0378	0.0304	0.0245	0.0160	0.0105	0.0046	0.0021	0.0010	0.0005
26	0.0525	0.0331	0.0264	0.0211	0.0135	0.0087	0.0037	0.0016	0.0007	0.0003
27	0.0469	0.0291	0.0230	0.0182	0.0115	0.0073	0.0030	0.0013	0.0006	0.0002
28	0.0419	0.0255	0.0200	0.0157	0.0097	0.0061	0.0024	0.0010	0.0004	0.0002
29	0.0374	0.0224	0.0174	0.0135	0.0082	0.0051	0.0020	0.0008	0.0003	0.0001
30	0.0334	0.0196	0.0151	0.0116	0.0070	0.0042	0.0016	0.0006	0.0002	0.0001
35	0.0189	0.0102	0.0075	0.0055	0.0030	0.0017	0.0005	0.0002	0.0001	*
40	0.0107	0.0053	0.0037	0.0026	0.0013	0.0007	0.0002	0.0001	*	*
45	0.0061	0.0027	0.0019	0.0013	0.0006	0.0003	0.0001	*	*	*
50	0.0035	0.0014	0.0009	0.0006	0.0003	0.0001	*	*	*	*
55	0.0020	0.0007	0.0005	0.0003	0.0001	*	*	*	*	*

*<0.0001

表 A-3　1元年金终值

n	1%	2%	3%	4%	5%	6%	7%	8%	9%	10%
1	1.000 0	1.000 0	1.000 0	1.000 0	1.000 0	1.000 0	1.000 0	1.000 0	1.000 0	1.000 0
2	2.010 0	2.020 0	2.030 0	2.040 0	2.050 0	2.060 0	2.070 0	2.080 0	2.090 0	2.100 0
3	3.030 1	3.060 4	3.090 9	3.121 6	3.152 5	3.183 6	3.214 9	3.246 4	3.278 1	3.310 0
4	4.060 4	4.121 6	4.183 6	4.246 5	4.310 1	4.374 6	4.439 9	4.506 1	4.573 1	4.641 0
5	5.101 0	5.204 0	5.309 1	5.416 3	5.525 6	5.637 1	5.750 7	5.866 6	5.984 7	6.105 1
6	6.152 0	6.308 1	6.468 4	6.633 0	6.801 9	6.975 3	7.153 3	7.335 9	7.523 3	7.715 6
7	7.213 5	7.434 3	7.662 5	7.898 3	8.142 0	8.393 8	8.654 0	8.922 8	9.200 4	9.487 2
8	8.285 7	8.583 0	8.892 3	9.214 2	9.549 1	9.897 5	10.260	10.637	11.028	11.436
9	9.368 5	9.754 6	10.159	10.583	11.027	11.491	11.978	12.488	13.021	13.579
10	10.462	10.950	11.464	12.006	12.578	13.181	13.816	14.487	15.193	15.937
11	11.567	12.169	12.808	13.486	14.207	14.972	15.784	16.645	17.560	18.531
12	12.683	13.412	14.192	15.026	15.917	16.870	17.888	18.977	20.141	21.384
13	13.809	14.680	15.618	16.627	17.713	18.882	20.141	21.495	22.953	24.523
14	14.947	15.974	17.086	18.292	19.599	21.015	22.550	24.214	26.019	27.975
15	16.097	17.293	18.599	20.024	21.579	23.276	25.129	27.152	29.361	31.772
16	17.258	18.639	20.157	21.825	23.657	25.673	27.888	30.324	33.003	35.950
17	18.430	20.012	21.762	23.698	25.840	28.213	30.840	33.750	36.974	40.545
18	19.615	21.412	23.414	25.645	28.132	30.906	33.999	37.450	41.301	45.599
19	20.811	22.841	25.117	27.671	30.539	33.760	37.379	41.446	46.018	51.159
20	22.019	24.297	26.870	29.778	33.066	36.786	40.995	45.752	51.160	57.275
21	23.239	25.783	28.676	31.969	35.719	39.993	44.865	50.423	56.765	64.002
22	24.472	27.299	30.537	34.248	38.505	43.392	49.006	55.457	62.873	71.403
23	25.716	28.845	32.453	36.618	41.430	46.996	53.436	60.883	69.532	79.543
24	26.973	30.422	34.426	39.083	44.502	50.816	58.177	66.765	76.790	88.497
25	28.243	32.030	36.459	41.646	47.727	54.863	63.249	73.106	84.701	98.347
26	29.526	33.671	38.553	44.312	51.113	59.156	68.676	79.954	93.324	109.18
27	30.821	35.344	40.710	47.084	54.669	63.706	74.484	87.351	102.72	121.10
28	32.129	37.051	42.931	49.968	58.403	68.528	80.698	95.339	112.97	134.21
29	33.450	38.792	45.219	52.966	62.323	73.640	87.347	103.97	124.14	148.63
30	34.785	40.568	47.575	56.085	66.439	79.058	94.461	113.28	136.31	164.49
40	48.886	60.402	75.401	95.026	120.80	154.76	199.64	259.06	337.88	442.59
50	64.463	84.579	112.80	152.67	209.35	290.34	406.53	573.77	815.08	1 163.9
60	81.670	114.05	163.05	237.99	353.58	533.13	813.52	1 253.2	1 944.8	3 034.8

续表

n	12%	14%	15%	16%	18%	20%	24%	28%	32%	36%
1	1.000 0	1.000 0	1.000 0	1.000 0	1.000 0	1.000 0	1.000 0	1.000 0	1.000 0	1.000 0
2	2.120 0	2.140 0	2.150 0	2.160 0	2.180 0	2.200 0	2.240 0	2.280 0	2.320 0	2.360 0
3	3.374 4	3.439 6	3.472 5	3.505 6	3.572 4	3.640 0	3.777 6	3.918 4	3.062 4	3.209 6
4	4.779 3	4.921 1	4.993 4	5.066 5	5.215 4	5.368 0	5.684 2	6.015 6	6.362 4	6.725 1
5	6.352 8	6.610 1	6.742 4	6.877 1	7.154 2	7.441 6	8.048 4	8.699 9	9.398 3	10.146
6	8.115 2	8.535 5	8.753 7	8.977 5	9.442 0	9.929 9	10.980	12.136	13.406	14.799
7	10.089	10.730	11.067	11.414	12.142	12.916	14.615	16.534	18.696	21.126
8	12.300	13.233	13.727	14.240	15.327	16.499	19.123	22.163	25.678	29.732
9	14.776	16.085	16.786	17.519	19.086	20.799	24.712	29.369	34.895	41.435
10	17.549	19.337	20.304	21.321	23.521	25.959	31.643	38.593	47.062	57.352
11	20.655	23.045	24.349	25.733	28.755	32.150	40.238	50.398	63.122	78.998
12	24.133	27.271	29.002	30.850	34.931	39.581	50.895	65.510	84.320	108.44
13	28.029	32.089	34.352	36.786	42.219	48.497	64.110	84.853	112.30	148.47
14	32.393	37.581	40.505	43.672	50.818	59.196	80.496	109.61	149.24	202.93
15	37.280	43.842	47.580	51.660	60.965	72.035	100.82	141.30	198.00	276.98
16	42.753	50.980	55.717	60.925	72.939	87.442	126.01	181.87	262.36	377.69
17	48.884	59.118	65.075	71.673	87.068	105.93	157.25	233.79	347.31	514.66
18	55.750	68.394	75.836	84.141	103.74	128.12	195.99	300.25	459.45	770.94
19	63.440	78.969	88.212	98.603	123.41	154.74	244.03	385.32	607.47	954.28
20	72.052	91.025	102.44	115.38	146.63	186.69	303.60	494.21	802.86	1 298.8
21	81.699	104.77	118.81	134.84	174.02	225.03	377.46	633.59	1 060.8	1 767.4
22	92.503	120.44	137.63	157.41	206.34	271.03	469.06	812.00	1 401.2	2 404.7
23	104.60	138.30	159.28	183.60	244.49	326.24	582.63	1 040.4	1 850.6	3 271.3
24	118.16	158.66	184.17	213.98	289.49	392.48	723.46	1 332.7	2 443.8	4 450.0
25	133.33	181.87	212.79	249.21	342.60	471.98	898.09	1 706.8	3 226.8	6 053.0
26	150.33	208.33	245.71	290.09	405.27	567.38	1 114.6	2 185.7	4 260.4	8 233.1
27	169.37	238.50	283.57	337.50	479.22	681.85	1 383.1	2 798.7	5 624.8	11 198.
28	190.70	272.89	327.10	392.50	566.48	819.22	1 716.1	3 583.3	7 425.7	15 230.
29	214.58	312.09	377.17	456.30	669.45	984.07	2 129.0	4 587.7	9 802.9	20 714.
30	241.33	356.79	434.75	530.31	790.95	1 181.9	2 640.9	5 873.2	12 941.	28 172.
40	767.09	1 342.0	1 779.1	2 360.8	4 163.2	7 343.2	2 729.	69 377.	*	*
50	2 400.0	4 994.5	7 217.7	10 436.	21 813.	45 497.	*	*	*	*
60	7 471.6	18 535.	29 220.	46 058.	*	*	*	*	*	*

*>99 999

表 A-4　1元年金现值

n	1%	2%	3%	4%	5%	6%	7%	8%	9%
1	0.990 1	0.980 4	0.970 9	0.961 5	0.952 4	0.943 4	0.934 6	0.925 9	0.917 4
2	1.970 4	1.941 6	1.913 5	1.886 1	1.859 4	1.833 4	1.808 0	1.783 3	1.759 1
3	2.941 0	2.883 9	2.828 6	2.775 1	2.723 2	2.673 0	2.624 3	2.577 1	2.531 3
4	3.902 0	3.807 7	3.717 1	3.629 9	3.546 0	3.465 1	3.387 2	3.312 1	3.239 7
5	4.853 4	4.713 5	4.579 7	4.451 8	4.329 5	4.212 4	4.100 2	3.992 7	3.889 7
6	5.795 5	5.601 4	5.417 2	5.242 1	5.075 7	4.917 3	4.766 5	4.622 9	4.485 9
7	6.728 2	6.472 0	6.230 3	6.002 1	5.786 4	5.582 4	5.389 3	5.206 4	5.033 0
8	7.651 7	7.325 5	7.019 7	6.732 7	6.463 2	6.209 8	5.971 3	5.746 6	5.534 8
9	8.566 0	8.162 2	7.786 1	7.435 3	7.107 8	6.801 7	6.515 2	6.246 9	5.995 2
10	9.471 3	8.982 6	8.530 2	8.110 9	7.721 7	7.360 1	7.023 6	6.710 1	6.417 7
11	10.367 6	9.786 8	9.252 6	8.760 5	8.306 4	7.886 9	7.498 7	7.139 0	6.805 2
12	11.255 1	10.575 3	9.954 0	9.385 1	8.863 3	8.383 8	7.942 7	7.536 1	7.160 7
13	12.133 7	11.348 4	10.635 0	9.985 6	9.393 6	8.852 7	8.357 7	7.903 8	7.486 9
14	13.003 7	12.106 2	11.296 1	10.563 1	9.898 6	9.295 0	8.745 5	8.244 2	7.786 2
15	13.865 1	12.849 3	11.937 9	11.118 4	10.379 7	9.712 2	9.107 9	8.559 5	8.060 7
16	14.717 9	13.577 7	12.561 1	11.652 3	10.837	10.105 9	9.446 6	8.851 4	8.312 6
17	15.562 3	14.291 9	13.166 1	12.165 7	11.274 1	10.477 3	9.763 2	9.121 6	8.543 6
18	16.398 3	14.992 0	13.753 5	12.689 6	11.689 6	10.827 6	10.059 1	9.371 9	8.755 6
19	17.226 0	15.678 5	14.323 8	13.133 9	12.085 3	11.158 1	10.335 6	9.603 6	8.960 1
20	18.045 6	16.351 4	14.877 5	13.590 3	12.462 2	11.469 9	10.594 0	9.818 1	9.128 5
21	18.857 0	17.011 2	15.415 0	14.029 2	12.821 2	11.764 1	10.835 5	10.016 8	9.029 2
22	19.660 4	17.658 0	15.936 9	14.451 1	13.488 6	12.303 4	11.061 2	10.200 7	9.442 4
23	20.455 8	18.292 2	16.443 6	14.856 8	13.488 6	12.303 4	11.272 2	10.371 1	9.580 2
24	21.243 4	18.913 9	16.935 5	15.247 0	13.798 6	12.550 4	11.469 3	10.528 8	9.706 6
25	22.023 2	19.523 5	17.413 1	15.622 1	14.093 9	12.783 4	11.653 6	10.674 8	9.822 6
26	22.795 2	20.121 0	17.876 8	15.982 8	14.375 2	13.003 2	11.825 8	10.810 0	9.929 0
27	23.559 6	20.705 9	18.327 0	16.329 6	14.643 0	13.210 5	11.986 7	10.935 2	10.026 6
28	24.316 4	21.281 3	18.764 1	16.663 1	14.898 1	13.406 2	12.137 1	11.051 1	10.116 1
29	25.065 8	21.844 4	19.188 5	16.983 7	15.141 1	13.590 7	12.277 7	11.158 4	10.198 3
30	25.807 7	22.396 5	19.600 4	17.292 0	15.372 5	13.764 8	12.409 0	11.257 8	10.273 7
35	29.408 6	24.998 6	21.487 2	18.664 6	16.374 2	14.498 2	12.947 7	11.654 6	10.566 8
40	32.834 7	27.355 5	23.114 8	19.792 8	17.159 1	15.046 3	13.331 7	11.924 6	10.757 4
45	36.094 5	29.490 2	24.518 7	20.720 0	17.774 1	15.455 8	13.605 5	12.108 4	10.881 2
50	39.196 1	31.423 6	25.729 8	21.482 2	18.255 9	15.761 9	13.800 7	12.233 5	10.961 7
55	42.147 2	33.174 8	26.774 4	22.108 6	18.633 5	15.990 5	13.939 9	12.318 6	11.014 0

续表

n	10%	12%	14%	15%	16%	18%	20%	24%	28%	32%
1	0.909 1	0.892 9	0.877 2	0.869 6	0.862 1	0.847 5	0.833 3	0.806 5	0.781 3	0.757 6
2	1.735 5	1.690 1	1.646 7	1.625 7	1.605 2	1.565 6	1.527 8	1.456 8	1.391 6	1.331 5
3	2.486 9	2.401 8	2.321 6	2.283 2	2.245 9	2.174 3	2.106 5	1.981 3	1.868 4	1.766 3
4	3.169 9	3.037 3	2.917 3	2.855 0	2.798 2	2.690 1	2.588 7	2.404 3	2.241 0	2.095 7
5	3.790 8	3.604 8	3.433 1	3.352 2	3.274 3	3.127 2	2.990 6	2.745 4	2.532 0	2.345 2
6	4.355 3	4.111 4	3.888 7	3.784 5	3.684 7	3.497 6	3.325 5	3.020 5	2.759 4	2.534 2
7	4.868 4	4.563 8	4.288 2	4.160 4	4.038 6	3.811 5	3.604 6	3.242 3	2.937 0	2.677 5
8	5.334 9	4.967 6	4.638 9	4.487 3	4.343 6	4.077 6	3.837 2	3.421 2	3.075 8	2.786 0
9	5.759 0	5.328 2	4.916 4	4.771 6	4.606 5	4.303 0	4.031 0	3.565 5	3.184 2	2.868 1
10	6.144 6	5.650 2	5.216 1	5.018 8	4.833 2	4.494 1	4.192 5	3.681 9	3.268 9	2.930 4
11	6.495 1	5.937 7	5.452 7	5.233 7	5.028 6	4.656 0	4.327 1	3.775 7	3.335 1	2.977 6
12	6.813 7	6.194 4	5.660 3	5.420 6	5.197 1	4.793 2	4.439 2	3.851 4	3.386 8	3.013 3
13	7.103 4	6.423 5	5.842 4	5.583 1	5.342 3	4.909 5	4.532 7	3.912 4	3.427 2	3.040 4
14	7.366 7	6.628 2	6.002 1	5.724 5	5.467 5	5.008 1	4.610 6	3.961 6	3.458 7	3.060 9
15	7.606 1	6.810 9	6.142 2	5.847 4	5.575 5	5.091 6	4.675 5	4.001 3	3.483 4	3.076 4
16	7.823 7	6.974 0	6.265 1	5.954 2	5.668 5	5.162 4	4.729 6	4.033 3	3.502 6	3.088 2
17	8.021 6	7.119 6	6.372 9	6.047 2	5.748 7	5.222 3	4.774 6	4.059 1	3.517 7	3.097 1
18	8.021 6	7.249 7	6.467 4	6.128 0	5.817 8	5.273 2	4.812 2	4.079 9	3.529 4	3.103 9
19	8.364 9	7.365 8	6.550 4	6.198 2	5.877 5	5.316 2	4.843 5	4.096 7	3.538 6	3.109 0
20	8.513 6	7.469 4	6.623 1	6.259 3	5.928 8	5.352 7	4.869 6	4.110 3	3.545 8	3.112 9
21	8.648 7	7.562 0	6.687 0	6.312 5	5.973 1	5.383 7	4.891 3	4.121 2	3.551 4	3.115 8
22	8.771 5	7.644 6	6.742 9	6.358 7	6.011 3	5.409 9	4.909 4	4.130 0	3.555 8	3.118 0
23	8.883 2	7.718 4	6.792 1	6.398 8	6.044 2	5.342 1	4.924 5	4.137 1	3.559 2	3.119 7
24	8.984 7	7.784 3	6.835 1	6.433 8	6.072 6	5.450 9	4.937 1	4.142 8	3.561 9	3.121 0
25	9.077 0	7.843 1	6.872 9	6.464 1	6.097 1	5.466 9	4.947 6	4.147 4	3.564 0	3.122 0
26	9.160 9	7.895 7	6.906 1	6.490 6	6.118 2	5.480 4	4.956 3	4.151 1	3.565 6	3.122 7
27	9.237 2	7.942 6	6.935 2	6.513 5	6.136 4	5.491 9	4.963 6	4.154 2	3.566 9	3.123 3
28	9.306 6	7.984 4	6.960 7	6.533 5	6.152 0	5.501 6	4.969 7	4.156 6	3.567 9	3.123 7
29	9.369 6	8.021 8	6.983 0	6.550 9	6.165 6	5.509 8	4.974 7	4.158 5	3.568 7	3.124 0
30	9.426 9	8.055 2	7.002 7	6.566 0	6.177 2	5.516 6	4.978 9	4.160 1	3.569 3	3.124 2
35	9.644 2	8.175 5	7.070 0	6.616 6	6.215 3	5.538 6	4.991 5	4.164 4	3.570 8	3.124 8
40	9.779 1	8.243 8	7.105 0	6.641 8	6.233 5	5.548 2	4.996 6	4.165 9	3.571 2	3.125 0
45	9.862 8	8.282 5	7.123 2	6.654 3	6.242 1	5.552 3	4.998 6	4.166 4	3.571 4	3.125 0
50	9.914 8	8.304 5	7.132 7	6.660 5	6.246 3	5.554 1	4.999 5	4.166 6	3.571 4	3.125 0
55	9.947 1	8.317 0	7.137 6	6.663 6	6.248 2	5.554 9	4.999 8	4.166 6	3.571 4	3.125 0

参考文献

[1] 翟雪改，赵海霞．管理会计[M]．北京：清华大学出版社，2009．
[2] 余恕莲，李相志，吴革．管理会计[M]．北京：对外经济贸易大学出版社，2009．
[3] 冯弋江，罗艳琴．管理会计[M]．南昌：江西高校出版社，2009．
[4] 王平．管理会计[M]．武汉：武汉理工大学出版社，2008．
[5] 陈玉菁．管理会计教程[M]．上海：立信会计出版社，2004．
[6] 余恕莲．管理会计[M]．北京：对外经济贸易大学出版社，2004．
[7] 张玉英．管理会计[M]．北京：科学出版社，2005．
[8] 马荣贵，杨惠贞．管理会计[M]．成都：西南财经大学出版社，2001．
[9] http://www.mbalib.com/.
[10] 孙茂竹，文光伟，杨万贵．管理会计学[M]．北京：中国人民大学出版社，2009．
[11] 秦洪珍．管理会计教程[M]．上海：立信会计出版社，2004．
[12] 陈振婷．管理会计[M]．北京：清华大学出版社，2005．
[13] 吴大军．管理会计[M]．大连：东北财经大学出版社，2004．
[14] 王福胜．管理会计学[M]．北京：机械工业出版社，2005．
[15] 余绪缨．管理会计[M]．北京：首都经济贸易大学出版社，2004．
[16] 毛付根．管理会计[M]．北京：高等教育出版社，2004．
[17] 王平心．管理会计应用和发展的典型案例研究[M]．北京：经济科学出版社，2002．
[18] 钟新桥，龙子午．管理会计学[M]．武汉：武汉理工出版社，2008．
[19] 王立彦，戴晓娟，等．会计学教程与案例——管理会计分册[M]．北京：机械工业出版社，2007．
[20] 刘兆云，孙继辉．管理会计[M]．北京：经济科学出版社，2009．
[21] 王琳．管理会计[M]．大连：东北财经大学出版社，2004．
[22] 于树彬．管理会计[M]．大连：东北财经大学出版社，2008．
[23] 潘飞．管理会计[M]．北京：清华大学出版社，2007．
[24] 余绪缨，汪一凡．管理会计学[M]．第3版．北京：中国人民大学出版社，2010．
[25] 温素彬．管理会计[M]．精要版．大连：东北财经大学出版社，2010．